民事诉讼
第三人救济程序
理论与实践

王宝道　陈映锦／著

人民法院出版社

图书在版编目（CIP）数据

民事诉讼第三人救济程序理论与实践 / 王宝道，陈
映锦著. -- 北京：人民法院出版社，2023.12
　　ISBN 978-7-5109-3412-4

　　Ⅰ. ①民… Ⅱ. ①王… ②陈… Ⅲ. ①民事诉讼－诉
讼程序－研究－中国 Ⅳ. ①D925.118.04

中国版本图书馆CIP数据核字(2021)第261477号

民事诉讼第三人救济程序理论与实践

王宝道　陈映锦　著

责任编辑	尹立霞
执行编辑	赵　爽
封面设计	棋　锋　尹苗苗
出版发行	人民法院出版社
地　　址	北京市东城区东交民巷 27 号（100745）
电　　话	（010）67550628（责任编辑）　67550558（发行部查询）
	65223677（读者服务部）
客 服 QQ	2092078039
网　　址	http://www.courtbook.com.cn
E－mail	courtpress@sohu.com
印　　刷	三河市国英印务有限公司
经　　销	新华书店
开　　本	787 毫米×1092 毫米　1/16
字　　数	280 千字
印　　张	17
版　　次	2023 年 12 月第 1 版　2023 年 12 月第 1 次印刷
书　　号	ISBN 978-7-5109-3412-4
定　　价	65.00 元

序　言

"有权利必有救济"。权利与救济的互为伴生关系是法律意义上权利的最基本构成要件。[①] 实现民事权利需要通过诉讼、执行等民事程序完成。民事程序的推进，一般是在两造当事人之间发生。然而，在社会生活和经济交往中，人与人之间的联系纷繁交错，完全孤立而不对他人产生影响的关系并不存在。当事人通过诉讼、执行等民事程序解决纠纷可能与其他主体发生联系，影响他人利益。为保障该他人的合法权益，民事程序设置了第三人权利救济程序。

第三人权利程序救济，是指当事人为避免已经启动的民事程序对自己产生法律上的不利影响或者对已造成损害的权利进行救济的程序。其中，第三人主要是指在民事诉讼法中出现的"第三人""利害关系人""案外人"等用语中所指代的民事主体。程序救济，涵盖民事诉讼法中的诉讼、执行、保全阶段，包含了诉讼程序中的第三人参加诉讼、第三人撤销之诉、案外人申请再审，执行程序中的利害关系人对执行行为的异议和复议、案外人异议及异议之诉、执行到期债权的第三人异议、追加被执行人的第三人救济，保全程序中的利害关系人复议等。第三人申请不予执行仲裁裁决以及公证债权文书利害关系人异议之诉作为执行程序引起的救济程序也包含在该体系内。

第三人权利程序救济理论制度是民事程序理论中的重要内容，其与民事程序法上的基本理论制度有着重要的联系。如，第三人能否获得程序救济与诉权理论有密切关系；第三人是否受到判决既判力的影响决定了第三人应当通过何种途径救济权利；第三人的权利救济程序的设置应当符合公

[①] 潘剑锋：《论建构民事程序权利救济机制的基本原则》，载《中国法学》2015年第2期。

平、效率的价值，但在两种价值发生冲突时，如何选择就成为摆在理论面前的深刻问题。

第三人权利程序救济制度经过历史发展，形成了丰富的审判执行实践。审判执行实践又向现行制度和理论提出新问题、新需求。审视第三人权利救济程序，部分制度存在规定模糊、程序交叉重叠、实践做法不统一的问题。而在研究中，除了上述问题，一些理论与实践现状也容易令人生惑。一是第三人权利救济程序的体系认识缺失。第三人权利救济程序是怎样的一个体系，呈现出怎样的基本特征，有着怎样的发展演进过程，依靠什么基础理论支撑，有着怎样的基本价值和原则，满足什么条件才能成为适格主体。二是第三人权利救济程序体系运行与协调不是完全畅通。该体系下的部分程序之间的运行相互影响，部分前序程序对于后续程序的选择有决定作用，而这种程序如何运行缺少体系性的研究。部分程序之间交叉重叠，缺乏清晰界定及有效整合，出现对第三人权利不能有效救济与过度保护第三人权利的两极分化现象。因此，如何有效衔接各项程序成为需要重点解决的问题。

目前，国内外关于第三人参加诉讼、第三人撤销之诉及案外人异议之诉的单项研究成果较多，而将第三人程序救济制度作为一个整体对象，站在宏观角度体系化系统化研究较为有限。只研究部分不研究整体，必将致使制度功能无法发挥。就第三人权利救济程序自身的理论和制度而言，本书将进行体系化、动态化的研究。当然，这种研究并非对各项制度的罗列和堆积，而是有所侧重，通过强制执行程序视角分析和解决实践与理论问题。

最后，必须向读者说明的是，囿于精力有限，文中不免出现谬误，还请读者不吝指正。

目 录

第一章　民事诉讼法中第三人救济程序概述

我国民事诉讼法在改革开放后的四十余年里有了长足发展，但仍有较多需要修改完善的地方。民事诉讼等程序是一个运动变化着的三维空间，其中的各种矛盾形成"矛盾群"，产生"矛盾群"的根源在于，在民事诉讼等各种程序中不同的规制、价值要求相互交织，这些要素又在不同的时段发挥作用，这种相互作用使民事诉讼等程序呈现出纷繁复杂的景象。[①] 究其原因，一方面是由于构建时间较短，实践经验积累尚有不足；另一方面是由于我们对民事程序基础理论研究的积累和深度不够，还不能充分地认识到制度深层的原理和制度之间内在的相互联系。[②] 第三人权利救济程序体系作为涉及诉讼程序的民事诉讼法中的体系性内容，不可避免地存在这些问题。一方面，从民事程序产生之时，民事诉讼便是理论研究的重点领域，而民事强制执行等非讼程序作为民事诉讼的延伸并未获得程序法研究领域的充分重视，致使理论研究出现了诉讼程序与执行等非讼程序分离、理论供给不足的情况，而第三人权利救济程序体系既包含诉讼程序中的制度，也包含民事执行等非讼程序，因此，就整个第三人权利救济程序体系而言，并未出现基础理论的具体支撑。另一方面，在民事诉讼基础理论还未体系化地投射到法律制度层面的情况下，司法实践中的问题无法得到充分的法律支撑，对于诸如虚假诉讼等问题，只能通过"见招拆招"的方式突破理论体系设立新的制度，而这种新的制度又要通过寻求新的理论来解决理论依据不充分的问题。于是，理论、立法、司法三个方面便出现了一种不相融洽的三角关系，造成了一个问题在三个层面不同的折射，进而出现不同

[①] 张卫平：《民事诉讼中的矛盾群及解》，载《国家检察官学院学报》2005年第2期。

[②] 张卫平：《基础理论研究：民事诉讼理论发展的基石》，本文为［德］康拉德·赫尔维格：《诉权与诉的可能性：当代民事诉讼基本问题研究》中文版序言（任重译，法律出版社2018年版，第3页）。

的结论和解决方案。而这种混乱局面对司法实践和理论发展来说并无益处。因此，对于第三人权利救济程序体系的研究，应当结合民事诉讼法基础理论探求其体系性的理论基础，剖析影响该体系的现实问题，以期对体系的现实基础有清楚的把握。

一、第三人权利救济程序概论

"概念乃是解决法律问题所必需的和必不可少的工具。没有限定严格的专门概念，我们便不能清楚地和理性地思考法律问题。没有概念，我们便无法将我们对法律的思考转变为语言，也无法以一种可理解的方式把这些思考传达给他人。"[①] 概念的界定是展开一切研究的起点和原点，对第三人权利救济程序的研究，要从理论研究、立法规定的角度解析第三人的概念，进而对程序性救济程序的研究范围与实体救济的研究范围予以区分。

（一）第三人概念

第三人是指民事程序中当事人之外，与案件的诉讼执行结果具有法律上的利害关系或者对当事人之间争议的诉讼标的享有独立的请求权，而通过一定程序主张权利的民事主体。

程序参与原则是保障民事主体程序权利的重要原则，程序参与权包括诉讼知情权和诉讼听审权，该项权利涵摄诉讼程序及非讼程序。保障当事人及第三人的程序参与权属于古典的程序基本权，因此被称之为"诉讼程序的大宪章"。[②] 第三人权利救济程序是保障程序参与权的具体体现。根据第三人程序参与权的保障时机不同，可以将第三人救济程序分为事中救济程序和事后救济程序两类。这两类程序在程序参与上有所不同。其中，事中救济主要是指第三人在程序进行中便参与其中，比较典型的为第三人参加诉讼、执行追加变更的第三人。事后救济是指第三人不应或者无法参加

---

① ［美］E·博登海默：《法理学：法律哲学与法律方法》，邓正来译，中国政法大学出版社 2017 年版，第 504 页。

② 邵明：《论民事诉讼程序参与原则》，载《法学家》2009 年第 3 期。

到相关程序之中，但相关程序的结果对第三人造成损害进而寻求救济的程序。事后救济程序的着眼点在于对第三人权利的事后救济。我们认为，可以将参与事中救济的第三人称之为程序参与第三人，而事后救济的第三人可以称之为纠错型第三人。

1. 程序参与第三人

程序参与第三人，其权利主要是指诉讼参加第三人、执行程序中的变更追加第三人。程序法上的第三人的概念最早来源于罗马法。目前各国民事诉讼法在第三人制度的设置上有所差异，称谓也不尽一致。我国沿用苏联的"第三人"称谓，而大陆法系国家习惯将第三人参加诉讼制度称为"诉讼参加"，因此第三人称为"诉讼参加人"。美国使用诉讼参加人和第三人，但在使用上有所区分，诉讼参加人基本与我国法律规定的有独立请求权第三人类似，而第三人专指被动引入诉讼可能承担派生责任的人。在我国的诉讼理论中，诉讼参加人范围较广，包括当事人、法定代表人、共同诉讼人、诉讼代表人、第三人和诉讼代理人，第三人是诉讼参加人中的一类主体。

第三人参加诉讼有三个基本特征。一是第三人以自己的名义参加诉讼。第三人对他人之间争讼标的有独立的请求权，或者虽然没有独立请求权但与案件处理结果有法律上利害关系。二是第三人参加诉讼具有时间性。第三人参加诉讼是以本诉起诉时为界点，原告向法院提交起诉书所载明的被告是为本诉的被告，在本诉开始后参加进来的人为第三人。第三人参加诉讼是知晓本诉的存在，或者人民法院通知其参加诉讼，本诉已经开始但尚未作出终审裁判，参加到诉讼之中。如果本诉已经结束，第三人参加诉讼的基础已不存在，第三人只能通过法律规定的其他救济途径维护自己的权益。第三人的概念是相对于诉讼全过程而言，如果第三人参加诉讼后，因某种原因另诉或者成为本诉的当事人，那就不是真正意义上的"诉讼第三人"，这种第三人并非我们重点研究对象。相比第三人参加诉讼，后续的第三人寻求法律救济，如第三人撤销之诉中第三人所需证明责任更大，难度也就更大。三是第三人参加诉讼是为了维护自己的合法权益。第三人可以直接主张对诉讼标的权利，也可以通过支持其中一方当事人而间接维护利益。这一点有别于证人等其他辅助人。

《中华人民共和国民事诉讼法》（以下简称《民事诉讼法》）第 59 条第 1 款明确规定有独立请求权第三人。第三人认为其对本诉当事人之间争议的诉讼标的享有独立请求权的，可以通过提起诉讼的方式救济权利。有独立请求权是指第三人的诉讼主张与本诉原、被告的诉讼请求皆不相同，是根据其本人的实体请求权。第三人参加诉讼中，独立存在两个诉讼请求，一个是本诉原告对被告的诉讼请求，另一个是第三人以本诉双方当事人为被告的诉讼请求。有独立请求权第三人实际上就是案件当事人，我们不再进行重点分析。

《民事诉讼法》第 59 条第 2 款明确规定无独立请求权第三人。第三人对本诉的诉讼标的虽然没有独立请求权，但与案件处理结果有法律上的利害关系的，既可以主动申请参加诉讼，也可在人民法院通知的情况下参加诉讼；人民法院判令其承担民事责任的，则享有与当事人相同的诉讼权利义务。关于无独立请求权第三人在诉讼中起到何种作用。一种观点认为无独立请求权第三人参加诉讼仅具有辅助一方当事人进行诉讼的作用。[1] 另一种观点认为无独立请求权的第三人参加诉讼因情形不同而作用有异。有时是辅助其中一方，有时则是为自己辩护，解脱责任。[2] 对于如何理解无独立请求权第三人申请参加诉讼或由人民法院通知其参加诉讼需有"法律上的利害关系"，学界有不同表述，概括而言主要包含两种理解：一是第三人的权利义务将受到影响；[3] 二是与第三人存在民事法律关系的一方当事人败诉，无独立请求权第三人将承担民事责任。[4] 第一种理解是无独立请求权第三人可能会被追究承担民事责任，因此主动参加诉讼；第二种理解则是无

---

① 参见常怡主编：《民事诉讼法学（第三版）》，中国政法大学出版社 1999 年版，第 143 页。

② 参见张卫平：《民事诉讼：关键词展开》，中国人民大学出版社 2005 年版，第 141 页。

③ 参见江伟主编：《民事诉讼法学》，北京大学出版社 2012 年版，第 112 页。

④ 参见杨荣新主编：《民事诉讼法学》，中国政法大学出版社 1997 年版，第 175 页。

独立请求权第三人在实体的法律关系中是民事责任的实际承担者，由法院通知其参加诉讼。第一种理解倾向于第三人参加本诉是辅助其中一方当事人进行诉讼，以免由于其所辅助的当事人败诉，而令自己处于法律上的不利地位。例如，担保人作为第三人，参与债权人与债务人的诉讼，是为了避免因债务人的败诉而承担担保责任。第二种理解是基于无独立请求权第三人制度具有追究真正民事责任承担者的功能，而由法院强制其参加诉讼。例如，甲诉乙产品质量不合格，乙经过检测是由于丙生产的零件出现问题，那么丙作为无独立请求权第三人参加诉讼的目的是维护自己的权利。

实践中，辅助型第三人主动申请参加诉讼的案例较少，多是因原告申请而由法院通知其参加诉讼。第三人在本诉中的诉讼地位因此受到质疑，[①]而同时，人民法院根据职权主动通知第三人参加诉讼的做法也不符合民事诉讼法的处分原则，是职权主义诉讼理念影响下的规定。无独立请求权第三人可能成为义务的最终承担者，却没有完整当事人的权利。

值得注意的是，除了《民事诉讼法》第59条规定的参加诉讼第三人之外，《民事诉讼法》第234条规定的执行异议之诉中，第三人恒为被执行人。《最高人民法院关于适用〈中华人民共和国民事诉讼法〉的解释》（以下简称《民事诉讼法解释》）第304条、第305条规定，在申请执行人或者案外人提起的执行异议之诉中，如果被执行人对申请执行人或案外人的主张并无反对意见，则可以将其列为第三人参加诉讼。而在变更追加异议之诉中，不反对申请执行人追加被执行人，或者不反对被追加变更申请人异议的，是否可以列被执行人为第三人，法律及司法解释对此没有明确规定，但比照执行异议之诉，该追加行为与被执行人有法律上的利害关系，因此也应列为第三人。

2.案外第三人

案外第三人是指，因无法参加到诉讼、执行等程序之中，但受这些程

---

① 质疑在于，无独立请求权第三人与本诉当事人之间是否成立一个新诉。若不存在新诉，第三人承担民事责任的逻辑起点不能自恰，且作为可能承担民事责任的主体，却不享有与被告同等的诉讼权利。

序结果不利影响，通过一定程序救济权利的第三人。比较典型的是虚假诉讼损害案外第三人权利。

需要救济的案外第三人，大致分为四类："一是民事交往中，他人放弃和处分自己的利益，或者利用民事诉讼程序或者民事仲裁程序放弃和处分自己的利益，影响第三人的债权实现；二是民事诉讼中，他人故意或者过失地滥用诉讼权利，导致法院作出的判决、裁定或者调解书的内容错误，损害第三人利益；三是在民事仲裁中，或者在民事公证等非讼程序中，他人故意或者过失滥用权利，导致非法院作出的但又具有执行效力的法律文书所涉内容错误，损害第三人利益；四是民事执行中，因执行当事人故意或者过失行使或者怠于行使执行权利，或者基于执行程序所涉及情形的复杂性，执行法院在执行财产权益判断和执行主体判断等方面出现错误，导致第三人利益遭受损害。"①

因案外第三人没有权利参与当事人的诉讼等程序，在这一阶段的救济从诉讼终结后到执行终结后大致分为三个阶段：一是诉讼终结后执行程序开始前；二是执行程序中；三是执行程序终结后。可以寻求的救济途径包括第三人撤销之诉、案外人申请再审、案外人异议及执行异议之诉、追加变更被执行人异议之诉、公证债权文书执行利害关系人异议之诉、仲裁裁决第三人异议之诉等程序。

案外第三人除了上述程序中的第三人，还包括在保全程序及执行程序中的利害关系人。利害关系人（案外人）对财产保全或者查封措施的提出异议的权利贯穿诉讼前、诉讼中和执行程序。利害关系人认为保全裁定实施行为违反法律规定的可以提出异议；利害关系人基于实体权利对保全裁定或者保全裁定实施过程中的执行行为不服，可以提出异议。在人民法院作出异议裁定后不服的，可提起执行异议之诉救济权利。

尽管程序参与第三人与案外第三人救济程序保障的权利有所不同，并且在程序的时序上也存在先后，但是由于这两种程序存在关联，两类第三

---

① 马登科等：《案外人救济制度研究》，法律出版社2016年版，第3页。

人存在身份转化、程序上存在部分衔接的情况，因此，有必要将这两类第三人作为一个整体进行研究。

3. 我国法律与司法解释对第三人的称谓

民事诉讼法中的第三人有不同的称谓，如利害关系人、案外人等。法律及司法解释中第三人表述不一致的问题长期存在。[①] 有学者将第三人参加诉讼这种情况排除于保障体系之外，因此将第三人限定于"案外第三人"。也有学者直接称之为案外人，其目的也是将第三人参加之诉排除于救济体系之外。[②] 我们认为，广义的救济体系构建应该包括第三人参加之诉。第三人参加诉讼使第三人有机会进入其他主体之间正在进行的诉讼程序，以维护自己合法权益。[③] 因为本诉在进行过程中有可能发生损害第三人权利的事实，此时第三人要求参加到本诉中去，亦是对自己权利的保护和救济。并且，第三人参加诉讼与第三人撤销之诉等程序有着密切关系，将第三人参加诉讼排除第三人救济程序体系将导致整个体系的不完整。当然，作为体系性研究，我们在这里并不会对第三人参加诉讼程序本身进行重点研究，而是将其与其他程序相联系分析有关问题。

（二）救济体系的建立

诉讼权利救济机制包含上诉、申请再审、异议以及复议四种方式。其中，上诉和申请再审是发生在案件判决后，亦可称之为附带救济、终局救济；异议和复议是独立的救济方式，发生在诉讼或者执行阶段，但在某些特别程序中，如保全程序中也存在申请人提起的保全异议。

1. 第三人民事权利救济的特征

第三人民事权利救济程序作为一类特殊的救济途径，具有以下特征：

（1）程序启动具有被动性。权利的产生若不制定相应的权利制衡体系

---

① 关于"利害关系人"在民事诉讼法中的表述不统一以及与案外人概念使用混乱的问题，亦有学者进行了研究。参见李喜莲：《民事诉讼法上的"利害关系人"之界定》，载《法律科学》2012 年第 1 期。

② 马登科等：《案外人救济制度研究》，法律出版社 2016 年版，第 12 页。

③ 黄国昌：《民事诉讼理论之新开展》，元照出版公司 2008 年版，第 295 页。

以及权利救济制度，哪怕是最正义的权利也必将如脱缰的野马，在时代洪流的裹挟中暴露权利自身的缺陷。民事权利是当事人参与诉讼、获得程序主体地位的重要依据，因此民事诉讼法走向成熟的标志之一就是建立成体系的救济制度。第三人作为民事诉讼当事人中特殊的一类，从其概念产生以及程序设计之初就带有一定救济色彩。《牛津法律词典》将其解释为：一种用以保护、恢复权利的措施，纠正受侵犯权利的、法律上可资使用的方法。[①]《布莱克法律词典》中，救济"是法律上用以防止和纠正错误的一种方法和行动"[②]。因此，我们在关注"救济"这一语义的含义时，要注意它即包括"保护、防止"又包含"恢复、纠正"，这是广义上的救济。第三人的权利救济程序的设置首先要围绕着救济性展开。在这一基础上再审视权利架构，救济的结构、功能定位、制度衔接的优缺点才能够暴露。

（2）程序对其他程序具有依附性。这种被动性有两方面的理解。一方面，程序的启动依赖于其他程序的进行。"第三人"这一称谓本身就说明其是参与到本已存在程序之中或者是对本已发生的程序发起新的程序，而不是启动了一个独立的程序。原来的诉讼、执行程序未启动，便不会产生第三人救济权利的问题。因此，第三人启动相应的程序具有被动性，其根本目的是避免自己的权益受到程序所确定结果的损害。程序启动的被动性不意味着第三人程序参与的被动性，救济程序的设立固然仰仗于法院通过。简而言之，第三人诉讼权利救济不会脱离已经展开的诉讼程序。

（3）程序进展的依附性。第三人权利救济程序，其发起的本源在于其他程序的启动，因此，其发起系对其他程序的一种依附，如果其他程序未启动或者未产生相应的法律后果，便不能启动第三人权利救济程序。

（4）程序设计的动态性。第三人民事权利救济是一个动态的过程，不应该完全局限于实体法的范围，而应该包含当事人诉讼权利救济机制理想状态的一个展望。实践中出现的新问题，也需要理论研究、司法实践予以回应。

---

① Oxford Dictionary of Law（Fifth Edition），Oxford University Press, pp. 423.

② Black's Law Dictionary（Eighth Edition），West Group, p. 4042.

2. 第三人权利救济体系结构

第三人权利救济的范围，包含了民事诉讼法中规定的诉讼程序、执行程序、保全程序，以及仲裁程序中的第三人权利救济程序等。诉讼中的第三人权利救济程序包含第三人参加诉讼程序、第三人撤销之诉程序、案外人（第三人）申请再审程序；而执行程序中第三人权利救济程序，则包括利害关系人对执行行为的异议程序、案外人异议和异议之诉程序、执行到期债权第三人的异议程序、追加变更当事人中的救济制度；保全程序中的第三人权利救济程序；仲裁程序中的第三人权利救济程序。（见图 1.1）

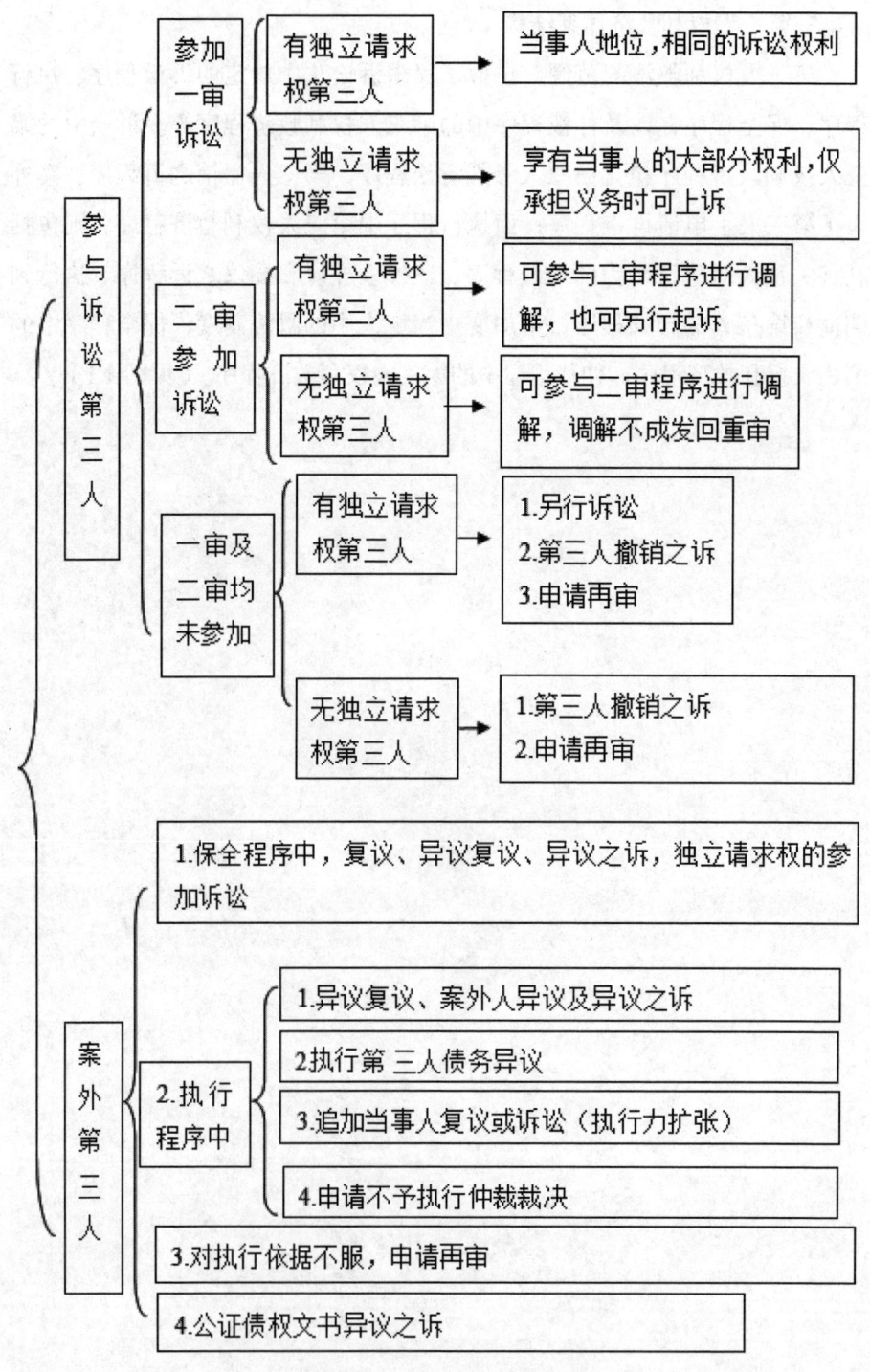

图 1.1　第三人权利救济程序体系

二、支撑第三人权利救济的理论基础

理论是实践的总结和升华。就整个体系而言，第三人权利救济程序与诸多民事诉讼法学基础理论紧密相关，如诉权理论、既判力理论、民事诉讼效率价值与公平正义。即便各国对第三人救济制度有所迥异，但对建立第三人权利救济程序体系的态度是基本一致的，区别仅在于保障程度以及制度路径的选择。尽管第三人权利救济程序体系中的实体性救济和程序性救济在特征上存在差异，但追本溯源，该体系具有统一的基础理论。

（一）诉权——第三人救济的理论基石

诉权是当事人在特定的时间和状态下，作为法律纠纷主体，有资格将其纠纷提交审判机构作出裁判。[①] 诉权是民事主体的基本权利。诉权理论是民事程序理论基石，是大陆法系民事诉讼法学的基本理论之一，一直为德日等大陆法系国家的学界重视。[②] 诉权理论存在诸多争论，并且这种争论已经绵延百年，我国民事程序法学界向来将诉权理论作为民事程序基本理论的重要组成部分。[③] 第三人的权利为何能够在法院受理等根本性问题直接涉及诉权理论。

诉权理论囊括诉的产生原因、制度运行机制、诉讼价值选择等方方面面的理论研讨，核心即是"诉权正当性"问题。有学者将诉权称之为"程序基本权"或者"裁判请求权"，并认为这项权利是宪法权利，民事诉讼制度的设计和运行的最高理念便是实现程序基本权，只有当事人的程序基本权得以保障，其实体权利才能获得保护，程序基本权是人权保障的逻辑前

---

① 参见黄娟：《当事人民事诉讼权利研究——兼谈中国民事诉讼现代化之路径》，北京大学出版社 2009 年版，第 13 页。

② 参见［苏联］M.A. 顾尔维奇：《诉权》，中国人民大学出版社 1958 年版，第 1 页；江伟、单国军：《关于诉权的若干问题的研究》，载《诉讼法论丛》第 1 卷，第 213 页；张卫平：《法国民事诉讼中的诉权制度及其理论》，载《法学评论》1997 年第 4 期。

③ 参见张卫平：《法国民事诉讼中的诉权制度及其理论》，载《法学评论》1997 年第 4 期。

提。① 第三人救济制度体系中绝大多数程序设计都围绕第三人的诉权展开，因此诉权理论是第三人救济体系中的首要支撑理论。然而，对比国外诉权理论，国内诉权理论视域狭窄，无法为民事权利的司法救济提供完善的理论支撑，在第三人权利救济程序体系的正当性研究上，这一点显得更为突出。

1. 我国诉权理论

我国的诉权理论受到苏联诉权理论的影响较大。② 苏联诉权与大陆法系其他国家"诉权一元论"的主张有明显的区别，顾尔维奇提出的"诉权二元论"将诉权分为程序意义上的诉权和实体意义上的诉权。程序意义上的诉权就是起诉权，实体意义上的诉权就是实现其权利的民事权利。③ 该观点主要强调通过诉讼实现实体权利的功能。我国诉权理论的主流学说主要依照诉权二元论进阶，虽有部分学者仍认为诉权仅是程序性的权利本身，不包含实体内容，④ 但并未达到分庭抗礼的程度。随着程序法渐渐从实体法分离出来，我国研究者对诉权的关注，逐渐转向了诉权的公法性质，即国家公权力的介入以解决民事主体之间的私人纠纷，这也是正确认识社会主义法治理念的思考结果。

从实体法上考量诉权的内涵，符合我国社会文化及政治理念。在社会主义法治理念中，追求客观真实，在每一个案件中实现实体公正，然而，强调诉权与实体权利的联系带来了一些负面影响。一方面，当事人的范围受到局限，因他人间的诉讼而利益受损的第三人往往求诉无门，只能等待事后救济；另一方面，除原告以外的被告一方，或者参与诉讼第三人、案外第三人在诉讼中应有的权利是否能够获得周全保护，对制度设计提出了挑战。因而，假如完全局限在实体法的范围之内来划定诉权的享有者，必

---

① 参见汤维建主编：《外国民事诉讼法学研究》，中国人民大学出版社 2007 年版，第 183 页。

② 参见江伟、单国军：《关于诉权的若干问题的研究》，载《诉讼法论丛》第 1 卷。

③ 参见［苏联］M.A. 顾尔维奇：《诉权》，中国人民大学出版社 1958 年版，第 33~34 页。

④ 参见顾培东：《诉权评析》，载《西北政法学院学报》创刊号；李祥琴：《论诉权保护》，载《中国法学》1991 年第 2 期。

然无法适应纷繁复杂社会的发展。

因此，应当在我国诉权二元论的基础上理解我国的诉权理论。首先，在程序上，诉权要求国家赋予公民向人民法院请求法院行使民事审判权的权利，以体现请求民事司法裁判的正当性。强调正当性并非认为公民的司法诉求皆可得到满足，而是在程序上提出请求的主体应保证诉的合法性以及采取正当的程序提出。其次，在实体上，诉权是民事权益在受到侵害时，民事主体需要运用民事诉讼程序进行救济的必要性。区分诉权二元论对于虚假诉讼这种滥用诉讼权利的情形就可以进行更为清晰的解释。从程序的外观上看，虚假诉讼中一方请求法院裁判其私权利义务关系具有正当性，然而其背后的实体权益是虚构或者存在重大瑕疵的，那么就不具备救济的必要性，不应该享有诉的利益。

2. 我国诉权理论的不足

尽管我国的诉权理论在体系上能够为第三人权利救济的部分程序提供理论支持，但我国诉权理论的局限性在体系上无法解决整个第三人权利救济程序体系存在的合理性和必要性。一是我国诉权理论研究范围狭窄，不能解释非诉讼程序上的第三人权利救济程序问题。我国诉权理论的研究对象主要侧重于对诉讼程序的解释，其研究讨论范围仅局限于诉讼程序（包含再审程序），即使讨论稍有宽广的范围，也仅限于如起诉权、上诉权、抗诉权、申诉权、宪法诉愿权等诉讼权利，[1] 仅有个别学者在研究诉权的外延时将诉权延伸至申请强制执行权，[2] 但是也未将诉权延伸至保全、执行等非讼程序。而本书所要研究的第三人权利救济程序，并不仅限于诉讼程序中的第三人，也包含强制执行程序中的第三人、保全程序中的第三人。二是我国诉权理论的主流观点强调了诉权与实体权利的紧密联系，否定诉权具有独立的程序性，这就不能很好地解释保全及执行程序中第三人提出的程序性救济的合理性问题。三是既有的诉权理论无法解决诉讼权利与非讼权

---

[1]　参见莫纪宏、张毓华：《诉权是现代法治社会第一制度性权利》，载《法学杂志》2002 年第 4 期；王晓：《民事诉权的保护与滥用规制研究》，中国政法大学出版社 2015 年版，第 48~50 页。

[2]　参见江伟、单国军：《关于诉权的若干问题的研究》，载《诉讼法论丛》第 1 卷。

利的关系问题，亦即，与诉权相对应的诉讼权利是否包含保全、执行程序中的异议复议等程序性权利。

3. 从第三人权利救济的视角重新审视我国诉权理论

对于前述问题，我们认为，借鉴德国诉权理论的法律保护说对我国诉权理论进行完善，正确界定诉权的外延，可以充分解释第三人权利救济体系的正当性，为法院应当保护第三人合法权益提供理论支撑；扩展诉权与实体权利之间的紧密关系，可将民事程序性救济程序也纳入诉权理论的涵盖范围；诉权理论中的诉权与诉讼权利关系的辨析，又能进一步完善第三人权利救济体系中的非讼程序的诉权理论问题。通过结合第三人权利救济程序的诉权理论分析，既能为第三人权利救济程序体系提供理论基础，又能从新的视角丰富诉权理论的内容。

（1）应当特别注意的是，由于诉权的"法律保全请求权说"又被译为"权利保护请求权说"，导致了我国学界对诉权概念在周延性和理解力上出现了偏差。有学者认为，一是"权利保护请求权"的翻译概念并不周延。权利保护是以普通诉讼审判程序为中心的结果，但是，这种译法是否也同样适用于保全案件，是否包含强制执行程序和非讼程序？而"法律保护请求权"则可以较好地解释普通审判程序以及保全程序、特别程序和强制执行程序。二是我国国内对"权利保护请求权"的理解发生了偏移。尽管日本也采用了"权利保护请求权"的翻译概念，但并不一定会对此产生理解上的困难。而我国采用"权利保护请求权"的翻译概念却产生了一定风险。我国民事诉讼法学"虽以基础理论重建为起点，但体系尚未完全建立时，已经出现了反体系和一味迁就司法实践的趋势"。[①] 这就导致了无论理论界还是实务界，对"起诉"的理解都仅局限于普通审判程序，却未能将其抽象为民事诉讼法律行为，也未能将起诉含摄到诉讼保全申请、强制执行申请等程序。因此，学界和实务界对诉权的理解通常局限于当事人提起诉讼程序的权利，却将其他程序的申请权利排除在诉权概念之外。而将"诉

---

① 张卫平：《对民事诉讼法学贫困化的思索》，载《清华法学》2014 年第 2 期。

权""起诉权""权利保护请求权"等同的认识也容易使权利保护请求权产生上述局限性。①

国内学者在研究二元诉权理论说的诉权外延时，认为实体意义诉权不仅限于期待胜诉权，还包括申请执行权。理论研究中在实体意义诉权上容易忽略申请执行权，并将这一权利视同诉讼权利，这种认识也是造成执行难的主观原因。实体意义诉权的根本目的是保护和强制实现民事权益，缺少强制执行申请权无法最终实现民事权益，因此强制执行申请权是诉权的重要内容。应当说，这种观点在理论界将诉权理论研究重点集中于诉讼程序的大背景下非常难能可贵。当然，因为民事权益的私法特性和诉讼类型的不同，并不是所有的民事权益争议都进入强制执行程序，有的案件债务人主动履行了义务或者债权人因为各种原因未申请强制执行，而有的案件当事人在获得确认之诉、形成之诉的胜诉判决也不能申请强制执行。②

当事人以及第三人在保全、执行程序中的救济权利需求是科学规划诉权理论外延的现实需求。实践中，法院对当事人及第三人在保全、强制执行等非讼程序中的救济权益未予充分保障的情况较为常见。我们认为，如果诉权理论的含摄范围仅局限于诉讼程序，那么这种理论无法回应实践需求，在学理上也并不完备。我国诉权理应当将申请保全、申请强制执行等向法院请求保护非讼权利囊括其中。至此，第三人权利救济体系中保全程序、执行程序的相关救济程序便有了诉权理论的根基，这对于保障当事人及第三人的权利大有裨益。

（2）诉权理论的完善。第三人权利程序性救济权利与实体权利的关系新解。作为近代三大诉权学说的诉权私权说（实体诉权说）、抽象诉权说（抽象公权说）、具体诉权说（权利保护请求权说），都关注于实体权利的诉讼程序保护，围绕诉权与实体权利的关系这一核心问题，目的在于发现实

---

① ［德］康拉德·赫尔维格：《诉权与诉的可能性：当代民事诉讼基本问题研究》，任重译，法律出版社 2018 年版，第 13 页。需要说明的是，我们在讨论诉权理论时也产生了任重在本文所指出的"误解"，对于任重指出的问题亦能感同身受。

② 参见江伟、单国军：《关于诉权的若干问题的研究》，载《诉讼法论丛》第 1 卷。

体权利通过诉讼得以实现的根源。[①]

　　笔者认为，尽管第三人权利救济程序体系中的第三人参加诉讼、案外人异议之诉这些程序与当事人、第三人的实体权利有着密切关系，但是该体系中的执行异议复议程序等程序性救济程序也是围绕第三人实体权利展开的，因此，程序救济权利也是诉讼权理论的内容。而一元诉权理论说认为诉权为程序性权利，不包含实体内容，独立于实体权利。这种观点更有利于解释第三人救济权利体系中的程序性救济程序适用诉权的理论的价值，甚至第三人权利救济程序中的程序性救济可以成为诉权一元论的佐证，因为，从形式上看，第三人救济权利体系中的程序性救济本身不包含实体内容。虽然程序救济权利并非直接涉及实体权利，但是，程序性救济对实体权利的影响并非无足轻重，与之相反，恰恰是实体权利的重要保障。结合上一节分析，我们认为诉权理论包含申请保全以及申请强制执行的权利，不仅包含申请保全和执行的权利，还包含保全和执行程序中的程序性救济权利。[②]

　　（3）从诉权外延的厘清重新审视程序权利的外延。在大陆法律民事诉讼法理论上，诉权和诉讼权利是两个相互联系又不同的概念。在我国，学界对诉权与诉讼权利的关系有不同的认识。基于二元诉权说的观点认为，诉权是诉讼权利的核心和基础，诉权决定诉讼权利，诉讼权利是诉权的派生，在不同阶段有不同表现。[③] 而其他观点认为，诉权为诉讼权利得以行使的前提条件，处分权、辩论权、申请回避权等诉讼权利的行使有助于实现诉权实体内容或者诉权目的。[④] 诉讼权利是诉讼参与者在诉讼各个阶段，基于诉讼行为而所享有的一系列程序上的权利。诉权带有一定程度的抽象色彩，而诉讼权利是公民接受法院裁判所享有权利的具体化；诉权是在诉讼

---

　　① 参见江伟、单国军：《关于诉权的若干问题的研究》，载《诉讼法论丛》第1卷。但这里所说的"诉讼"应当包含非讼程序，如执行程序、保全程序等。
　　② 从这一角度考虑，诉权与其被称为"诉权"不如称之为"司法请求权"或者"法律保护请求权"，但为讨论方便，本书在后续讨论中继续使用"诉权"这一概念。
　　③ 参见江伟、单国军：《关于诉权的若干问题的研究》，载《诉讼法论丛》第1卷；王晓：《民事诉权的保护与滥用规制研究》，中国政法大学出版社2015年版，第31~32页。
　　④ 参见王晓：《民事诉权的保护与滥用规制研究》，中国政法大学出版社2015年版，第31~32页。

程序开始前被提及，而当事人顺利进入诉讼程序中，诉权的作用就停止了；诉讼权利的类型与诉讼程序相关，与诉权无关；诉讼权利不仅为当事人所享有，诉讼参与人都享有不同类型的诉讼权利，而诉权为当事人所独有。诉讼参与人诉讼权利的发生不一定以诉权为前提，但当事人诉讼权利的产生必须以当事人合法行使诉权为前提的。诉权和诉讼权利行使的目的是一致的，最终指向诉讼任务的顺利完成。[①]

结合上一节的分析，诉权包括申请保全、强制执行等权利，那么诉讼权利也应当包含保全、强制执行参与者在保全、强制执行各个阶段，基于参与程序行为而所享有的一系列程序上的权利。这一"诉讼权利"可以称为广义上的诉讼权利或者程序权利。除了《最高人民法院关于人民法院办理执行异议和复议案件若干问题的规定》（以下简称《异议和复议规定》）规定了利害关系人在执行程序中异议复议的权利，在保全制度中第三人也可以对保全行为提出异议和复议。就像提出管辖异议、申请回避的权利属于一部分诉讼权利一样，申请异议复议等程序也属于广义诉讼权利的一部分。

4. 诉权理论对第三人权利救济程序的重要意义

诉权理论对第三人权利救济程序体系的重要意义在于回答两个重要问题：一是第三人权利救济程序是否应当与当事人相同的程序保障。二是第三人权利救济程序体系的边界是什么，第三人的诉权是否应当予以限制，如何减少诉权滥用。关于第三人权利救济程序与当事人保护力度是否相同，集中反映在无独立请求权第三人参加诉讼中的权利限制，到期债务第三人的权利限制；第三人权利救济程序边界就体现在滥诉的预防、惩罚。立案制度的设计则在整个第三人救济体系中显得弥足重要，特别是立案登记制与第三人权利救济程序体系的设计有重要关联。

立案审查制下，法院要对当事人的起诉进行审查，只有符合法律规定条件的才能通过司法救济；立案登记制下，法院不拒收诉状，当事人可以

---

① 参见宋朝武主编：《民事诉讼法学》，中国政法大学出版社 2012 年版，第 63~64 页。

依法行使诉权，体现了对起诉权的充分保障。[①] 十八届四中全会明确提出：
"改革案件受理制度，变立案审查制为立案登记制，对人民法院依法应该受
理的案件，做到有案必立，有诉必理，保障当事人诉权。"[②] 之后，最高人
民法院于 2015 年发布《最高人民法院关于人民法院登记立案若干问题的规
定》，以司法解释的形式确立了立案登记制。但是，适用立案登记制的案件范
围为一审的民事、行政起诉案件，刑事自诉案件，申请强制执行的案件、申
请国家赔偿的案件；上诉、申请再审、刑事申诉、执行复议和国家赔偿申诉
案件，不适用立案登记制。[③] 这也就是说，对于当事人向法院提起司法保护的
请求权，并不是每件案件都能够进入到法院审理的程序。部分案件在立案阶
段就要受到是否能够进入司法程序的审查。而对第三人来讲，由于其并不像
当事人那样具备法律保护的全面性，受"法律上利害关系"这一条件的约束
以及防止不特定主体无故启动司法程序导致正常程序发生拖延担忧的影响，
其权利保护在立案阶段并不明晰，甚至无法得到完全的保护，所以，第三
人权利救济程序与立案登记制的关系，是我们在第三章中重点研究的问题。

（二）既判力、执行力理论与第三人权利救济体系

1. 既判力理论与第三人权利救济体系

既判力是指生效的终审裁判所具有的拘束力。[④] 在德国诉讼理论中，既
判力被分为形式既判力与实质既判力两个层次。[⑤] 形式既判力是指裁判生效

---

① 景汉朝主编：《最高人民法院关于登记立案司法解释理解与适用》，人民法院出版社
2016 年版，第 45 页。

② 十八届四中全会审议通过的《中共中央关于全面推进依法治国若干重大问题的
决定》。

③ 《最高人民法院关于人民法院登记立案若干问题的规定》第 1 条规定："人民法院对
依法应该受理的一审民事起诉、行政起诉和刑事自诉，实行立案登记制。"第 18 条规定："强
制执行和国家赔偿申请登记立案工作，按照本规定执行。上诉、申请再审、刑事申诉、执行
复议和国家赔偿申诉案件立案工作，不适用本规定。"

④ 学者在对既判力的概念界定时，认为"既判力是指确定的终局判决所具有的拘束
力"，与我们法律上的规定相对应，"发生法律效力的判决或者终审判决"就是"确定判决"。
参见叶自强：《论既判力的本质》，载《法学研究》1995 年第 5 期。

⑤ ［德］罗森贝克、施瓦布、戈特瓦尔德：《德国民事诉讼法》，李大雪译，中国法制出
版社 2007 年版，第 1143~1144 页。

后，保障其存续，不受异议或上诉程序挑战的确定力，目的及效果在于阻却裁判受制于异议或上诉程序而被撤销或变更。实质既判力则指判决对当事人主张的法律后果是否成立的判定，在提出相同法律后果的任何程序中均具备决定性，其目的和效果在于排除对已生效法律后果进行任何新的审查与裁判，进而防止产生相互矛盾的裁判。①

既判力理论在民事诉讼理论中占据十分重要的地位。既判力是维护终局裁判的效力、防止诉讼被重复提起的一项古老法律原则。既判力理论对整个民事诉讼（救济）理论体系起到了支撑作用，没有该理论，相关理论体系都将受到动摇。②第三人权利救济程序与既判力理论密切相关。既判力相对性原理和既判力主观范围扩张问题，是解决第三人权利救济程序体系中相关程序之间协调的制度和理论基础。

在司法实践中，第三人权利救济体系与既判力理论的协调问题较为突出。本诉判决涉及第三人时，该第三人能否对此向本诉原告或者被告就本诉的诉讼标的相关事项另行起诉。如果可以另行起诉，是否会形成相互矛盾的两个判决。对此问题，无论是法官还是律师对此均非常茫然，仅凭直觉回答，所持肯定性结论和否定性结论各占一半。③

（1）既判力基础理论的实践样态。从 20 世纪 90 年代开始，我国既判力研究由概念理解到域外借鉴再到本土移植层层展开。受历史传统、诉讼观念的影响，对既判力的基础理论研究以介绍国外理念和成果为主，而结合司法实践的既判力理论研究的成果较为有限。

就立法而言，对于我国法律是否规定了既判力，学术界有不同认识。

---

① 江伟主编：《民事诉讼法学》，北京大学出版社 2012 年版，第 112 页。

② 关于既判力的研究大致可以分为两个阶段：1995 年~2003 年第一阶段集中于对既判力原理的介绍，如叶自强《论既判力的本质》、吴明童《既判力的界限研究》以及江伟、肖建国《论既判力的客观范围》。2003 年至今第二阶段集中于既判力在司法实践中运用的专题性研究，如常廷彬《民事判决既判力主观范围研究》、胡军辉《民事既判力扩张问题研究》、林剑锋《民事判决既判力客观范围研究》、肖建华《论仲裁裁决的既判力》《论集团诉讼中的既判力问题》等。关于既判力理论的比较法及历史研究，参见王福华：《民事判决既判力：由传统到现代的嬗变》，载《法学论坛》2001 年第 6 期。

③ 张卫平：《既判力相对性：原则、作用、根据与例外》，载《法学研究》2015 年第 1 期。

一种观点认为，《民事诉讼法》第 158 条及第 182 条规定是关于既判力的规定。[①] 而另外一种观点认为，现阶段我国还没有在立法中确立既判力理论。[②]《民事诉讼法》自制定以来仍缺乏像判决制度这样的基础性诉讼制度，判决效力制度又是判决制度中所严重缺失的。判决效力制度中既没有判决成立及效力、判决无效的规定，也没有判决既判力的规定。[③] 这一情况不限于判决，裁定和调解书的相关问题也没有解决。

随着理论和实践的发展，近些年法官们已经将既判力的有关理论引入到实践中以解决困惑，回应当事人对争议问题的关切。搜索中国裁判文书网发现，包含"既判力"概念的民事案由裁判文书共有 10466 份，其中，最高人民法院作出的裁判文书为 93 份，高级法院作出的裁判文书为 960 份，中级法院的裁判文书为 5479 份，基层法院的裁判文书为 3934 件。[④] 可见，从最高人民法院到基层法院，在裁判文书中均有对"既判力"概念和理论频繁使用。应当注意的是，这仅是从 2014 年 1 月 1 日起全国法院上网公布裁判文书的数量，在此之前也有大量没有上网公布的裁判文书使用了"既判力"概念。对于既判力理论在第三人权利救济程序体系中的实践问题，最高人民法院在（2015）民一终字第 323 号民事判决更是明确："第三人撤销之诉作为一种非常救济制度，其立法目的在于通过撤销错误的生效裁判最大限度地保护第三人利益，故该制度的适用面临着如何在保护第三人利益与维护生效裁判既判力之间的平衡，以及如何避免对法律关系、交

---

① 叶自强：《论既判力的本质》，载《法学研究》1995 年第 5 期。
② 邓辉辉：《既判力理论在民事诉讼司法实践中的适用》，载《河北法学》2012 年第 6 期。
③ 张卫平：《既判力相对性：原则、作用、根据与例外》，载《法学研究》2015 年第 1 期。
④ 参见中国裁判文书网，http://wenshu.court.gov.cn/list/list/?sorttype=1&number=0.5562477698917423&guid=3aefe441-22d1-1071ef05-47d9e37103f1&conditions=searchWord+QWJS+++ 全文检索：既判力 &conditions=searchWord+ 民事案由 +++ 一级案由：民事案由，2019 年 7 月 2 日访问。

易安全和社会秩序的稳定形成不必要的冲突。"[1]

尽管既判力理论并不涉及第三人权利救济程序中的所有程序，但其中的诸多重要程序与既判力理论有着重要关系。例如，既判力理论的立法缺失导致 2012 年修改《民事诉讼法》时为了应对虚假诉讼而出台的第三人撤销之诉存在理论漏洞。

（2）既判力与裁判效力的关系。裁判的效力是指裁判本身所具有的效果或作用，主要体现为裁判对一定主体的约束力或拘束力。[2] 这种约束力或拘束力表现在三个方面：一是自缚力，非经法定程序作出判决的法院不得改变已生效的裁判，已经裁判确定的实体争议事项不得再进行审理裁判。二是羁束力，非经法定程序，其他法院不得撤销、改变生效裁判。自缚力与羁束力又统称为拘束力。三是当事人不得就裁判已经确定的实体争议再行起诉。

判决拘束力与既判力有明显的区别。拘束力产生于判决宣告后，既判力产生于判决确定后。判决虽经宣告但还未确定之前并不产生拘束力，判决在确定后则产生确定力、执行力，以及形成力。判决的确定力包括形式确定力与实质确定力，实质确定力就是既判力。拘束力是仅针对法院的效力，既判力则对法院和当事人都产生效力。

判决形成力是指形成诉讼的判决确定后，判决内容对民事法律关系产生发生、变更、消灭的效力。形成力与既判力有以下明显差别：首先，形成力主体范围大多具有绝对性，而既判力主体范围具有相对性。其次，形成力对现存法律关系的变动产生效力，既判力对诉讼标的产生的效力。最后，形成力是形成判决所特有的效力，确认判决和给付判决并不产生形成力，但上述三种判决都可能产生既判力。[3] 此外，判决还有其他非规范性效

---

① 参见中国裁判文书网，http://wenshu.court.gov.cn/content/content?DocID=11b775d5-a631-45af-a749-714d722924a9&KeyWord=%E6%97%A2%E5%88%A4%E5%8A%9B，2019 年 12 月 2 日访问。

② 参见林剑锋：《民事判决既判力客观范围研究》，厦门大学出版社 2006 年版，第 1 页；张卫平：《既判力相对性：原则、作用、根据与例外》，载《法学研究》2015 年第 1 期。

③ 邓辉辉：《民事诉讼既判力理论研究》，中国政法大学出版社 2014 年版，第 19 页。

力或者称附随效力。我国民事诉讼法律制度中缺少对判决效力的直接规定。

（3）既判力的范围与第三人权利救济程序。既判力范围的扩张是既判力的研究的重点。新的实践为既判力范围的研究提供了新的素材。第三人救济制度中的部分程序构建，涉及第三人主体范围的扩张，有必要从客体、主体、时间三个维度解读既判力。

第一，既判力客观范围与第三人权利救济程序。既判力的客观范围又称为既判力物的范围，对于物的理解不能仅限于诉讼标的，而是前诉所涵盖的事实，哪些不容再争议，哪些还可以请求法院予以审理并作出裁判。

在大陆法系理论中，既判力客观范围体现在判决主文中。《德国民事诉讼法》第 322 条规定："（1）判决中，只有对于以诉或反诉而提起的请求所出的裁判，有确定力。（2）被告主张反对债权的抵销，而裁判反对债权不存在时，在主张抵销的数额内，判决有确定力。"[①]《日本民事诉讼法》第 114 条第 1 款规定："确定判决，只限于包含在判决主文之内的判断才具有既判力。"[②] 可见，只有判决主文的内容才能产生既判力，判决主文以外内容并不产生既判力。在我国，裁判主文作为裁判文书正文内容之一，是法院对原告诉讼请求的回应。[③]

裁判理由与主文均是裁判文书的主体部分，法院的判决理由也有拘束力，但判决理由不具有执行力。这一点最高人民法院已经通过个案答复予以确定，当事人不得将判决理由部分的内容作为执行依据。

就既判力客观范围与第三人权利救济程序而言，如果第三人未参与诉讼程序，那么判决所涉及的客体对第三人并不产生效力，第三人仍有救济的权利。

第二，既判力的主体约束与第三人权利救济程序。既判力的主体约束就是既判力的主观范围。习惯性称之为"主观"，并非与客观相对，而是既

[①] 《德国民事诉讼法》，丁启明译，厦门大学出版社 2016 年版，第 79 页。
[②] 《日本民事诉讼法典》，曹云吉译，厦门大学出版社 2017 年版，第 39 页。
[③] 最高人民法院在 2016 年 6 月 28 日公布的《人民法院民事裁判文书制作规范》中规定，民事裁判文书由标题、正文、落款三部分组成，正文包括首部、事实、理由、裁判依据、裁判主文、尾部六个部分。

判力所及于的主体的范围，因此使用"主体"更为妥当。如果确定的判决没有确定的拘束对象，那么潜在的第三人都将担心判决对自己的影响，这不利于社会的稳定，也无法彰显法律的稳定性。既判力主观范围与既判力对世性并不冲突。我国虽然在立法中没有明确既判力的对世性，但在身份关系的诉讼或公司关系诉讼判决中，虽然诉讼目的是保护私权利，但判决的结果涉及维护社会秩序。① 因此，有必要将这两类诉讼的判决赋予对世效力。

一般来说，既判力的主观范围原则上仅及于当事人。但随着社会的发展，市场交易呈现出复杂化趋势，出于司法公信以及诉讼经济的考虑，法律将一些没有参与本诉程序的非当事人纳入既判力的影响范围，进而阻止他们提起相同诉讼。

既判力相对性原则是既判力主观范围研究的重要内容。既判力原则上只对诉讼的当事人双方有约束力，当事人不得就生效判决所判断的事项再行争议。而从另一角度来说，如果不是本诉当事人就不应受裁判拘束。第三人如果就本诉的争议事项与原被告双方或者其他案外人有争议，可以另行起诉请求法院予以裁判。在判断上，后诉的当事人与前诉不同，即便争议的诉讼标的可能相同，法院仍应作出裁判。在前后的两个判决中，前诉的判决结果不应该对后诉产生影响，因此后诉的法院完全可以作出不同判决。

既判力相对性原则体现在既判力约束的诉讼当事人的范围。民事诉讼法当事人理论从概念上分广义当事人和狭义当事人两种。广义当事人包括了原、被告双方当事人，共同诉讼人和第三人。狭义当事人仅包括原被告。在实践中，确定当事人十分重要。对当事人的内涵出现了进一步认识，即实体当事人和程序当事人。实体当事人要求当事人与本诉标的的实体法律关系有直接利害关系。程序当事人则完全从程序角度界定当事人，只要其向人民法院提出权利主张或被提起诉讼即为当事人，而不论其是否为争讼

---

① 常廷彬：《民事判决既判力主观范围研究》，中国人民公安大学出版社 2010 年版，第32 页。

民事权利义务的主体。德国、日本法律上对既判力约束范围采用程序当事人说。实体当事人有其不可回避的理论缺陷。一是当事人的适格问题本就是程序问题，当事人是否适格需要在案件审理过程中才能查明。二是立案审查制向立案登记制的转变，使得实体当事人理论在立案阶段就失去生存的土壤。三是冒名诉讼等广义的虚假诉讼案件中，真正的权利义务人无法迅速查明。既判力作用于程序当事人，既判力相对性针对的是本案当事人。至于对有独立请求权第三人和无独立请求权第三人的，应根据具体情形理解和认识该原则。对此，后文详述。

第三，既判力的时间界限。生效判决是对争议权利义务关系的确认，而权利义务关系囿于判决作出之时客观证据的样态，在新证据出现后这种关系稳定状态可能被打破，因此判决只能对某个期间内同权利义务有关的事项予以确认。第三人权利救济程序涉及既判力的主体范围以及既判力的时间界限。第三人的利益受到他人诉讼判决的影响时，该第三人可否就此向本诉当事人提起诉讼；如果管辖法院不一致，形成两个相互矛盾的判决应当如何处理。

对于判决成立时间，德国、日本等法律规定从判决宣告之日起成立。我国《民事诉讼法》规定判决成立时间以送达时间为准。无论是宣告还是送达，目的都是让当事人知晓判决的内容。而从规范的角度，相关规定第一次间接确立既判力时间点的是《异议和复议规定》第7条第2款的规定。该款规定，将既判力的基准时确定在"执行依据生效之后"，这一规定与传统理论上认定为"最后一次辩论后"有所不同。此后的《最高人民法院关于人民法院立案、审判与执行工作协调运行的意见》第14条明确了基准时为"最后一次法庭辩论结束"。这是相关规定第一次明确基准时为最后一次言辞辩论结束时。

（4）既判力相对性的例外——第三人救济制度中既判力相对性的扩张。既判力主观范围仅包含当事人。当事人的继受人，替当事人占有诉讼标的物的人，各国立法上都承认其受既判力的拘束。除上述情形之外，受到既判力所及的第三人也可能成为既判力约束的对象。既判力对特定第三人效力扩张的目的在于维持纠纷解决的实效性。

　　既判力主观范围的扩张是在既判力相对性原则的框架下，法律允许其对本案当事人之外的第三人发生作用，其包括对特定第三人和对一般第三人效力的扩张，本书主要涉及对特定第三人既判力效力的扩张，包括：自然人死亡，法人注销，在判决确定后其实体权利义务关系的继受人；法律行为或法律规定在判决后承担实体权利义务的主体；诉讼代表人所为的判决结果扩张至被代表人；诉讼标的物的持有人、占有人在交付请求的判决中，受到既判力的约束。在法律上表现为追加变更当事人制度。

　　首先，第三人参加诉讼与既判力理论的关系。第三人参加诉讼对第三人来说性质如何确定，有既判力扩张说、新既判力说和效力说。有观点主张既判力扩张说，第三人参加诉讼是为了禁止其重复提出与第一次诉讼相关联的请求，并且在诉讼中第三人能够得到较为充分的保护以实现法的安定性；[①] 而第二种观点认为第一种观点无限制地扩张既判力，辅助型第三人参加诉讼，被辅助的一方当事人与第三人之间仅产生参加效力；[②] 第三种观点则提出本诉对辅助性第三人的效力仅是基于参加的事实而产生的反射效，而不是既判力。第三人地位在实体法上依存于一方当事人，第三人必须承认对自己不利的判决或者援用对自己有利的判决。[③]

　　我国《民事诉讼法》规定了有独立请求权第三人和无独立请求权第三人，其行使权利的不同程序，应结合具体情况分别理解。

　　有独立请求权第三人有权利申请参加原、被告的诉讼中，人民法院对第三人单独起诉所作出的裁判与原、被告的本诉具有牵连性，裁判结果也可能产生矛盾，因此，应将本诉与第三人提起的诉讼合并审理。该案审理的结果即对第三人产生既判力，其不得对本诉诉讼标的所涉争议再行起诉。

---

　　① 　参见［日］井上治典：《程序保障的第三次浪潮》，载《法学教室》1983 年第 28、29 号。

　　② 　参见［日］新堂幸司：《新民事诉讼法》，林剑锋译，法律出版社 2008 年版，第 474 页。

　　③ ［日］兼子一：《实体法与诉讼法——民事诉讼法基础理论》，有斐阁 1957 年版，第 89 页。

这种情况下，既判力并未发生扩张，原、被告与有独立请求权第三人均是本诉程序当事人。

无独立请求权第三人的情况较为复杂，理论上对现存制度无独立请求权第三人的保护尚存论争。无独立请求权第三人参加诉讼一般是经法院通知参加，但在本诉中被判决承担民事责任的无独立请求权第三人可以上诉，并在二审程序中拥有完全的当事人权利。无独立请求权第三人作为程序当事人在被判令承担责任的情况下受本诉既判力约束。现行法律规范在对无独立请求权第三人作为当事人权利未予充分保护情况下，却令其受到既判力约束的设计，成为明显的制度缺陷。

其次，第三人撤销之诉与既判力理论的关系。既判力相对性理论有助于纠纷的终局解决，保障法律关系的稳定，但实践中他人通过诉讼侵害案外第三人的情况屡屡发生，故2012年《民事诉讼法》增加了第三人撤销之诉的规定。第三人撤销之诉是第三人权利保障制度，既然对第三人进行保障，那么必然产生两个问题。一是原、被告之间的诉讼与第三人另行起诉的关系。有观点认为我国在没有建立既判力相对性理论基础上，却直接规定了第三人撤销之诉，从理论逻辑上不能自洽。[①] 如果在制度上确立了既判力相对性原则，第三人对本诉诉讼标的的主张可以通过另诉的方式解决，也可以通过再审程序予以救济。因前诉与后诉当事人不同，争讼的法律事实不同，故两个判决不发生矛盾。仅建立第三人撤销之诉制度，容易得出我国判决不存在约束力的结论。

最后，案外人申请再审与既判力理论的关系。民事诉讼再审程序是在确定判决具有既判力以后对案件的重新审理，否定了确定判决的既判力。民事再审程序与既判力理论之间一直存在理论上的矛盾，强调既判力就会影响再审程序的纠错功能，强调再审程序的启动又会影响法院裁判的稳定性。法院作出确定判决后，首要考虑的是维护既判力，只有在原裁判确实错误的情况下才考虑再审。因此，有再审程序或第三人程序设计的国家和

---

① 张卫平：《既判力相对性：原则、作用、根据与例外》，载《法学研究》2015年第1期。

地区，都严格限制程序的适用。

相比当事人申请再审，2008 年《最高人民法院关于适用〈中华人民共和国民事诉讼法〉审判监督程序若干问题的解释》第 5 条 [①] 对案外人申请再审规定了更严格的限制。

我们认为，案外人申请再审可以从参加诉讼第三人申请再审与案外第三人申请再审两个方面来讨论与既判力的关系。就参加诉讼第三人来说，参与诉讼的有独立请求权第三人，判决承担实体义务的无独立请求权第三人可以申请再审。这种情况下应给予第三人救济途径，因为此时第三人为诉讼参加第三人，其毕竟与案件争议标的有直接的法律关系或者牵连关系。就案外第三人而言，案外第三人申请再审是基于对虚假诉讼的否定，赋予了案外第三人救济的权利。

根据《民事诉讼法》第 206 条、第 210 条的规定，享有申请再审权利的主体是当事人，提出再审申请的当事人为再审申请人。与再审申请人提出的再审诉讼请求有直接的利益冲突，需要通过再审调整双方民事权利义务关系的当事人为被申请人，与再审诉讼请求没有利益冲突的其他当事人应当按照原审地位列明。但《民事诉讼法》并未规定在裁判文书确定的权利义务发生转移情形下，哪些主体有权申请再审。

裁判生效后债权转让中第三人能否提起再审程序涉及既判力理论。受让债权的第三人因未参与诉讼，其是否有权申请再审，理论和实务中存在一定争议。对此，大陆法系有当事人恒定主义和诉讼承继主义两种截然不同的立法例。诉讼承继主义又分为一般诉讼承继主义和特定诉讼承继主义两种。当事人恒定主义的在再审程序中的严格要求主要表现为，再审程序中的当事人原则上限于原审当事人，其他人不能作为再审程序中的当事人，否则即为再审当事人不适格，法院应当以诉不合法为由裁定驳回。基于着

---

① 该条规定："案外人对原判决、裁定、调解书确定的执行标的物主张权利，且无法提起新的诉讼解决争议的，可以在判决、裁定、调解书发生法律效力后二年内，或者自知道或应当知道利益被损害之日起三个月内，向作出原判决、裁定、调解书的人民法院的上一级人民法院申请再审。在执行过程中，案外人对执行标的提出书面异议的，按照民事诉讼法第二百零四条的规定处理。"2020 年修正该司法解释时删除了该条规定。——编者注

重保护原诉对方当事人利益的考虑，德国法原则上采当事人恒定主义，明确特定承继者在未经原诉双方当事人同意的情况下，不能代替其中一方当事人承担诉讼。《日本民事诉讼法》的规定则有所不同，采纳特定诉讼承继主义，该立法规定是从着重保护特定承继者利益的角度出发。特定承继者无须取得原审当事人的同意，即可以将原诉讼对方当事人作为被告提起再审诉讼。

我国相关司法解释出台前，对此有两种观点：一种观点认为实体权利转让的同时诉讼权利发生转移，对受让债权人申请再审权利作出限制没有依据。另一种观点主张债权受让人所受让的是生效裁判确定的实体权利，从维持法律关系稳定性和对方当事人合法权益角度出发，不应允许债权受让人享有申请再审的权利。《最高人民法院关于判决生效后当事人将判决确认的债权转让债权受让人对该判决不服提出再审申请人民法院是否受理问题的批复》采纳了后一种观点。该批复规定，判决生效后债权转让，债权受让人不具有再审申请人的主体资格，人民法院不应受理其对该判决不服而提出的再审申请。该批复着眼于维护生效裁判既判力，保护原诉对方当事人对诉讼产生的信赖利益。原债权人转让的是被生效裁判所确定的债权，而非作为原审诉讼争议诉讼标的的债权，不受理债权受让人的再审申请，并不损害其正当利益。如果债权受让人提出的再审申请得到受理，对方当事人以债权转让无效提出抗辩，则因该事实为裁判生效后新发生事实，不在既判力时间范围之内，不是再审程序能够解决的事项。因此，不应将债权受让人纳入再审申请人范围之内，亦即裁判生效后债权转让中第三人不能提起再审程序。

在第三人权利救济体系中的各项制度中，再审程序无疑具有纠正完善功能、补救救济功能和督促保障功能。同时，既判力理论关注于程序的安定价值、效率价值，要求尽量维护裁判的终局性和稳定性，这也是民事诉讼追求的价值理念。实际上二者是互相依存、互相制约的关系，其最终的目标都是实现司法公信力。因此，问题的关键在于如何统一既判力理论与再审程序的价值取向。有观点认为，既然终局判决已获确定，诉讼程序已经结束，如果不尊重已经生效的确实判决，纠纷也就无法解决。因为再审打破了纠纷的既判力，所以随便地广泛加以认同也是不妥当的。① 我们认为，对于案外人申请再审程序与既判力理论的协调中，更要严格限制再审程序提起的条件，应当明确何为"无法提起新的诉讼解决争议"。

【实践】最高法院（2014）民申字第1175号案件

再审申请人宁波建工股份有限公司（以下简称宁波建工公司）与被申请人浙江武义元利投资有限责任公司（以下简称元利公司）、浙江三新建材有限公司（以下简称三新公司）、浙江华越置业有限公司（以下简称华越公司）、杨某某、杨某某股权转让纠纷一案，不服浙江省高级人民法院（2008）浙民二初字第1号民事调解书，向最高人民法院申请再审。

宁波建工公司申请再审称：（1）原审民事调解书约定的内容严重损害了申请人的合法权益，申请人作为有利害关系的案外人有权提起再审申请。申请人系"金华世贸中心"项目的总承包人，已向宁波市中级人民法院提起诉讼，请求华越公司给付工程款本息、退还履约保证金，总诉讼标的额为7.29亿余元，并要求对"金华世贸中心"项目工程折价款或拍卖所得价款享有优先受偿权。民事调解书约定将项目有关的专款用于清偿股东之间股权转让款，客观上导致申请人工程款长期得不到偿付，实际侵害了申请人对取得涉案项目工程价款的合法权益。若民事调解书得以执行，必将进一步损害申请人依法可以享有的建设工程价款优先受偿权。申请人无法通过执行异议、撤销之诉或侵权之诉解决本案争议。申请人提起再审申请的时间未超过法律规定的时间。申请人直到2014年5月，在浙江法院网执行曝光信息中发现华越公司尚有未执行款项14.3亿元，随后到浙江省高级人民法院档案室调档后，方才知晓该调解书。故申请人于2014年6月3日向贵院提起再审申请的时间在法律规定的三个月期限内。（2）本案被申请人达成的民事调解书本身存在诸多违反法律规定的内容，且违反了《中华人

---

① ［日］高桥宏志：《重点讲义民事诉讼法》，张卫平、许可译，法律出版社2007年版，第472页。

民共和国民事诉讼法》(以下简称《民事诉讼法》)第九十六条有关"民事调解书不得违反法律规定"的要求,应当依法通过再审予以撤销。理由如下:①调解书中关于还款来源的约定违反了《城市房地产管理法》第四十五条第三款关于商品房预售所得款专款专用的规定以及《浙江省商品房预售资金监管暂行办法》第十二条的规定,也违背了华越公司对申请人的付款承诺。②调解书中关于还款来源的约定还违反了《城市房地产抵押管理办法》第三条关于"在建工程抵押款应专款专用于后续工程建设"的规定。③调解书确认元利公司向华越公司拆借资金合法有效,违反了禁止企业间长期拆借资金的规定。利息已超过银行同期贷款基准利率的四倍。④调解书违反了《中华人民共和国公司法》(以下简称《公司法》)第二十条不得滥用股东权利的规定,损害了华越公司及华越公司债权人的利益。⑤调解书确认的债务承担及还款方式导致元利公司抽逃了其对华越公司的出资,违反了《公司法》第三十六条禁止抽逃出资的规定。⑥民事调解书确定的违约金、利息损失等存在重复计算且明显过高的问题。⑦民事调解书违背了《民事诉讼法》第九十三条关于"人民法院审理民事案件,根据当事人自愿的原则,在事实清楚的基础上,分清是非,进行调解"的规定。综上,根据《最高人民法院关于适用<中华人民共和国民事诉讼法>审判监督程序若干问题的解释》(以下简称《审判监督程序解释》)第五条之规定,申请再审,请求撤销浙江省高级人民法院作出的(2008)浙民二初字第1号民事调解书,依法作出判决。

元利公司提交意见称:(1)申请人并非适格的再审申请主体,申请人与调解书所确定的权利义务不具有利益性,其对调解书内容约定的还款来源不具有特定物权。①申请人是否对华越公司具有权利主张、享有工程款优先权,现处于不确定状态。②申请人主张的工程款余款均发生于原调解书案件审理完毕之后。在被申请人起诉华越公司之前,不存在任何华越公司拖欠工程款的事实。目前申请人主张工程款也均为后期工程装修款,与调解书达成时的司法判断没有任何法律意义上因果关系。③申请人所主张的工程款的法律权利并非对案涉房屋销售款、企业贷款具有专属的特定的物权，如果其工程款属实，且未放弃工程优先权，其仅对其施工范围内资产具有工程优先权，调解书未侵害其工程优先权。（2）申请人所提出的再审申请已经超过了法定的时效期间。被申请人在原案件股权纠纷发生时即2008年6月11日委托律师向申请人就各方股权纠纷一事发函告知申请人，要求申请人停止项目建设。同时，分别通过浙江省级报纸登报告知广大债权人及利益相对方，调解书达成之后，华越公司财产保全得以解除；商品房开始预售，预售款受到了被申请人监管，部分用于清偿被申请人债务。此外，申请人为解决调解书款项问题，曾向银行出具放弃工程优先受偿款的函，并将打到申请人公司账户资金返还华越公司用以解决被申请人债务问题。这些事实可以证实申请人在本案调解书作出之时以及履行期间知道或者应当知道调解书的存在。再有，调解书申请执行于2013年12月，浙江省高级人民法院即对相关资产依法保全，作为一直在主张工程款的施工企业、销售房屋款监管方，亦不可能不知道这一事实。因此，申请人申请再审期限超过了法律所规定的二年时效期间及知道或者应当知道三个月的期间。（3）调解书的内容合法有效，并未违反任何法律法规的强制性规定。①截至调解书生效时，华越公司除工程款外，并无其他欠款。因此，调解书确定时，华越公司资产即便全部清偿被申请人在履行调解书所确定的款项之后，其预售余款及公司资产完全能够支付申请人合同造价5亿元。调解书内容没有损害申请人利益。②本案不存在抽逃出资问题。③本案不存在企业拆借的事实。④房屋预售款的取得是企业资金，企业根据经营所需有权自主使用，申请人所提预售款专款专用的规定，不是法律规定，而是监管的要求。被申请人得以清偿债务资金来源于房屋预售款仅为整个预售款额中十多分之一，不足以损害申请人的利益。（4）申请人已对华越公司提出诉讼，并主张工程款优先权事实，足以证实申请人可以通过其他方式主张其权利，不存在第三人申请再审需要无其他诉讼途径的前提条件。综上，请求驳回再审申请。

华越公司提交意见称：同意宁波建工公司关于撤销原审民事调解书的再审请求，该调解书内容违法，应当再审。

最高人民法院认为，本案再审争议焦点是申请人宁波建工公司请求撤销浙江省高院（2008）浙民二初字第1号民事调解书是否符合申请再审的法律规定。

《审判监督程序解释》第五条规定："案外人对原判决、裁定、调解书确定的执行标的物主张权利，且无法提起新的诉讼解决争议的，可以在判决、裁定、调解书发生法律效力后二年内，或者自知道或应当知道利益被损害之日起三个月内，向作出原判决、裁定、调解书的人民法院的上一级人民法院申请再审。"根据该规定，申请人的再审申请得以支持，需符合以下三个条件：

1. 案外人对原判决、裁定、调解书确定的执行标的物主张权利。本案中，申请人宁波建工公司系调解书所涉被告华越公司"金华世贸中心"项目的总承包人。《城市房地产管理法》第四十五条第三款规定："商品房预售所得款项，必须用于有关的工程建设。"《城市房地产抵押管理办法》第三条规定："本办法所称在建工程抵押，是指抵押人为取得在建工程继续建造资金的贷款，以其合法方式取得的土地使用权连同在建工程的投入资产，以不转移占有的方式抵押给贷款银行作为偿还贷款履行担保的行为。"《合同法》第二百八十六条规定："发包人未按照约定支付价款的，承包人可以催告发包人在合理期限内支付价款。发包人逾期不支付的，除按照建设工程的性质不宜折价、拍卖的以外，承包人可以与发包人协议将该工程折价，也可以申请人民法院将该工程依法拍卖。建设工程的价款就该工程折价或者拍卖的价款优先受偿。"根据上述法律规定，申请人对民事调解书所涉资金享有专属专用的权利和建筑工程优先受偿权。而调解书确认了当事人间关于华越公司将与"金华世贸中心"项目下的部分商品房预售款用于偿还三新公司对元利公司的债务、让作为目标公司的华越公司承担股东之间股权转让纠纷中的返还股权转让款的连带责任，且进入实质执行阶段，客观上减少了华越公司的责任财产，违反了前述法律关于专款专用的规定，损害作为华越公司债权人的宁波建工公司的权利。

2. 申请人无法提起新的诉讼解决争议。申请人诉华越公司工程款纠纷案并不能解决本案争议，不属于《审判监督程序解释》第五条规定的新的诉讼的情况。由于原审调解书具有既判力，在其被撤销之前，依据该调解书作出的申请执行行为均为合法行为，查封全部涉案房产的行为系法院司法行为，被申请人没有过错，故申请人无法提起侵权之诉解决本案争议。2012 年修正的《民事诉讼法》第五十六条规定了第三人撤销之诉，在《审判监督程序解释》颁布之时，并无该诉讼的规定，案外人无法通过该诉讼救济自己的权利。即使可以，也由于设定该诉讼的目的与本案再审之诉设定的目的相同，均是保障案外人的合法权益不受生效的判决、裁定、调解书中错误内容的侵害，因此，在本案申请人已经提起再审申请的情况下，为节约诉讼成本，更好保护当事人权利，不宜让申请人另行提起第三人撤销之诉，在本案解决争议较为合适。综上，本案中，申请人不能或不宜再提起新的诉讼解决争议。

3. 在判决、裁定、调解书发生法律效力后二年内，或者自知道或应当知道利益被损害之日起三个月内提起再审。案涉调解书的作出时间是 2008 年 12 月 31 日。宁波建工公司于 2014 年 6 月向最高人民法院申请再审，最高人民法院于 2014 年 7 月 16 日收案，申请再审期间已过两年期间。当事人争议的焦点是申请人的申请是否"自知道或应当知道利益被损害之日起超过三个月"问题，这主要取决于申请人"知道或应当知道利益被损害之日"的认定问题。元利公司关于委托律师向申请人就各方股权纠纷一事发函、在报纸登报告知广大债权人及利益相对方、财产保全措施的采取以及解除、商品房预售款被申请人监管、本案执行等事实，只能证明申请人知道案涉纠纷的存在，但不能充分证明申请人在上述行为作出之时，知道或者应当知道调解书的存在、其权利受到侵害。由于申请人享有工程款的优先受偿权，故其关于在 2014 年 5 月为起诉华越公司才关注债务人涉诉纠纷和审理、执行情况的解释具有合理性。因此，申请人申请再审未过三个月的期间。最高人民法院作出裁定，指令浙江省高级人民法院再审本案。

2. 执行力理论与第三人权利救济体系

执行力是指执行依据的执行力，就是通过强制执行来实现生效执行依据所确定给付内容的效力。此效力对人、时间、物均有影响。其中，对人效力是指执行力所及主体的问题。执行力所及的主体范围就是执行力的主观范围。原则上，执行力仅及于确定判决指明的当事人。但在一些情形下，执行力也扩张及于当事人以外的第三人，此即"执行力主观范围的扩张"。①

既判力与执行力是判决在两个阶段不同效力。执行力是给付判决确定后，当事人申请或法院依职权通过民事诉讼程序使判决的内容得以实现的权利。执行力的主观范围与既判力的主观范围不尽相同。② 执行力相比既判力着重于迅速实现权利人的利益。二者差异主要表现在三个方面：一是范围有所不同。执行力仅存在于给付判决，而确认判决和形成判决仅有既判力，没有执行力。而公证债权文书、财产保全裁定则仅有执行力没有既判力。二是对象有所区别。执行力仅影响当事人，既判力既影响当事人又影响法院。三是时间要求不同。执行力有法律规定的具体行使时间，既判力没有时间限制。

执行力的主观范围扩张会涉及第三人，这一点与既判力的主观范围扩张一致。然而这两种扩张却存在差异。有观点认为，"既判力是执行力的基础，对执行力的产生、变更、消灭有直接的基础性决定作用"③。执行力扩张的基础是既判力的扩张。既判力范围的扩张必然引起判决效力的扩张，判决效力的扩张也必然引起判决执行力的扩张。④ 也有观点认为，执行力的主观范围与既判力的主观范围并非完全一致。首先，既判力扩张与执行力扩张的制度旨趣不同。既判力系于前诉与后诉的关系上，在后诉维持前诉确定判决的公权判断，以确保法的安定性。执行力扩张则系于前诉与强制执行关系上，强制实现判决所命给付之内容，具有省略直接对被扩张主体的

---

① 参见常彬廷：《试论执行力主观范围的扩张》，载《法治论坛》2010 年第 1 期。
② 杨与龄：《强制执行法论》，我国台湾地区三民书局 2007 年版，第 125 页。
③ 贺伟军：《论执行对既判力的扩张、限缩》，载《杭州商学院学报》2004 年第 1 期。
④ 李浩：《强制执行法》，厦门大学出版社 2004 年版，第 166 页。

权利义务提起新诉的作用。[①] 其次，既判力扩张与执行力扩张的内容不同。比如，甲向乙起诉主张债权，在甲胜诉的情况下，此时如果认可判决的既判力扩张于乙的继受人丙的话，就意味着无论对乙还是对丙，一旦判断甲在甲乙间诉讼的口头辩论终结并对乙拥有的债权确定时，不能就此判断再行争执。而当执行力扩张至丙就意味着，甲可以据此判决申请直接对丙强制执行。所以，在既判力扩张的情形，判决效力的客观范围没有扩张而执行力有扩张的，其客观范围实际也被扩张了。[②]

执行依据执行力的主观范围对第三人以何种身份救济权利具有决定作用，对以何种程序的救济具有重要影响。执行当事人是否适格，应当依据执行依据的主观范围来确定。[③]

一般来说，既判力扩张所及的主体也应当是被执行人，但既判力扩张并非执行力扩张的前提。既判力主体范围的扩张与执行力主体范围的扩张是不同维度问题，相较既判力的主体范围，执行力主体范围更广。尽快实现生效法律文书确定的义务是执行部门的目标和动力，因此，其有扩大执行力主体范围获得更多执行财产的冲动。[④] 上述既判力对第三人的相对扩张主要涉及第三人实体权利义务的实现，因此有关执行的司法解释特别注重执行依据中确定的被执行人之外的第三人的扩张问题，也就是执行力主观范围的扩张问题。原则上受既判力影响而扩张的义务主体，往往就是执行力扩张的主体，然而执行力的扩张不以既判力的扩张为前提。最高人民法院在《关于人民法院在执行程序中能否将已参加过诉讼，但生效裁判未判决其承担实体义务的当事人追加或变更为被执行人的问题的答复》中明确："对已参加诉讼、但生效裁判未判决其承担实体义务的当事人，人民法院在执行程序中如需追加或变更该当事人为被执行人，除非追加或变更该当事

---

① 许仕宦：《执行力扩张与不动产执行》，我国台湾地区学林文化事业有限公司 2003 年版，第 23 页。

② 常彬廷：《试论执行力主观范围的扩张》，载《法治论坛》2010 年第 1 期。

③ 江必新主编：《比较强制执行法》，中国法制出版社 2014 年版，第 222 页。

④ 张卫平：《既判力相对性：原则、作用、根据与例外》，载《法学研究》2015 年第 1 期。

人为被执行人的事实和理由，已在诉讼过程中经审判部门审查并予以否定，否则，并不受生效裁判未从判决该当事人承担实体义务的限制。"

（三）法律价值考量——公正与效率的博弈

法律价值是站在社会主体视角期待法律制度所应当具有的一种品质，是法律满足社会需求的一种属性，是抽象、应然、主观的。法律价值既在发挥法律制度功能的过程中得以实现，同时又引导法律制度的设定和功能发挥。第三人救济制度的价值是效率和公正。效率和公正为人们所同时追求的价值，虽然二者为相辅相成，但二者仍有不同的价值追求，在某些情况下存在着一定的紧张关系。最理想的状态是二者均衡，但实现这种状态，必须结合具体的制度背景根据人们的心理认同及其他因素予以考量。这都考验着立法者和司法者的智慧。[①]

1. 公平的正义

"公平的正义"（justice as fairness）是罗尔斯（John Rawls）在《正义论》中建立的概念。"正义原则是人们所选择一系列普遍原则的第一个，尔后人们创制宪法，建立立法机关都须依正义原则行事，因此，公平的正义是政治法律制度的基础。也就是说，公平的正义在人们制定规范协调彼此关系中具有普遍的意义。"[②] 旨在传达使传统的社会契约论更为概括和抽象的正义论，这一正义论相比卢梭、康德的社会契约论来说，其目标是选择确立指导社会基本结构设计的根本道德原则，并非选择建立某一特殊的制度或进入某一特定的社会。罗尔斯的正义经典二原则论，即"第一个原则：每个人对与其他人所拥有的最广泛的平等基本自由体系相容的类似自由体系都应有一种平等的权利；第二个原则；社会和经济的不平等应这样安排，使它们（1）被合理地期望适合于每一个人的利益；并且（2）依系于地位和

---

① 参见张卫平：《〈民事诉讼法〉修改中效率与公正的价值博弈》，载《中国司法》2012年第6期。

② 韩强：《罗尔斯程序正义思想及其启示》，载《国家行政学院学报》2001年第6期。

职务向所有人开放"①。这两个原则主要适用于社会的基本结构，每个人都要从社会基本结构中允许的不平等获利，如何使得这种获利代表正义。这就是罗尔斯所提出的纯粹的程序正义。

公平正义可以分为实质正义（实体正义）和程序正义（形式正义）。自亚里士多德以来，通过程序实现了什么结果才合乎正义，一直是正义理论的核心问题。学者们在讨论同等情况同等对待等命题时，往往对实现结果的程序不感兴趣，而是认为只要结果是每个人得到了应得的东西或者同等情况下获得了同等对待就是实现了正义。这种情况下的正义便是实体正义。②一般认为，实体公正是第一位价值，是民事诉讼制度的根本价值；程序公正则是第二位的价值，是实体公正的保障。实体性执行救济与民事诉讼本质相同，因此也适用该结论。第三人救济制度既涉及实质正义也追求程序正义。实质正义即便在法律和制度都可能得到实施的情况下，仍存在不正义的可能。实质正义并不见得在类似情况的相同处理中得以实现。社会正义论是正义论的核心，程序正义是社会正义论的核心部分。

程序正义的实现具有以下四个作用：程序具有实体形成的母体作用；程序正义能使结果正当化并吸收不满；程序正义能使民主及法律的失误得以补正；程序正义自身体现着一个国家司法制度的公正与否。③从第三人救济制度的功能本身来看，其包含着对公平正义的追求。对权利的救济以及对权力和权利的制约，都以实现公平正义为指引。公平是第三人权利救济程序制度的首要价值目标，通过行使裁判权而得以发挥。对存在互相对立的主张或利益诉求进行判断，只有在公正的前提下可能达成争议双方皆为信服的结论。公正是裁判权行使的最根本的价值目标，也是首要价值目标。实现公平正义价值要求平等保护民事主体的合法权益，而防止诉权及执行权滥用则是确保公平正义的前提。

---

① ［美］约翰·罗尔斯：《正义论》，何怀宏、何包钢、廖申白译，中国社会科学出版社2009年版，第47页。

② ［日］谷口安平：《程序的正义与诉讼》，王亚新、刘荣军译，中国政法大学出版社2002年版，第1页。

③ 参见田平安、杜睿哲：《程序正义初论》，载《现代法学》1998年第2期。

从公平的正义到程序的保障，再到法律程序和制度的构建，需要更深入地研究什么是程序的限制或制约。我国社会发展状况、历史文化传统与其他国家存在差异，但通观各国法律制度，最大限度确保民众接近正义是共通的理想和规律。司法一方面要确保高质量，即保障民事主体的基本程序权利，另一方面必须容易为民事主体所易获取。我国民事程序法在设计保障第三人诉讼权利，保护第三人的主体性和自律性的同时，亦得保障诉讼活动顺畅开展，保障审判的正当性。因此，第一方面的保障是重点。"程序保障直接反映了正当程序思想所强调的价值观念，并具体体现在当事人主义的诉讼程序结构中。"[①] 然而，在当事人主义诉讼结构的影响下，对当事人诉讼程序的保障实际就是对法官权力的制约，法官查明案件事实的要求被降低。

2. 效率

第三人权利救济程序是运动的过程，不仅消耗物质也消耗时间。第三人权利救济程序的经济性必然包含最低的物质消耗和最低的时间消耗。对第三人权利救济程序效率价值的衡量和思考还在于，如果在相关程序中投入过量的人力、物力和时间，就将使整个程序失去实际意义。尤其人们期望通过程序获得物质利益，第三人权利救济程序影响到物质利益的实现，程序过于冗长则会抵消人们期望获得的物质利益。当前，西方很多国家的民事诉讼等程序最为突出及最为普遍的问题就是诉讼效率低下，表现出非经济性。这主要反映在诉讼程序过于复杂和形式化、审理周期长、费用过高。因此，很多国家在修改民事诉讼法时都把降低诉讼成本、简化诉讼程序作为民事诉讼改革的主要目的。[②]

显然，第三人权利救济的功能应当得到及时实现，即权利应当得到及时救济，滥用诉权或者执行权的行为应及时纠正，纠纷应当得到及时解决。第三人权利救济的效率必须以公正为前提，没有公正的效率将背离救济制

---

① 王亚新：《社会变革中的民事诉讼》，北京大学出版社 2014 年版，第 35 页。
② 例如德国专门制定了《诉讼简化法》，对简化诉讼降低诉讼成本起到了较为明显的作用；日本新民事诉讼法也在这方面取得了较大进展。参见张卫平：《〈民事诉讼法〉修改中效率与公正的价值博弈》，载《中国司法》2012 年第 6 期。

度的宗旨。因此，无论怎样强调救济效率的重要性，效率都只能是第三人权利救济制度第二位的价值目标。

但是，就第三人权利救济程序体系的内部制度具体而言，执行救济制度比诉讼制度更需要强调效率的重要性，执行救济制度设计和运行体现出来的对效率的追求要高于民事诉讼对效率的追求。原因在于：第一，执行救济制度是执行制度的衍生制度，在执行过程中运转。执行救济程序结束之后，并不必然导致终结执行程序的结果。执行救济程序的运行却有可能阻碍执行程序的推进。而对于执行程序来说，效率是最根本的价值目标。为了实现这一目标，应当避免因烦琐的执行救济程序导致执行拖延，有必要提高执行救济程序效率。第二，执行阶段的主要目的是实现债权，解决执行争议仅是执行阶段的次要目的。执行程序以实现权利为基本宗旨。执行程序启动后，实现债权是矛盾的主要方面，解决执行争议是矛盾的次要方面。执行救济进程不应影响执行程序的推进，否则就会出现本末倒置局面。执行救济既要实现自身所需要的效率价值，也要兼顾执行制度整体效率优先的价值取向。第三，从实践状况来说，我国执行救济制度对执行过程的影响较大。即使是法律明确规定的执行救济不影响执行程序的规则，在实践中仍有可能出现暂缓执行，待争议确定之后再执行的稳妥做法。总之，就制度的价值取向而言，执行救济制度与民事诉讼制度一样追求公正优先，但也更加重视追求效率价值。

第三人权利救济程序中的案外人申请再审制度和第三人撤销之诉制度，明显倾向于公平，而又兼顾效率。如果通过另诉的方式解决本诉案件的问题明显比启动这两种程序耗费的成本低一些，这两种程序体现出公正兼顾效率的价值选择。

三、第三人救济制度构建的现实基础

（一）当事人主义诉讼模式的负面效应

当事人主义模式是现代民事诉讼法所倡导的诉讼模式。当事人主义模

式平等地保障当事人提出证据、进行辩论的机会。当事人通过举证、辩论等法庭活动推动整个程序的发展，具有互相作用和协同活动的性质。[①] 我国经过多年的民事审判司法理念变革，基本已经从以职权主义为主转向以当事人主义为主的诉讼模式，在保障当事人诉讼权利方面不断完善。但是，当事人主义诉讼模式存在固有缺陷，当事人在诉讼程序中的自由度越高，他们合意损害案外人的可能性就越大，并且手段也越隐蔽。此情况极有可能产生当事人利用司法程序达到违法目的的现象。

1. 辩论主义的缺陷

辩论主义是依据私法自治原则建立起来的民事诉讼审判原则。西方哲学从古希腊发源起，对于理论与事实的讨论就采用辩论的原则。人们相信真理越辩越明。辩论方式被采用到诉讼程序中，给予诉讼当事人完全自由表达自己意见的机会，确保法官的中立性和裁判的公正性。有学者提出了辩论主义的三大原则："一是直接决定法律效果发生或消灭的必要事实必须在当事人的辩论中出现；二是法院应将当事人之间无争议的事实作为判决的事实依据；三是法院对证据的调查只限于当事人双方在辩论中所提出来的事实。"[②] 辩论主义中引申了一条民事诉讼证据中的自认原则，即对方当事人认可一方当事人主张的法律事实，可以免除该当事人的举证证明责任。

《最高人民法院关于民事诉讼证据的若干规定》第 3 条规定，在诉讼过程中，一方当事人陈述的于己不利的事实，或者对于己不利的事实明确表示承认的，另一方当事人无需举证证明。这就是当事人自认。人民法院对当事人自认的事实一般不会再行查明，而且即便法院需依职权查明案件情况，也仅限于当事人不能自行取得证据需要法院调取的，或者在辩论过程中所提出来的事实。当事人如果自行串通在利益的驱使下虚假自认，则在诉讼中仍会被认定为真实可靠的事实。虚假认证规避法官对真实事实的再认证，从而损害案外第三人的合法权益，此时辩论原则就为当事人串谋提

---

① 汪振林：《程序保障第三人探析》，载《云南大学学报（法学版）》2002 年第 3 辑。
② 参见自张卫平：《诉讼构架与程式：民事诉讼的法理分析》，清华大学出版社 2000 年版，第 154 页。

供了合法的外衣。

2.对当事人自由处分的约束不足

处分原则建立在当事人主义诉讼模式下，是权利主体对其权利进行控制和支配的一项诉讼原则。根据处分原则，诉讼必须由当事人提起方能启动，人民法院没有职权启动诉讼；诉讼程序开始后，原告有权放弃或变更诉讼请求，被告有权承认或者反驳对方当事人的诉讼请求，也有权反诉；当事人可以在人民法院主持的调解下达成调解协议，也可以自行和解。可以说，当事人对民事诉讼行为的处分权利是当事人主义的集中体现。但是，部分当事人对权利处分有很大的随意性，当事人通过自认或者达成调解协议损害第三人的案例屡现不鲜。法院因种种原因未能发现或未能通知到案外人，案外人未能及时参与诉讼或者相关程序，只能靠事后的救济程序给予案外人保护。

（二）现有救济途径的内在局限性

第三人救济程序体系意图构建一张事中救济、事后救济的网，但就现行制度来说，这张网还是存在不少漏洞。有的程序对第三人权利疏于保护，而有的程序与其他程序交叉重叠，使得第三人对程序选择无所适从。现有救济途径的内在局限性，呼唤我们建立逻辑更为严密、配合更顺畅的程序体系。

1.事中救济途径的局限性

第三人事中救济途径主要是第三人另诉与第三人参加诉讼。这两类制度在实践中存在各自的缺陷。第三人参加诉讼的问题是，第三人很难知晓当事人双方进行的诉讼。在原被告恶意串通的情形下，更不会主动要求第三人加入诉讼。因此，第三人参加诉讼制度难以杜绝损害第三人权益的情形。第三人另行起诉看起来是一条完美的救济途径，但实践中却问题重重，司法实践者对此也并不乐观。原因在于："一是我国《民事诉讼法》中并未明确规定既判力相对性原则，人民法院生效裁判所确认的事实为免证事实，当事人不需要举证。案件外第三人另行向法院起诉，极有可能会因为原生效民事判决、裁定所确认的事实与起诉所依据的事实冲突而被驳回。"① "二是另行起诉则使法院重复审理同一纠纷，被告因同一纠纷重复应诉，且造成裁判矛盾，损害司法权威。三是如果前诉判决是二审法院作出，另诉到基层法院，基层法院的法官面对上级法院做出的判决如何处理，没有法律依据。四是如果另诉形成两个不同的具有法律效力的生效判决，具有法律效力的前诉判决、裁定不被撤销或者变更，执行机构对于执行哪个判决由于没有明确的法律规定，将无所适从。"② 因此，另诉的方式不足取。

2. 事后救济途径的混乱

《民事诉讼法解释》第 299 条、第 300 条解决了第三人撤销之诉与再审程序之间的衔接问题，而实践中仍然存在亟待明确的问题。这些问题严重影响了第三人救济的通路，可能造成第三人救济的重复和无序状态。

有规则必有缺陷。作为纠纷解决规则的第三人权利救济程序存在内在矛盾是不可避免的。对此，有学者将其归纳为：一是当事人的部分利益因为在法律规范的一般规定中难以表达出来，或者不需要由法律强制实现而被立法者所忽视。二是滞后性是法律的特性，法律规范往往无法快速适应社会变化发展。三是实践中某些新生利益无法在法律上得到承认和体现，也无法在诉讼审判实践中得以实现。四是推进程序的进行需要专业性技术，第三人救济程序不同于普通诉讼程序，处理过程很难得到普通民事主体的理解。这些程序过于费时耗资，表面上效率低下，影响了民事主体的获得感。五是强调程序的程式性和法官的中立性，通常会给力量不对等的民事主体之间带来实质不公平的感受。六是审判的公开性以及黑白分明的判决方式，让一部分性质微妙的纠纷很难得到恰当解决，处理的结果也不能完全使当事人感到满意。③

---

① 胡军辉、廖永安：《论案外第三人撤销之诉》，载《政治与法律》2007 年第 10 期。

② 最高人民法院民事诉讼法修改研究小组编著：《〈中华人民共和国民事诉讼法〉修改条文理解与适用》，人民法院出版社 2012 年版，第 100 页。

③ 参见［日］六本佳平：《纠纷与法》，载《岩波讲座基本法学 8·纠纷》，岩波书店 1983 年版，第 28~29 页。转引自王亚新：《社会变更中的民事诉讼》，北京大学出版社 2014 年版，第 38 页。

（三）虚假利用程序行为的蔓延与泛滥

实践中，部分民事主体与他人合谋，以虚假事实提起诉讼等程序，谋取有利于自己的判决或者拖延程序进程，以达到逃避合法债务等不正当目的。这就是虚假利用程序行为。该行为包含虚假诉讼、第三人提出虚假异议等行为，严重侵害他人合法权益，扰乱了正常秩序。

虚假诉讼是虚假利用程序的表现之一。其特点是原告与被告串通虚构纠纷进而提起诉讼，通过诉讼获得法院的判决。该判决一旦生效将损害第三人的利益。虚假诉讼的产生是由于以下几个原因。

1. 司法实践中生效裁判产生的物权变动效果

德国和日本没有虚假诉讼的风险，有学者分析了两点原因：一是既判力制度使得案外人完全不用担心受到原被告虚构诉讼的损害；二是法院裁判原则上也不直接产生物权变动的法律效果。①

《民法典》第 29 条规定了基于法院判决、公用征收等法律行为以外的原因引起的物权变动。法院和仲裁委的法律文书具有引起物权变动的法律效果，主要有两点原因：一是法院的法律文书是根据实体法对物权作出的变动，因有法院审判权这种公权力的介入，物权变动状态较为明确。物权变动具有公示性，具有排他效力，不必直接进行登记或者交付。二是不动产登记涉及房地产管理机关的行为，过程较为复杂，时间长短不一，而有些动产的交付行为也需要一定时间才能完成。将不动产登记、动产交付作为物权变动公示的生效要件有时不能达到交易便捷性。实践中有许多案件是非因买受人原因导致物权没有变动，进而引发诉讼。因此，例外地承认不以登记和交付作为生效要件，可以弥补公示要件主义过于严苛的缺憾。②

并非所有法律文书都会引起物权变动的效果，只有形成判决才有此类

---

① 参见张卫平：《中国第三人撤销之诉的制度构成与适用》，载《中外法学》2013 年第 1 期。

② 参见最高人民法院物权法研究小组编著：《〈中华人民共和国物权法〉条文理解与适用》，人民法院出版社 2007 年版，第 124 页。

效果。形成判决是法院以判决的形式变更、消灭或者创立民事法律关系。如不动产登记错误，法院可以根据证据和法庭辩论事实认定不动产权属。该判决送达时即发生不动产权属转移的法律效果。实务中，法院在执行过程中作出的拍卖裁定和以物抵债裁定也能产生物权变动的效果。但在实践中，却存在对《民法典》第 29 条规定理解上的偏差，当事人甚至是部分法院认为给付判决和确认判决也具有引起物权变动的法律效果。

2. 法律制裁力度不足

目前缺乏对虚假利用程序有威慑力的措施。虽然《民事诉讼法》第 115 条、第 116 条增加了对虚假诉讼的制裁措施，但在法律的准确落实受到了现有的实践环境的挑战。在实践中，罚款、拘留等处罚手段适用空间较小，相应的舆论风险却很大。最高人民法院自 2013 年以来，先后单独或联合发布了《关于房地产调控政策下人民法院严格审查各类虚假诉讼的紧急通知》《关于清查"以房抵债"等虚假诉讼案件的意见》《关于防范和制裁虚假诉讼的指导意见》《最高人民法院、最高人民检察院关于办理虚假诉讼刑事案件适用法律若干问题的解释》。上述司法解释及司法指导性文件的出台在一定程度上对鉴别、规制虚假诉讼起到了一定作用，但现阶段还存在当事人启动程序难的问题。

第二章　第三人权利救济程序的历史演进

了解第三人权利救济程序相关问题产生的原因，应当从第三人权利救济程序发展演进的历史观察。"我们研究历史，并不是说只要研究这件事的过去；而是根据过去，来了解现在。不仅如是，而还要知道到将来。"① 自改革开放以来，第三人权利救济程序经历了从无到有的过程，而随着司法实践不断提出新挑战，既有的第三人权利救济程序不能满足保障民事主体合法权益的需求，于是第三人权利救济程序便不断发展和扩张。

一、20 世纪 80 年代：第三人权利救济程序初创

中华人民共和国成立后相当长的一段时间里我国并没有民事诉讼法。最高人民法院在 1956 年的《各级人民法院民事案件审判程序总结》和 1979 年的《人民法院审判民事案件程序制度的规定（试行）》中粗略提及第三人参加诉讼的合并审理。② 这些规定可以视为第三人权利救济制度的萌芽。改革开放以来，以经济建设为中心的社会转型成为我国社会巨大变革和发展的基点和杠杆，推动社会发展进入高速发展时期。中国法治发展建设自此开始。从 20 世纪 70 年代末起，各种基本法律制度开始构建。作为基本法之一的民事诉讼法也自此进入设计阶段。1982 年 3 月 8 日通过的《中华人民共和国民事诉讼法（试行）》（以下简称《民事诉讼法（试行）》）标志着中国民事诉讼制度进入一个新的时期。③

---

① 钱穆：《中国历史精神》，九州出版社 2012 年版，第 7 页。

② 《各级人民法院民事案件审判程序总结》规定："在审理中，被告人提起反诉、原告人增加诉讼请求、增加当事人或第三人参加诉讼的，一般都可以合并审理。"《人民法院审判民事案件程序制度的规定（试行）》规定："被告人提起反诉、原告人增加诉讼要求、增加当事人或第三人参加诉讼的，一般可合并审理。"

③ 张卫平：《〈民事诉讼法〉的修改与程序正义的提升（上）》，载《中国司法》2006 年第 1 期。

（一）1982 年民事诉讼法的规定

第一次在立法上确立第三人权利救济制度是《民事诉讼法（试行）》。该法确立了第三人参加诉讼制度和执行程序中的案外人异议两种制度，保障第三人救济权利的行使。

《民事诉讼法（试行）》第 48 条、第 109 条确立了第三人参加诉讼制度。第 48 条将第三人区分为有独立请求权第三人和无独立请求权第三人。值得注意的是，该条规定明确了有独立请求权第三人提起诉讼后"成为诉讼当事人"，但并未明确无独立请求权第三人的诉讼地位。《民事诉讼法（试行）》第 162 条、第 182 条规定了执行程序中的案外人异议制度。第 162 条规定案外人提出异议的审查主体和审查程序，而第 182 条则列举案外人异议作为中止执行的一种情形。这四条确定的第三人权利救济程序的规定较为简单，这与当时改革开放刚刚起步、商品经济正在发展的经济社会基础有一定关系。[①]

第三人参加诉讼制度的立法目的是保护第三人的合法权益、彻底解决民事纠纷，以免第三人另行起诉。[②]《民事诉讼法（试行）》所确立的诉讼第三人制度与大陆法系民事诉讼参加人制度存在明显差别。这里主要涉及与日本、法国诉讼参加制度的区别。日本法律规定的第三人参加制度有独立当事人参加、共同诉讼参加和辅助参加三类，而在判例和学说上还存在共同诉讼的辅助参加以及准独立诉讼参加两类。日本法上的主参加人与我国民事诉讼法中的有独立请求权第三人诉讼地位基本相同，但在参加理

---

① 据张卫平教授考证，我国第三人参加诉讼制度及理论的形成与国外的参加制度有密切联系，第三人参加诉讼制度是对苏联制度的移植。苏联的民事诉讼法学将第三人参加诉讼的情形分为有独立请求和没有独立请求两种情形。有独立请求权的第三人所主张的请求权是基于物上请求权，是基于对物的所有权而提出的，这一点我国诉讼法学完全继受了苏联学界观点。无独立请求权第三人也借鉴了苏联的制度和理论。苏俄和乌克兰的民事诉讼法典均规定无独立请求权第三人被传唤或者自行参加诉讼所必须具备的条件就是依照判决，对第三人产生了权利和义务。无独立请求权第三人参加诉讼的根据就是法律上的利益，而这种利益实际上就是法律上的利害关系。参见张卫平：《"第三人"：类型划分及展开》，载张卫平主编：《民事程序法研究》（第一辑），中国法制出版社 2004 年版，第 58 页。

② 王锡三：《试论本案判决对第三人的效力》，载《现代法学》1993 年第 4 期。

由上有所差异。主参加人诉讼中，诉讼参加人需要具备两个条件：一是参加人主张诉争的标的的全部或者部分属于自己，二是正在进行的诉讼结果将侵害参加人的权利。而我国民事诉讼法对有独立请求权第三人参加诉讼的规定却并未将第二点即他人诉讼结果会侵害第三人权利作为参加诉讼的理由。

尽管如此，这仅是表述上的不同而已。实际上，对有独立请求权第三人的权利会造成侵害这一点无论是否单独明确表述，都不影响有独立请求权第三人参加诉讼的必要性，对有独立请求权第三人来讲，既然对诉讼标的享有权利，那么他人对该诉讼标的所主张的权利必然会影响到自身权利的行使，所以，日本的主参加制度与我国的有独立请求权第三人参加诉讼并无本质区别。而我国法律上的无独立请求权第三人则将本诉有可能令其承担权利义务作为参加诉讼的依据，这与本诉的结果与其发生法律上的利害关系的意思基本是一致的。而日本法上辅助参加的根据也是本诉讼将侵害参加人的权利。可见，日本法上在对参加理由方面未能很好地将主参加人和辅助参加人予以区分。

（二）1984年司法指导性文件的细化

《民事诉讼法（试行）》在司法实践中出现了诸如无独立请求权第三人的诉讼权利问题。对此，《最高人民法院关于贯彻执行〈民事诉讼法（试行）〉若干问题的意见》（以下简称《〈民事诉讼法（试行）〉意见》）第16条对该问题进行了明确，确立了以下三点：一是无独立请求权第三人参加诉讼的方式有两种，一种是第三人主动申请参加，另外一种是法院依职权通知参加；二是明确无独立请求权第三人的部分诉讼权利，其在法院判令其承担义务的情况下"有权上诉"；三是尊重第三人在诉讼中的实体权利处分权，明确规定在调解协议中确定第三人承担义务的，应征求第三人的意见。

之后，《最高人民法院关于在经济审判工作中贯彻执行〈民事诉讼法（试行）〉若干问题的意见》（以下简称《民事诉讼法试行意见》）的第二部分规定中，在当事人、法定代表人、诉讼代理人之后专列第四项对第三人进行了详细的规定。值得注意的是，该意见首次在规范性文件中使用了"有独立请求权第三人"和"无独立请求权第三人"两个概念。该部分明确第三人参加诉讼的节点时间，即"在当事人提起诉讼后、人民法院判决前"。这样既有利于第三人选择适当的时机参与到诉讼中，又能防止第三人滥用权利不当介入，影响案件进程。该意见还进一步明确了有独立请求权第三人和无独立请求权第三人的诉讼地位和权利义务。有独立请求权第三人的地位与原告相同；无独立请求权第三人在被判令负有责任时享有上诉的权利。

（三）1987 年最高人民法院关于民事诉讼法解答的补充

最高人民法院在 1987 年 7 月 21 日发布的《关于审理经济纠纷案件具体适用〈民事诉讼法（试行）〉的若干问题的解答》中专门以第 7 条 "关于无独立请求权的第三人的诉讼权利和义务问题" 再次对第三人的规定进行了补充规定：（1）法院通知第三人参加诉讼必须是以书面通知的方式作出，这里规定的是用"通知书"的形式。（2）无独立请求权的第三人的权利应当得到充分保障。一是无独立请求权第三人在参加诉讼后，有权了解当事人起诉、答辩的事实和理由，并向人民法院提交书面意见。二是开庭审理时，人民法院应当用传票传唤其出庭。三是在庭审中，无独立请求权的第三人可以陈述意见、提供证据、参加法庭辩论。当然第三人陈述意见的顺序应该在原被告陈述意见之后，法庭辩论环节第三人可以自由发言。（3）无独立请求权第三人行使权利应承担相应的诉讼义务。一是如果经过两次合法传唤，无独立请求权第三人无正当理由拒不到庭的，人民法院可以缺席判决。缺席判决的结果如果是第三人不承担民事责任的，也就是虽然第三人拒不参加诉讼，但并未因不提交陈述意见参与辩论受到不利影响，人民法院仅需要将裁判文书送达第三人即可；但缺席判决的结果是第三人承担了民事责任，则人民法院在送达裁判文书时应该告知第三人有在法定期间上诉的权利。二是人民法院发生法律效力的判决、裁定和调解协议中涉及无独立请求权第三人应当承担的义务，无独立请求权第三人必须执行，无正当理由拒不执行的，人民法院可以强制执行。此处的"无正当理由"应该如何理解，没有具体说明。

（四）理论与实践的困局

20世纪80年代第三人权利救济程序的设计主要是围绕第三人参加诉讼而进行的。尽管《民事诉讼法（试行）》《民事诉讼法试行意见》等法律及司法解释对第三人进行了规定，但由于第三人参加诉讼尤其是无独立请求权第三人参加诉讼的复杂性，存在诸多理论争议和实践中的困局。

1. 对第三人参加诉讼意义的不同认识

对第三人参加诉讼意义，理论界与实务界有不同的认识。理论界认为，对某一案件作出的判决，其效力仅及于该案的原、被告双方，对未参加诉讼的第三人没有拘束力。但部分案件涉及原、被告双方当事人以外主体的利益得失，如果该案未能就该利益作出裁判，则在其履行或者执行过程中将产生新的纠纷，引起新的诉讼，就会造成双方当事人及法院在时间、人力等额外负担，甚至产生前后矛盾的判决，致使在后的判决无法实现。故从诉讼经济的角度出发，让第三人在判决作出前参加诉讼，既可以避免上述弊端，又能保护第三人利益，进而提高诉讼效率、保证案件办理质量，促使纠纷得到彻底解决。[1]该观点带有"纠纷一次性解决"的思路，强调第三人参加诉讼的经济便利性。

在20世纪80年代，实务界对第三人参加诉讼制度功能较为普遍的认识是：有利于查明案件事实，第三人不参加诉讼，法院就难以全面查清案件事实；有利于节省诉讼时间及费用，减少讼累；有利于判决的稳定和顺利执行，第三人不参加到已经开始的诉讼而另诉时，有可能造成法院就同一标的作出前后两个相互矛盾的判决，进而影响到法律严肃性；有利于理顺诉讼当事人之间的法律关系，通盘保护民事主体的合法权益，促使其承

---

① 参见周伯元：《浅析民事诉讼中的第三人》，载《法学杂志》1984年第1期；曾昭度、赵钢：《民事诉讼法重点问题讲座提纲》，载《法学评论》1987年第1期。

担相应责任。① 实务界对第三人参加诉讼的意义相较理论界更为丰富，尽管也包含了减少讼累的认识，但也赋予了第三人参加诉讼更多的意义，特别是认为第三人参加诉讼有利于查清案件事实这一点，与理论界的认识有所不同。而对这一认识的不当扩大理解，也使得在相关司法实践中出现了错误将证人以及另案合同债务人列为第三人的做法。

在理论研究中，20 世纪 80 年代对无独立请求权第三人范围的认识较为狭窄。部分理论观点认为，无独立请求权第三人是在他人诉讼结果有可能令其承担义务的情况下才参加到诉讼中的。② 但有观点认为，这一看法并不全面，因为无独立请求权第三人可以分为原告型第三人和被告型第三人两种类型。案件处理结果可能使第三人承担法律义务的第三人可以作为无独立请求权第三人参加诉讼；案件处理结果会妨碍第三人实现权利的第三人，也可以作为无独立请求权的第三人参加诉讼。③

司法实践中也存在对于第三人参加诉讼制度的适用较为混乱的情况。司法实践中，存在着本应通知第三人参加诉讼却没有通知，以及在确定诉讼第三人时容易漏列或错列，把案件事实仅有某种联系的人错误列为第三人的情形。④

第三人参加诉讼具体程序和权利不明确。审判实践中，虽然有的案件判决无独立请求权第三人承担民事责任，但是《民事诉讼法（试行）》对

---

① 参见易新：《诉讼第三人的几个问题》，载《法律适用》1988 年第 5 期；黄桐年、金三木：《经济诉讼中的第三人问题》，载《法学》1987 年第 1 期。

② 参见柴发邦主编：《民事诉讼法教程》，法律出版社 1983 年版，第 167 页。

③ 参见李浩、李立权：《试论无独立请求权的第三人中的几个问题》，载《安徽省委党校学报》1986 年第 3 期。

④ 参见南京市中级人民法院经济审判庭：《关于经济纠纷案件中第三人的几个问题》，载《人民司法》1989 年第 4 期；王宗桂、张文华、陈宪明：《关于正确适用民事诉讼法中第三人的几点意见》，载《人民司法》1984 年第 8 期；彭士翔：《正确适用民事诉讼法中第三人参加诉讼的规定》，载《法学评论》1985 年第 3 期；黄桐年、金三木：《经济诉讼中的第三人问题》，载《法学》1987 年第 1 期；刘民安：《当前执行民事诉讼法中存在的问题、原因及其矫正》，载《山东法学》1988 年第 1 期；杨富元、宋太郎：《谈谈民事诉讼法试行中的几个问题》，载《法学评论》1983 年 Z1 期；彭士翔：《婚姻家庭案件中不存在第三人》，载《现代法学》1985 年第 2 期；王锡三：《试论本案判决对第三人的效力》，载《现代法学》1993 年第 4 期。

第三人的规定较为简单，[①] 对无独立请求权人参加诉讼的权利义务未作规定，不利于保护他们的合法权益。[②] 在审判实践中，第三人参加诉讼出现了程序规定不清晰以及第三人诉讼权利不明确的问题。程序上主要为二审程序中追加第三人的问题。在审判实践中，经常会出现一审法院没有查清事实，或者因工作疏忽等原因，程序上遗忘应该参加诉讼的无独立请求权第三人，或者当事人双方故意隐瞒，特别是在虚假诉讼案件中，致使应当参加一审诉讼程序的无独立请求权第三人没有参加诉讼。遗漏的第三人在二审程序中能否直接参加诉讼，在实践中有不同的做法，有的二审法院允许未参加一审诉讼的第三人直接参加二审诉讼，这是考虑到可以在终审程序中一次性解决纠纷，避免因第三人参加诉讼而直接导致已进行的司法程序，已使用的司法资源完全浪费；但有的法院将此类案件一律发回重审，因为第三人直接参与二审程序，对于那些可能会承担责任的第三人不利于保护其审级利益，如果第三人对二审判决结果不服，只能提起难度较大的审判监督程序。对此，是否应当区分情况进行处理就是一个亟待解决的问题。[③]

2. 案外人异议程序的模糊问题

案外人异议审查权主体不明确。《民事诉讼法（试行）》规定，执行员在审查案外人异议时认为有理由的，报院长批准中止执行，由合议庭审查或者审判委员会讨论决定。这一规定实际上是增加了合议庭审查或者审判委员会行使案外人异议的复核权。但是这一规定存在一些问题：一是执行员并未行使完全的裁判权，其权力在一定情形下受到限制，在执行员认为案外人异议确有理由时，其并不能最终作出裁判，而是必须经过合议庭或者审判委员会决定。这一制度设计，固然有加强对案件审查体现出对案外

---

① 有学者认为，应当对第三人参加诉讼的时间、一审未参加二审参加诉讼的处理、无独立请求权第三人的诉讼权利、上诉权、调解等问题在立法上予以明确。参见姜伟、王强义：《经济体制改革与民事诉讼法》，载《法学家》1987 年第 4 期；姜伟、王强义：《经济体制改革与民事诉讼法（续）》，载《法学家》1987 年第 5 期。

② 参见胡康生：《论〈民事诉讼法（试行）〉的修订》，载《中国法学》1991 年第 3 期。

③ 彭士翔：《正确适用民事诉讼法中第三人参加诉讼的规定》，载《法学评论》1985 年第 3 期。

人异议慎重处理的出发点，但是，就对当事人的影响而言，实际上驳回案外人异议的判断并不比支持案外人异议的判断更少。这种做法，容易使执行员为避免提交合议庭或者审委会的麻烦，倾向于将案外人异议"一驳了之"，根本不利于维护案外人合法权益。二是提交合议庭或者审委会的表述并未明确什么情形下提交合议庭、什么情形下提交审判委员会，也造成了程序的随意性和不可确定性。

案外人异议的情形较为模糊，缺乏有效的救济途径。《民事诉讼法（试行）》混淆了执行救济和审判监督程序，[①] 并未区分案外人提出的异议是针对执行标的物主张权利进而排除执行的异议，还是针对生效法律文书的异议。因此，该条规定案外人对执行标的异议是针对执行标的物还是针对执行依据不明确的情况下，案外人的救济途径较为模糊，不利于案外人救济权利。

另外，到期债权执行也存在不明确的问题。实践中，对被执行人的财产不能满足债权时，能否执行对第三人享有的债权是亟待在法律上解决的问题。[②] 而到期债权第三人如何救济权利，也是相伴而生的重要课题。

我们认为，造成上述困境的原因主要有三个：一是民事诉讼法立法不完善不健全，关于第三人参加诉讼的规定较为原则，相关司法解释也没有对第三人参加诉讼进行类型化的规定。二是相关审判人员的专业素养不高，部分法院对案件管理不严格，[③] 对于通知第三人参加诉讼较为随意。三是相关理论研究没有深入细化，实践中的争议没有得到理论上的分析和支持，理论没有向实践提供有力指导。

二、20 世纪 90 年代：第三人权利救济程序的发展

《民事诉讼法（试行）》制定于 1982 年，其时我国经济体制改革刚刚

---

① 参见李浩主编：《强制执行法》，厦门大学出版社 2004 年版，第 376 页。

② 实践中对被执行人享有的债权应当如何执行问题形成了一种对法律的需求。参见俞灵雨：《关于当前执行问题的几点思考》，载《人民司法》1991 年第 1 期。

③ 参见刘民安：《当前执行民事诉讼法中存在的问题、原因及其矫正》，载《山东法学》1988 年第 1 期。

起步，经济纠纷较少，相关审判经验不足，对审理经济纠纷方面的规定不尽完善。随着社会的变化和司法实践的深入，《民事诉讼法（试行）》已经不能满足实践的需要。^①于是，自1991年4月9日公布施行的《民事诉讼法》到2007年《民事诉讼法》修正止这一期间的相关法律及司法解释构成了20世纪90年代第三人权利救济程序的重要发展时期。

（一）1991年民事诉讼法的规定

1991年《民事诉讼法》对《民事诉讼法（试行）》及其司法解释中第三人权利救济程序进行了吸收和改造。

1991年《民事诉讼法》第56条规定对第三人的诉讼地位有所调整。有独立请求权第三人的规定删除了《民事诉讼法〈试行〉》第48条对其地位为当事人的表述。明确了无独立请求权第三人在被判令承担民事责任的情形下，有当事人的诉讼权利义务。这明显是吸收了《民事诉讼法（试行）》第16条规定的精神内核，对《民事诉讼法（试行）》第48条加以补充，进一步细化了无独立请求权第三人的诉讼权利义务。1991年《民事诉讼法》第126条对《民事诉讼法（试行）》第109条全部保留，第127条明确了第三人在法庭辩论中的顺序。这些完善措施，反映了立法者对有独立请求权第三人和无独立请求权第三人法律地位的权威意见，明确了无独立请求权第三人的界定以及各种程序事项的细化，回应了各界对保障无独立请求权第三人诉讼权利义务的呼声。

1991年《民事诉讼法》修改完善了执行程序中案外人异议制度。第208条修改了两处程序性规定。一是执行员在审查案外人异议时认为有理由的，由原来"报院长批准中止执行，由合议庭审查或者审判委员会讨论决定"修改为"由院长批准中止执行"，删掉了由合议庭审查或者审判委员会讨论决定的内容，这就意味着无论异议理由是否成立，裁判权完全由执行员行使，而非在执行员初审认为有理由的情况下再交由合议庭或者审判委

---

① 参见胡康生：《论〈民事诉讼法（试行）〉的修订》，载《中国法学》1991年第3期。

员会审查。二是增加了一种情形，即如果发现判决、裁定确有错误，则按照审判监督程序处理。这说明立法者已经明确意识到需要区分案外人对执行标的异议是针对执行依据还是执行标的物。

（二）1992年民事诉讼法司法解释的补充规定

在此之后，与1991年《民事诉讼法》相配套的《最高人民法院关于适用〈中华人民共和国民事诉讼法〉若干问题的意见》（以下简称《民事诉讼法意见》）对《民事诉讼法》未予规定的问题加以明确。

1.有独立请求权第三人的相关权利

一是再次重申了有独立请求权第三人的诉讼权利和地位。《民事诉讼法意见》第65条[①]规定有独立请求权的第三人有权向人民法院提出诉讼请求和事实、理由，成为当事人。该条确立了有独立请求权第三人与当事人有着相同的权利义务和地位。值得注意的是，之前对于有独立请求权第三人的诉讼地位的规定，经历了一个反复的过程，先是1982年《民事诉讼法（试行）》明确了有独立请求权第三人的当事人诉讼地位，但在1991年《民事诉讼法》却删除了有独立请求权第三人的当事人地位，而作为配套的《民事诉讼法意见》却重申了有独立请求权第三人是当事人的定性。可见，对有独立请求权第三人的法律地位，司法实践者们更加认同《民事诉讼法（试行）》的定位。在这一思想指导下，有独立请求权的第三人具有与原告当事人完全一致的权利。例如，经人民法院传票传唤，第三人无正当理由拒不到庭的，或者未经法庭许可中途退庭的，可以缺席审判；第三人如果以本诉原被告为被告另行起诉后，无正当理由拒不到庭或者未经法庭许可中途退庭的，可以按撤诉处理。而有独立请求权的第三人参加诉讼后，原告撤诉不影响有独立请求权的第三人作为原告另行起诉的权利。二是明确了有独立请求权第三人提出诉讼请求的期间为在案件受理后至法庭辩论结

---

① 《民事诉讼法意见》第65条规定，依照民事诉讼法第56条的规定，有独立请求权的第三人有权向人民法院提出诉讼请求和事实、理由，成为当事人；无独立请求权的第三人，可以申请或者由人民法院通知参加诉讼。

束前。

2. 确立了无独立请求权第三人的诉讼权利和地位

一是无独立请求权第三人有部分当事人的诉讼权利义务。之所以强调
"部分"，主要是判决承担民事责任的无独立请求权第三人有权提出上诉，
而没有承担责任的无独立请求权第三人只能执行法院判决。无独立请求权
第三人在调解时具有完全的当事人权利，法院在无独立请求权第三人参加
诉讼的案件调解时需要确定其承担义务的，应由其同意。调解书应当同时
送达第三人，并告知第三人有权在调解书送达前反悔，第三人反悔的，人
民法院应该及时通知原被告，并及时作出判决。二是无独立请求权第三人
部分权利的行使受到限制。如在一审中无权对案件的管辖权提出异议，无
权放弃、变更诉讼请求。

**3. 将债务人保全和执行程序中的财产范围，扩大到其对第三人的到期
债权**

在保全程序中，法院可以依债权人的申请裁定保全该债权；在执行程
序中，法院可依申请执行人的申请，通知该第三人向申请执行人履行债务，
而不得对本案债务人清偿，且该第三人对债务没有异议但又在通知指定的
期限内不履行的，法院可以强制执行。值得注意的是，在保全和执行对第
三人的到期债权时应当满足两个条件：一是债务人的财产不能满足保全或
者不能清偿债务时才能保全或者执行，即对第三人债权的保全或者执行劣
后于对其他财产的保全或者执行；二是对第三人债权的保全或者执行必须
依债权人的申请才能启动，而法院在保全程序中是可以依职权进行保全的，
在执行程序中一旦启动程序对普通财产的执行是不需要当事人申请的。可
见，对第三人债权的保全执行，司法实践者持谨慎态度，设置了有异于普
通财产的保全和执行的条件。这一规定，是对既往实践做法的发展。早在
1988 年 10 月 18 日《最高人民法院关于对尚未到期的财产收益可否采取诉
讼保全措施的批复》中，就明确了对将来可得收益的财产可以保全，而将
来可得收益的财产包含了对第三人的债权。并且该批复规定了保全将来收
益在所有财产中的顺序，即债务人在银行账号上长期无款，又无其他财产

可供执行的，才能保全将来收益。

4. 明确了案外人提出异议中止执行的财产范围

该财产范围应当限于案外人依该条规定提出异议部分的财产，对被执行人的其他财产，不应中止执行。对异议理由不成立驳回的，采用通知书的形式处理。而在委托执行中，案外人对执行标的提出异议的衔接程序是，受托法院函告委托法院，由委托法院通知驳回或作出中止执行的裁定，在此期间，暂缓执行。

《民事诉讼法意见》对第三人权利救济程序有着重要的发展和开拓，确立了第三人参加诉讼和案外人异议程序的具体操作方法。值得注意的是对第三人债权可以进行保全及执行，虽然并未规定第三人权利救济程序，却为以后第三人权利救济程序的丰富提供了立法和实践发展的制度基础。

在《民事诉讼法意见》规定了对第三人债权保全和执行的内容之后，实践中陆续出现了一些理解上的疑问。如在执行案件中，有的法院在到期债权的第三人（次债务人）在向申请执行人（债权人）履行完义务后，又根据被执行人（债务人）的申请执行该第三人。而根据《民事诉讼法意见》规定，被执行人（债务人）再申请执行第三人（次债务人）没有法律依据，执行法院不应再执行该第三人。① 有的法院向第三人发出通知书，要求第三人就其所欠被执行人债务向申请执行人履行，同时查封了第三人财产，在该第三人否认通知书中所述的债权债务关系提出了异议后，执行法院仍采取查封措施而未解除。对此问题，最高人民法院对执行到期债权作出了明确解释，即向第三人发出履行债务通知后，如第三人就其与被执行人之间

---

① 《最高人民法院执行工作办公室关于适用民事诉讼法若干问题的意见第三百条问题的函》(1997年5月13日，法经〔1997〕133号）明确：根据《最高人民法院关于适用〈中华人民共和国民事诉讼法〉若干问题的意见》第三百条规定，信用社申请对被执行人华龙公司到期债权义务人富华公司履行债务符合法律规定，执行法院据以通知富华公司向信用社履行债务正确；被执行人华龙公司再申请执行富华公司的到期债权义务人华益公司履行债务没有法律依据，执行法院据此申请的执行为错误。

的债权债务关系提出异议后，应当解除查封。①

1991 年《民事诉讼法》和《民事诉讼法意见》施行之后，审判实践对第三人参加诉讼制度把握仍然不够准确，出现错误通知第三人参加诉讼的问题。对此，最高人民法院在 1994 年公布实施的《关于在经济审判工作中严格执行〈中华人民共和国民事诉讼法〉的若干规定》第二部分专门强调了不属于无独立请求权第三人的主体：第一，与原、被告双方争议的诉讼标的无直接牵连和不负有返还或者赔偿等义务的人。这类人首先不承担民事责任，且案件的处理结果与其无法律上的利害关系。第二，与原告或被告约定仲裁或有约定管辖的案外人、专属管辖案件的一方当事人。这类人应该依据约定的仲裁条款提起仲裁，或者另行起诉。第三，产品质量纠纷案件中，原、被告之间法律关系以外的，证据已证明其已经提供了合同约定或者符合法律规定的产品的人，或者案件中的当事人未在规定的质量异议期内提出异议的人，或者作为收货方已经认可该产品质量的人。产品质量纠纷实际承担责任人的认定是无独立请求权第三人认定的核心问题，第三人提供的产品符合质量要求，或者收货方明确认可了产品质量，包括在产品质检文书上的签章、书面认可产品质量的说明以及在质量异议期内没有明确提出异议；质量异议期特别针对一些容易变质腐坏的产品，超过一定期间后，无法认定原产品是否符合质量要求，这种情况应该认定为符合质量要求而不应该承担民事责任，因此也不符合法院认定的无独立请求权第三人的范围。第四，已经履行了义务，或者依法取得了一方当事人的财产，并支付了相应对价的原、被告之间法律关系以外的人。这几项细化规定的核心是无独立请求权第三人在已经开始的原、被告之间的争议的法律事实中，依法履行了义务，不承担任何民事责任。

---

① 《最高人民法院执行工作办公室关于第三债务人异议问题的函》（1997 年 3 月 4 日，法经〔1997〕16 号）明确："按照我院《适用意见》第三百条的规定向第三人发出履行债务通知后，如第三人就其与被执行人之间的债权债务关系提出了否定的异议，即不应对第三人采取强制执行措施。"

（三）1998 年执行司法解释中的第三人权利救济程序

1998 年《最高人民法院关于人民法院执行工作若干问题的规定（试行）》（以下简称《执行规定》）第七部分专门规定了被执行人到期债权的执行。执行到期债权中，第三人（次债务人）提出异议的时间应当为收到履行通知后的十五日内，异议方式既可以是书面形式也可以是口头形式提出。第三人在履行通知指定的期间内提出异议的法律效果是：第一，法院对第三人提出的异议不进行审查，值得注意的是这里的不进行审查是指不进行实质审查，即异议的理由是否成立。但无履行能力或其与申请执行人无直接法律关系，不构成第三人阻却执行的理由。第二，第三人在履行通知指定的期限内没有提出异议，而又不履行的，执行法院有权裁定对其强制执行。《执行规定》对执行到期债权的规定是对之前执行次债务人（第三人）相关规定的系统总结。

《执行规定》第八部分对案外人异议程序规定了以下内容：（1）明确案外人以书面或者口头方式提出异议。（2）人民法院应当依照法定的异议程序进行审查，审查期间可以对财产采取查封、扣押、冻结等保全措施，但不得进行处分，正在实施的处分措施应当暂停。（3）法院经审查认为案外人针对特定物的异议成立的，报经院长批准，裁定对生效法律文书中该项内容中止执行；法院经审查认为案外人针对非特定物的异议成立的，报经院长批准，停止对该标的物的执行。已经采取的执行措施应当裁定立即解除或撤销，并将该标的物交还案外人。（4）对案外人提出的异议一时难以确定是否成立，案外人已提供确实有效的担保的，可以解除保全措施。申请执行人提供确实有效的担保的，可以继续执行。因提供担保而解除查封扣押或继续执行有错误，给对方造成损失的，应裁定以担保的财产予以赔偿。执行依据是上级法院作出的，需报经上级法院批准。

而在《执行规定》制定之前，最高人民法院还在 1998 年 4 月 2 日通过了《关于对案外人的财产能否进行保全问题的批复》，在对案外人的财产能否进行诉讼财产保全问题答复时明确："对债务人的财产不能满足保全请求，但对第三人有到期债权的情形下，法院可以依债权人的申请裁定该第三人不得对债务人清偿。第三人对其到期债务没有异议并要求偿付的，由人民法院提存财物或价款。"① 但人民法院不得保全其财产。2005 年 7 月 4 日《最高人民法院关于当事人申请财产保全错误造成案外人损失应否承担赔偿责任问题的解释》对财产保全错误造成第三人损失引发的赔偿纠纷案件应如何适用法律问题进行了解释，明确规定当事人申请财产保全错误造成第三人损失的，应当依法承担赔偿责任。②

（四）理论与实践的困境

可以说，20 世纪 90 年代到 2007 年《民事诉讼法》修正期间，第三人权利救济程序经历了体系上不断扩张，内容上不断丰富的过程，更有力地保障了第三人权利。但是，瑕不掩瑜，第三人权利救济程序在理论和实践上仍存在一些问题。

1. 无独立请求权第三人的相关问题

本诉判决对无独立请求权第三人的效力问题。无独立请求权第三人参加诉讼并不是共同诉讼。因为无独立请求权第三人虽然是以自己的名义参加诉讼，但不直接为了自己的请求，而是帮助当事人进行诉讼，无独立请求权第三人在本诉一方当事人胜诉后权益间接得到保护，但其不是真正的当事人。③ 从既判力学说和参加的效力说两个截然不同的角度去解释判决对第三人的效力，而我国民事诉讼法采用苏联民事诉讼法的体制，仅在第 59 条第 2 款简单规定了无独立请求权第三人参加诉讼，但对于本诉判决效力是否及于无独立请求权第三人、无独立请求权第三人诉讼权利义务，以及申请参加的形式等都没有明文规定。④

---

① 参见《中华人民共和国最高人民法院公报》1998 年第 3 期。
② 参见《中华人民共和国最高人民法院公报》2005 年第 9 期。
③ 王锡三教授在文章中使用了从参加人的概念，参见王锡三：《试论本案判决对第三人的效力》，载《现代法学》1993 年第 4 期。笔者认为，该概念相当于我国法律上的无独立请求权第三人，故在文中直接使用"无独立请求权第三人"的表述。
④ 参见王锡三：《试论本案判决对第三人的效力》，载《现代法学》1993 年第 4 期。

无独立请求权第三人的判定仍然是理论研究所关注的重点。[①] 目前，我国法律从传统定义无独立请求权第三人是"与案件的处理结果有法律上的利害关系"的表述来概括。这一定义是基于苏联民事诉讼法不准将第三人参加之诉与本诉合并审理，故在判决确定利害关系之后才确定第三人的地位，但我国允许合并审理，无独立请求权第三人的地位由判决决定。[②] 而对无独立请求权第三人的判断标准，有学者在理论上进行了反思。1991 年《民事诉讼法》第 56 条第 2 款规定无独立请求权第三人的认定标准是"与案件的处理结果有法律上的利害关系"。这一表述用来揭示第三人的内涵虽然不能说错误，但也可以说是不准确的。就实践来说，第三人未必都"与案件的处理结果有法律上的利害关系"，应当使用"法律上的牵连关系"这一判断标准，即无独立请求权第三人所处的法律关系与当事人之间的法律规定中，一个法律关系的权利义务的实现涉及另一个法律关系权利和义务的实现；而对于第三人辅助一方当事人，站在一方当事人的立场上提供证据的判断标准也缺乏科学性，仅因无独立请求权第三人与案件有牵连即主张无独立请求权第三人总是协助一方当事人进行辩论的观点不能成立。[③] 根据法律条文"判决承担民事责任的第三人，有当事人的诉讼权利义务"的表述，从逻辑上讲似乎可以推导出无独立请求权人只有在判决是否承担责任后才能确定是否享有诉讼权利，[④] 因此，法律条文的表述应当进行修改。此外，实践中生效裁判文书未将有独立请求权第三人和无独立请求权加以区分，而是统称为第三人，不利于第三人行使其诉讼权利。

实践中，很多审判者不能准确理解无独立请求权第三人的与案件结果

---

① 江伟、萨仁：《1994 年民事诉讼法学的回顾与展望》，载《法学家》1995 年第 1 期。

② 江伟、程荣斌、张建华、刘春玲：《诉讼法学研究的回顾与展望》，载《法学家》1994 年第 1 期。

③ 参见马新彦：《论无独立请求权的第三人——兼析民事诉讼法第 56 条》，载《法学评论》1992 年第 2 期；马新彦：《再论无独立请求权第三人》，载《当代法学》1992 年第 4 期。

④ 参见江伟、程荣斌、张建华、刘春玲：《诉讼法学研究的回顾与展望》，载《法学家》1994 年第 1 期；马新彦：《论无独立请求权的第三人——兼析民事诉讼法第 56 条》，载《法学评论》1992 年第 2 期；马新彦：《再论无独立请求权第三人》，载《当代法学》1992 年第 4 期。

有"法律上利害关系"这一条件。尽管被错列为无独立请求权第三人的民事主体提出异议，但法院从自己审理案件方便的角度均不予理睬，认为只要实体审理无误即可，并不重视程序问题。因此，有学者呼吁最高人民法院根据民事诉讼法对第三人的认定作出明确统一的解释。[①]

对于无独立请求权第三人的诉讼地位，理论争议很大。第一种观点认为无独立请求权第三人就是当事人的一种，第二种观点认为无独立请求权第三人不是当事人，第三种观点则认为承担实体义务的第三人为当事人。第三种观点受到批评，因为第三种观点的折中说将引发概念混乱，不易区分无独立请求权第三人承担实体义务的程度，是否按照当事人取得上诉权。[②]

在实践中由于无独立请求权人在法院通知参加的情况下是强制的，如不到庭，法院可对其作出缺席判决，其却不能像有独立请求权第三人那样另行起诉。虽然在理论上，无独立请求权第三人既可能作为原告型第三人，也可能作为被告型第三人，然而在实践中，法院通知的都是作为被告的第三人参加诉讼，并被判令承担责任。[③]

2. 案外人异议程序的相关问题

案外人异议权的理解偏差。案外人异议权在理解上存在偏差主要发生在对案外人异议权性质的争论中，即案外人异议是否属于民事诉讼权利，理论界有不同认识。第一种观点认为，案外人异议权不属于民事诉讼权利。理由有二：一是案外人异议的主体不是民事诉讼当事人，而随意扩大民事诉讼权利的主体范围，有悖于民事诉讼的本旨；二是案外人对执行标的提出异议的行为不是诉讼行为，对于诉讼行为定义得过于宽泛，不利已民事主体权益的保护。[④]第二种观点认为，案外人异议权应当属于民事诉讼权利。理由为：一是在原诉讼中，案外人即享有诉讼权利，仅是因为某些客观原

---

① 参见王欣新：《经济诉讼中第三人的正确认定》，载《法学杂志》1993 年第 3 期。
② 江伟、程荣斌、张建华、刘春玲：《诉讼法学研究的回顾与展望》，载《法学家》1994 年第 1 期。
③ 参见王欣新：《经济诉讼中第三人的正确认定》，载《法学杂志》1993 年第 3 期。
④ 参见彭世忠等：《论民事诉讼中的异议权制度及其重塑》，载《甘肃政法学院报》1995 年第 1 期。

因而未能行使。案外人如果在本诉进行时即参与诉讼可能是本诉中第三人，法律为保护第三人权利，就赋予了案外人提出异议的权利。二是根据1991年《民事诉讼法》第208条的规定，案外人异议的结果可能启动再审程序，案外人就成为有独立请求权的第三人，因此提出执行异议是实施诉讼行为的开始。三是案外人审判监督程序中的诉讼地位决定执行异议是民事诉讼权利，这并不是对诉讼主体范围的扩大。[①]

笔者认为，第二种观点对案外人异议的理解过于片面。1991年《民事诉讼法》第208条规定的案外人异议权实际上包含两个程序的：一是对执行标的物有异议的案外人主张排除执行的审查，二是对执行依据不服提出的案外人异议。第二种观点实际上是将案外人执行异议理解成为第二种程序，而未意识到还包含第一种程序，故该观点有理解片面的问题，这也从一个侧面反映了当时部分学者并不重视对执行领域问题的研究，对案外人异议的把握并不准确，忽视了执行领域的第三人权利救济程序。

案外人异议程序不完善。规定案外人异议由执行员审查，而不是由合议庭审查，这给权力寻租留下了缺口。适用何种审查程序也未予明确，通过法律条文的表述看，这种审查程序与诉讼程序存在显著差异。从大陆法系国家和地区来看，执行过程中案外第三人对执行标的主张实体权利的，通行的做法是通过第三人异议之诉制度进行处理。学者们普遍认为，案外人对执行标的提出的异议是一种实体争议，只有依照诉讼程序进行审理，才符合审执分立的原则，才能为当事人和案外人提供有力的程序保障。[②]

对案外人是否能够提起审监程序的规定不明确。1991年《民事诉讼法》第208条"如果发现判决、裁定确有错误，按照审判监督程序处理"的规定，被审判者认为不能理解为案外人对生效裁判有申请再审的权利。[③] 在这

---

① 参见彭世忠等：《论民事诉讼中的异议权制度及其重塑》，载《甘肃政法学院报》1995年第1期。

② 参见王飞鸿、赵晋山：《民事诉讼法执行编修改的理解与适用》，载《人民司法》2008年第1期。

③ 参见江必新主编：《最高人民法院关于适用民事诉讼法审判监督程序司法解释理解与适用》，人民法院出版社2008年版，第56~57页。

种认识下的实践中，案外人仅得依靠法院依职权启动再审程序，而无法通过主张诉权来实现其因生效裁判损害其权利的救济。2007 年之前相关法律和司法解释对生效裁判侵害案外人利益的问题，相应诉权救济制度不健全，案外人提出异议的案例不断出现。① 各种各样的因案外人异议而申请再审的民事案件层出不穷，尤其是法院加强民事调解工作后，当事人合谋侵害案外人合法权益的现象日益突出。案外人权利受到侵害，案外人异议是否能引起再审程序亟待规范。

除了上述两个重要问题外，1991 年《民事诉讼法》仍然存在缺陷，缺少执行行为违法时对第三人的救济程序，无法回应第三人权利救济的需求。1991 年《民事诉讼法》未赋予当事人、利害关系人，针对执行实践中存在的执行人员违法执行、拖延执行、消极执行等现象，进行救济的途径，他们只能通过申诉以及其他非正常渠道向法院反映问题。当事人及利害关系人在合法权益受到侵害时，因缺乏明确法律的程序规定，法院对这些问题的处理没有统一标准，导致当事人及第三人的合法权益难以及时充分地得到救济，也无法对执行人员的执行行为进行有效的监督，无法有效遏制"执行乱"现象。

三、21 世纪初：第三人权利救济程序的完善

2007 年的《民事诉讼法》修改，对于第三人权利救济程序是一次重大的发展，以此开始，第三人权利救济程序进入了一个高速发展的时期。

（一）2007 年《民事诉讼法》的修改

针对缺少第三人对执行行为救济程序、案外人异议程序不够完善、对案外人是否能够提起审监程序的规定不明确等重要问题，2007 年《民事诉讼法》在执行程序中增加了针对执行行为的异议复议程序、案外人异议之

---

① 当事人恶意串通，危害案外人利益；有的当事人故意隐瞒重大事实、危害案外人利益；有的裁判文书内容超越诉讼标的范围，危害案外人利益。相关案例参见江必新主编：《最高人民法院关于适用民事诉讼法审判监督程序司法解释理解与适用》，人民法院出版社 2008 年版，第 56~57 页。

诉，以及案外人申请再审三项制度。

1. 2007 年《民事诉讼法》专门规定了对违法行为提出异议的救济程序

2007 年《民事诉讼法》第 202 条[①]规定当事人、利害关系人认为执行行为违反法律规定的，可以向负责执行的人民法院提出书面异议，法院应当审查，理由成立的，裁定撤销或者改正；理由不成立的，裁定驳回。当事人、利害关系人对裁定不服的，可以向上一级法院申请复议。这不仅赋予当事人提出异议和复议的权利，也赋予了利害关系人异议复议的权利。二是立法者在修法时对案外人异议制度进行了改造。第 204 条[②]规定案外人在执行过程中对执行标的提出书面异议的，法院应当审查，理由成立的，裁定中止对该标的的执行；理由不成立的，裁定驳回。案外人、当事人对裁定不服，认为原判决、裁定错误的，依照审判监督程序办理；与原判决、裁定无关的，可以向法院提起诉讼。

2. 创设了具有中国特色的案外人异议之诉制度

强制执行的价值追求是效率，而达到这一价值追求的方式便是外观主义。法院在执行时一般依照登记、占有等外观事实判断是否为被执行人的财产，然而，这种外观与实际情况可能并不完全一致，在此情况下，往往会发生将案外人的财产作为被执行人的财产执行的情况，就需要赋予案外人以救济途径。案外人的这种权利并非基于对程序的异议，而是基于实体权利排除法院的执行，而这种实体权利应当通过诉讼处理。德国、日本、韩国等国家的执行立法中专门设立了第三人异议之诉这种实体上的救济制度，允许案外第三人直接通过提起诉讼的途径寻求救济。[③]

在 2007 年修改《民事诉讼法》第 204 条案外人异议制度时，我国理论界和实务界对案外人异议制度应当如何设计产生了较大争议。"第一种观点是，案外人对执行标的有异议的，应当直接提起诉讼，由审判部门通过

---

① 2021 年修正后为第 232 条。后同。
② 2021 年修正后为第 234 条。后同。
③ 详见王飞鸿、赵晋山：《民事诉讼法执行编修改的理解与适用》，载《人民司法》2008 年第 1 期；刘学在、朱建敏：《案外人异议制度的废弃与执行异议之诉的构建——兼评修改后的〈民事诉讼法〉第 204 条》，载《法学评论》2008 年第 6 期。

诉讼程序审查理由成立与否，执行机构不应作任何审查。第二张观点认为，案外人异议涉及的问题繁简不一，而审判程序往往较为复杂，如果一律通过诉讼程序解决，将使问题复杂化，不仅影响强制执行效率，还有可能被债务人恶意利用拖延执行，不利于债权的及时实现。故有必要通过执行机构审查解决一部分问题。该种观点又有两层不同思路。一是将执行机构审查作为前置程序，案外人异议先由执行机构初审，案外人对初审裁定不服的才能提起诉讼。二是把执行机构审查与诉讼程序并列，由当事人或者利害关系人自主选择。第三种观点主张，应当在区分不同异议请求权的基础上规定不同的救济途径。例如，异议是基于所有权的，应通过诉讼程序予以处理；基于所有权之外的权利的异议，可以由执行机构审查处理。第四种观点主张，案外人应当先向执行机构提出异议，但执行机构不作任何审查，只负责征求债权人意见。债权人同意撤销对执行标的执行的，法院应当撤销执行，反之债权人不同意撤销执行的，第三人可提起诉讼。"[①]2007 年修改《民事诉讼法》时采纳了第二种观点的第一种思路。主要基于以下考虑：设计执行救济制度时，一方面要考虑为民事主体提供充分的救济途径，另一方面也要兼顾程序效率和效益，最大程度防止程序复杂而影响执行效率，降低执行成本。在司法实践中，案外人异议的情况复杂多样。诉讼程序相对复杂，案外人异议都通过诉讼处理，将影响效率，甚至有可能被案外人恶意利用拖延执行。而异议审查程序相对简单，"可以先解决一部分案外人异议，有利于减少讼累，节约司法资源，提高执行效率"[②]。

2007 年《民事诉讼法》第 204 条的规定较 1991 年《民事诉讼法》第 208 条的规定，有了较为明显的进步。"一是进一步将案外人对原审裁判提出异议与对执行标的提出异议作出了明确区分，并对原审裁判如何处理的问题作出了更加明确、科学的规定；二是将异议成立与否的审查权由执行员改为人民法院，确立了审查期间，表明法律对案外人异议的审查持更加

① 最高人民法院执行局编：《执行工作指导》(总第 19 辑)，人民法院出版社 2006 年版，第 31 页。

② 姚红：《中华人民共和国民事诉讼法释义》，法律出版社 2007 年版，第 324 页；杨永清、赵晋山：《新〈民事诉讼法〉之法院应对》，载《法律适用》2012 年第 11 期。

慎重的态度。三是区分了案外人申请再审与案外人异议之诉的适用情形，将案外人对执行标的的异议进行了分类，明确两种救济途径。"①

2007 年《民事诉讼法》增加的对执行行为的异议复议程序、案外人异议之诉以及案外人申请再审制度，解决了长期存在的实践中对当事人以及第三人在执行程序中的救济制度缺失和不完善的法律依据问题。但是，2007 年《民事诉讼法》修改后仅以两条规定设计和改造了三项制度，部分制度缺少可操作性。例如，异议和复议，以及案外人异议与诉讼程序对执行实施程序的影响是什么，案外人与原诉讼当事人的地位如何确定等没有明确。就案外人申请再审制度而言，也存在一些问题需要解决。一是《民事诉讼法》第 234 条规定的案外人申请再审程序，理论界对其存在的合理性存在争议。再审程序是一种诉讼上的救济程序，其救济对象是已经生效的裁判，而不是执行行为或执行裁判，在执行阶段规定诉讼阶段救济程序，模糊了民事执行程序与民事审判程序相互分离的界限。② 二是"对生效裁判及调解书的审查、撤销及变更等本应属于再审程序的内容，却放在执行程序中予以规定，结构设置不合理"。三是"没有明确赋予案外人在合法权益受到生效裁判及调解书侵害时提出申请再审的权利，缺乏明确的规范为导向，司法实践中依然就此问题不断请示"。四是规定案外人在执行程序中可以提出异议，对于那些未进入执行程序的生效裁判以及调解书，案外人是否可以提出异议没有提及。③ 五是案外人申请再审的范围不周延，没有覆盖全部第三人利益。如果侵害第三人权利的本诉生效裁判是确认判决或者形成判决，或者是未进入执行程序的给付判决，那么第三人权利则可能因案件无法进入强制执行程序而没有途径获得救济。④ 上述模糊之处在司法实践中出现了操作上的问题。如在生效裁判侵害了案外人合法权益的情况

---

① 孙祥壮：《关于案外人申请再审以及相关处理》，载《人民法院报》2009 年 3 月 17 日。

② 参见赵秀举：《论民事执行救济兼论第三人执行异议之诉的悖论与困境》，载《中外法学》2012 年第 4 期。

③ 参见赵秀举：《论民事执行救济兼论第三人执行异议之诉的悖论与困境》，载《中外法学》2012 年第 4 期。

④ 参见吴兆祥、沈莉：《民事诉讼法修改后的第三人撤销之诉与诉讼代理制度》，载《人民司法》2012 年第 23 期。

下，由于立法没有明确赋予案外人对原审裁判可以直接提出再审申请，案外人只能通过信访、舆论炒作等各种非常规途径启动再审程序，这在一定程度上冲击着我国申请再审诉权化为取向的再审程序秩序的逐步完善和正常运行。又如，未明确在生效裁判作出之后强制执行程序开始之前，案外人知道原审裁判侵害了其合法权益是否可以自主提出异议存在制度上的漏洞。再如，法律没有对案外人的主体资格、提出再审申请的事由、处理的方式作出必要的限定与规范，导致该制度在实际运行中出现了不规范的情形，一些确有需要提出再审申请的案外人无法通过适当渠道申请再审，一些实际上对执行标的无直接利害关系的案外人却以异议为名，行帮助被执行人逃避执行之实，等等。

（二）2008 年出台系列司法解释的补充细化

2007 年《民事诉讼法》修正后的两个司法解释分别对这三项制度进行了细化。

1. 审判监督程序司法解释对案外人申请再审的规定

2008 年《最高人民法院关于适用〈中华人民共和国民事诉讼法〉审判监督程序若干问题的解释》（以下简称 2008 年《审监程序解释》）的出台有其特殊的背景。[①] 其时我国社会利益关系已经日趋多元化，在加强诉讼调解的大背景下，案外人合法权益受到本诉生效裁判危害的现象比较突出。案外人权利必须获得救济，但同时又需要尽可能维护生效法律文书的稳定性。2007 年《民事诉讼法》修改后如何比较恰当地解释其第 204 条中的"依照审判监督程序办理"便显得十分迫切和重要。在征求立法机关意见后，2008 年《审监程序解释》第 5 条对案外人申请再审作出了扩张性的规定。[②]

（1）增加了案外人申请再审的阶段。2008 年《审监程序解释》第 5 条明确了案外人可以在两个阶段申请再审。第一个阶段是非执行程序中，案

---

① 详见江必新主编：《最高人民法院关于适用民事诉讼法审判监督程序司法解释理解与适用》，人民法院出版社 2008 年版，第 58~59 页。

② 参见孙祥壮：《关于案外人申请再审以及相关处理》，载《人民法院报》2009 年 3 月 17 日。

外人对裁判文书所确定的执行标的物主张权利，且无法提起新的诉讼解决争议的，可以向作出原裁判文书的法院的上一级法院申请再审。这种方式附有救济的附加条件，即无法提起新的诉讼解决争议，并且限制了提出再审申请的期限。第二个阶段是在强制执行过程中，案外人对执行标的提出书面异议的，应当按照 2007 年《民事诉讼法》第 204 条规定处理。亦即，案外人对执行标的提出了书面异议且理由成立，法院裁定中止对该案涉标的物执行后，案外人可以向法院申请再审。如果在执行过程中，案外人提出书面异议后，应有执行程序中的裁定为前提。需要注意的是，案外人可以申请再审的期限规定在判决、裁定、调解书发生法律效力后二年内，或者自知道或应当知道利益被损害之日起三个月内，是因为修改后的《民事诉讼法》将申请执行期间改为二年，并适用诉讼时效有关中止、中断的规定，为了防止申请执行人接近两年行使申请权利或其他特殊情形，致使案外人的合法权益得不到保护，最高人民法院比照 2007 年《民事诉讼法》第 184 条（现第 212 条）明确了申请再审的期限，以便更好地保护案外人利益。

（2）扩大解释了再审程序所针对生效法律文书的范围。2007 年《民事诉讼法》第 204 条规定，当事人、案外人认为"原判决、裁定"错误的，依照审判监督程序办理，条文表述种并未涉及发生法律效力的调解书。对该条文是否包含调解书存在着分歧：一种观点认为该条文仅指"原判决、裁定"，不包括调解书；另一种观点认为虽然该条文仅表述为"原判决、裁定"，但实质应包括调解书，《民事诉讼法》中多处存在此种表述，但理解上一般也包括调解书。[①] 而在 2008 年《审监程序解释》起草调研中发现，作为强制执行的依据之一，调解书在案外人异议的再审申请中占据相当大的比例，故 2008 年《审监程序解释》第 5 条增加了可以对"调解书"提出

---

① 详见孙祥壮：《关于案外人申请再审及相关处理》，载《人民法院报》2009 年 3 月 17 日。

异议的再审申请规定。[①] 而对于案外人申请再审是否必须经过执行异议程序的问题，2008 年《审监程序解释》第 5 条第 1 款并未要求以取得执行程序中的裁定为前提，但是强调了对原判决、裁定、调解书确定的执行标的物[②] 主张权利，实际上是作了适当的扩张解释。第 5 条第 2 款则明确案外人对执行标的提出书面异议的，按照 2007 年《民事诉讼法》第 204 条规定处理，这里以执行阶段的中止裁定为前提。[③]

2. 执行程序司法解释对案外人救济程序的明确

2008 年《最高人民法院关于适用〈中华人民共和国民事诉讼法〉执行程序若干问题的解释》（以下简称 2008 年《执行程序解释》）对执行行为异议和复议程序、案外人异议之诉程序的规定进行了详细规定，明确了提起复议的形式和程序、审查组织、审查期限，以及救济程序对执行实施程序的影响。

（1）第三人救济权利期间不停止执行原则的确立。关于第三人异议期间是否停止执行，2008 年《执行程序解释》明确了以不停止执行为原则，停止执行作为例外的规定。应当注意的是，这里的执行一般是指查封、扣押、冻结等控制性措施，但执行处分性措施原则上应当停止。首先，被执行人、利害关系人提供充分、有效的担保，请求停止相应处分措施的，法院可以准许；其次，申请执行人提供充分、有效的担保请求继续执行的，应当继续执行。这样双方当事人就构成了一个以担保为手段的对抗。以担保衡量是否停止执行的好处是，一旦发生保全或执行措施的错误，造成一方当事人的损害，或者在执行回转的情况下，法院可以以担保的财产作为赔偿的对价。

从其他国家和地区立法看，在异议审查期间，执行程序如何进行有不

---

① 参见孙祥壮：《关于案外人申请再审及相关处理》，载《人民法院报》2009 年 3 月 17 日。

② 需要明确的是，执行标的物与执行标的不同：执行标的物指向的是物，执行标的则是指执行对象，既包括物以及其他可转让权利，还包括要求履行一定的行为。

③ 参见江必新主编：《最高人民法院关于适用民事诉讼法审判监督程序司法解释理解与适用》，人民法院出版社 2008 年版，第 56~57 页。

同的做法：第一种是异议期间强制执行不停止；第二种是将执行程序如何进行的权利交给法院，由法院根据实际情况灵活掌握。

执行法院对案外人异议裁定驳回后，案外人对裁定不服提起诉讼的，在案件审理期间，也存在如何执行该标的物的问题。"执行程序既要考虑对案外人进行充分的救济，也要兼顾执行效率和债权实现这一根本目的。诉讼一般要经过较长一段时间，如果案外人异议之诉审理期间对异议标的物也不得处分，债权的实现就可能被过分拖延。而且，在案外人提起诉讼之前，法律已经赋予了其提出异议的权利，如果执行法院经审查驳回案外人异议的，虽然这种审查不是最终的判定，但对案外人已经提供了一定的救济。在这种情况下，法律更应该侧重于债权的实现，对异议标的物的执行原则上不应再停止。作为例外，案外人提供确实有效担保的情况下法院根据案件的具体情况认为停止执行确有必要的，可以停止执行；申请执行人提供确实有效担保要求继续执行的，可以继续执行。"[①]

（2）案外人异议之诉中当事人的确定。《执行程序解释》规定案外人依照民事诉讼法提起诉讼，应以申请执行人为被告，被执行人反对案外人对执行标的所主张的实体权利的，应当以申请执行人和被执行人为共同被告。申请执行人有多人均否认案外人有排除强制执行的实体权利的，应将其作为共同被告。而对于申请执行人提起的许可执行诉讼，应当以案外人为被告；被执行人反对申请执行人请求的，应当以案外人和被执行人为共同被告。

（3）救济程序的管辖。《执行程序解释》明确规定案外人异议之诉由执行法院专属管辖。案外人异议之诉按照民事诉讼法关于管辖的规定确定管辖法院虽然并无不妥，但鉴于该类诉讼均为因执行而衍生出的案件，其审理结果直接影响到执行程序的进行，因此，由执行法院进行审理，更有利于沟通信息提高效率，也方便当事人和案外人诉讼。[②]

---

① 王飞鸿、赵晋山：《民事诉讼法执行编修改的理解与适用》，载《人民司法》2008 年第 1 期。

② 王飞鸿、赵晋山：《民事诉讼法执行编修改的理解与适用》，载《人民司法》2008 年第 1 期。

（三）理论与实践困局

1. 案外人异议程序的存废争议

2007 年《民事诉讼法》第 204 条"涉及程序问题和实体问题的区分、执行程序与诉讼程序的衔接、执行机构与审判机构的配合等问题，是 2007 年修改中涉及的比较复杂的制度"[①]。2007 年对案外人异议制度的最终定位并不能终结人们对该项制度的争议。

反对案外人异议程序的观点认为，尽管案外人异议程序有一定的道理，但自其他角度看，其不合理、不科学之处亦非常明显。从形式上看，2007 年《民事诉讼法》第 204 条融合了案外人异议制度和执行异议之诉制度的部分内容，以期在案外人合法权益的保护的公平价值与效率价值之间达到平衡。但从本质上看，新规定只是案外人异议程序与案外人异议之诉的简单拼凑。将异议程序作为诉讼的前置程序，增加了第三人人力、物力上的负担，不仅不利于对案外人、当事人合法权益的保护，而且也未必能提高执行效率。[②] 执行异议和异议之诉均由同一执行法院管辖，这造成在同一审级创设了两种救济，造成了重叠，违背了裁判的拘束力原则这一程序法基本原则。[③] 该争议较大，对相关问题的解决方法，将在第五章中详述。

（二）执行行为异议程序中的"利害关系人"认定混乱

2007 年《民事诉讼法》第 202 条对何为"利害关系人"并无明确规定，造成了实践的混乱情况。

[①]　杨永清、赵晋山：《新〈民事诉讼法〉之法院应对》，载《法律适用》2012 年第 11 期。

[②]　参见刘学在、朱建敏：《案外人异议制度的废弃与执行异议之诉的构建——兼评修改后的〈民事诉讼法〉第 204 条》，载《法学评论》2008 年第 6 期；卢正敏、齐树洁：《论错误拍卖第三人财产的法律效力——兼评〈民事诉讼法〉第 204 条之相关规定》，载《现代法学》2010 年第 1 期。

[③]　裁判法院原则上不得自行撤销、变更或者补充其裁判，除非发生再审、发回重审等情形。该原则的解释以及批评前置异议程序的观点，参见赵秀举：《论民事执行救济兼论第三人执行异议之诉的悖论与困境》，载《中外法学》2012 年第 4 期。

（1）"利害关系人"的模糊认识导致适用程序混乱。"利害关系人"与"案外人"是否存在区别，[①] 利害关系人的范围是什么，什么样的主体能作为利害关系人提出异议等，认识比较模糊。这种模糊认识，造成实践中民事主体将"利害关系人"所适用的执行异议和"案外人"所适用的案外人异议混淆起来，不能明确甄别两种程序。[②] 实践中多发案外人以 2007 年《民事诉讼法》第 202 条提出执行行为异议，利害关系人以 2007 年《民事诉讼法》第 204 条提出案外人异议的情况，甚至有的主体为了稳妥起见，同时提起两个异议。而个别法院的理解错误，导致在适用执行行为异议程序和案外人异议程序上存在偏差，导致处理不当，进而产生程序重叠，争议不能及时处理，损害当事人、利害关系人和案外人合法权益的现象。[③]

（2）"利害关系人"的模糊认识影响执行效率。因未对提出异议的"利害关系人"范围作限定，在一定程度上也造成权利滥用、异议过多的问题，相关民事主体与被执行人串谋，恶意利用程序拖延执行程序。尽管异议和复议程序不中止案件执行，但是法院忙于应对，浪费有限的司法资源，影响执行效率。

四、2012 年《民事诉讼法》：第三人权利救济程序的全面扩张

《民事诉讼法》在 2012 年进行了比较全面的修改，涉及民事诉讼执行程序中的制度较多，增加了不少新的制度。

（一）2012 年《民事诉讼法》修改

为维护诉讼外第三人的民事权益，2012 年修改的《民事诉讼法》第 56 条第 3 款设立了第三人撤销之诉这一重要的、全新的第三人权利救济程序和制度。2012 年《民事诉讼法》第 56 条第 3 款规定："第三人因不能归责

---

① 对此，有学者认为法律对二者没有进行明确区分。参见廖永安、邓和军：《〈民事诉讼法修改决定〉评析——兼论我国〈民事诉讼法〉的修改》，载《现代法学》2009 年第 1 期。

② 相关案例见最高人民法院（2012）执复字第 31 号执行裁定。

③ 参见江必新、刘贵祥主编：《〈最高人民法院关于人民法院办理执行异议和复议案件若干问题规定〉理解与适用》，人民法院出版社 2015 年版，第 78 页。

于本人的事由未参加诉讼，在有证据证明发生法律效力的判决、裁定、调解书的部分或者全部内容错误，损害其民事权益的情况下，自知道或者应当知道其民事权益受到损害之日起六个月内，可以向作出该判决、裁定、调解书的法院提起诉讼。"该诉讼便是第三人撤销之诉。第三人撤销之诉的立法目的，一方面是为因故未能参加诉讼却有可能受到判决既判力扩张效果约束的第三人提供救济途径，另一方面是防止第三人的合法权益受到虚假诉讼等行为的侵害。①

在 2012 年对《民事诉讼法》修改之前，就第三人权利救济程序的建议主要有三种②。第一种是仿照法国、我国台湾地区等立法例，在民事诉讼法中单设一章，设立独立的第三人撤销之诉。③第二种是改造现有的法律制度，不增添新的诉讼类型，以执行程序前中后三个节点建立三个阶段的"第三人异议之诉"。第一阶段是当本诉判决作出后，若第三人认为该判决侵害其合法权益时，可以本诉当事人为被告提起异议之诉，请求法院撤销或者变更该判决；第二阶段是执行过程中，第三人可以申请执行人为被告或者以申请执行人和被执行人为共同被告，提起异议之诉；第三阶段是执行结束后，第三人可以原申请执行人为被告，诉讼请求返还不当得利或者赔偿损害。第三种方案是在再审程序的基础上，设立第三人撤销之诉，即"再审

---

① 参见王亚新：《第三人撤销之诉的解释适用》，载《人民法院报》2012 年 9 月 26 日。

② 参见全国人大常委会法制工作委员会民法室编：《民事诉讼法立法背景及观点全集》，法律出版社，2012 年版，第 343 页。

③ 参见杨荣馨主编：《〈中华人民共和国民事诉讼法〉（专家建议稿）立法理由与立法意义》，清华大学出版社 2012 年版，第 199~201 页；张卫平主编：《民事程序法研究》第 7 辑，厦门大学出版社 2011 年版，第 388~392 页；江伟等：《〈中华人民共和国民事诉讼法〉修改建议稿（第三稿）及立法理由》，人民法院出版社 2005 年版，第 295 页。

型第三人撤销之诉"。这种方案是最高人民法院力推的一种方案。① 该方案主要是考虑我国诉讼程序体系、诉讼传统、救济的现实需求三个方面因素。"该方案符合民事诉讼法中第三人权利保护体系、对错误裁判的救济传统，能够满足第三人权利救济的需求。"② 但是，立法机关在 2012 年修改《民事诉讼法》时并未采纳上述任何一种方案，③ 在第 56 条中规定了第三人撤销之诉制度。④

（二）民事诉讼法司法解释对第三人撤销之诉的细化

第三人撤销之诉的设立，突破了多年以来对第三人权利救济的制度约束，以此为标志启动了第三人权利救济的延展，自此之后，第三人申请撤销仲裁裁决以及公证债权文书中第三人可以申请异议的制度都对第三人的保护进一步延伸。

2015 年施行的《最高人民法院关于适用〈中华人民共和国民事诉讼法〉的解释》（以下简称 2015 年《民事诉讼法解释》）对 1992 年《民事诉讼法意见》（已废止）作了重大修改，明确规定第三人参加诉讼既可以在一审中参加，也可以在二审中参加。2015 年《民事诉讼法解释》针对新创设的第三人撤销之诉以及既有的执行行为异议复议程序、案外人异议之诉制度在实

---

① 最高人民法院曾经建议在 2007 年《民事诉讼法》第 178 条中增加一款"与诉讼标的或者裁判结果有法律上利害关系的案外人，因不能归责于本人的事由未参加诉讼，有证据证明发生法律效力的判决、裁定、调解书损害其合法权益的，可以向原审人民法院申请再审。但案外人可以通过执行程序或者提起新的诉讼实现其合法权益的除外"，或者在但书部分规定"但案外人可以通过提起新的诉讼实现其合法权益的除外"，同时删除 2007 年《民事诉讼法》第 204 条关于"认为原判决、裁定错误的，依照审判监督程序办理"的规定。参见吴兆祥、沈莉：《民事诉讼法修改后的第三人撤销之诉与诉讼代理制度》，载《人民司法》2012 年第 23 期；最高人民法院民事诉讼修改研究小组：《〈中华人民共和国民事诉讼法〉修改条文理解与适用》，人民法院出版社 2012 年版，第 102 页。

② 吴兆祥、沈莉：《民事诉讼法修改后的第三人撤销之诉与诉讼代理制度》，载《人民司法》2012 年第 23 期。

③ 参见吴兆祥、沈莉：《民事诉讼法修改后的第三人撤销之诉与诉讼代理制度》，载《人民司法》2012 年第 23 期。

④ 参见许少波：《第三人撤销之诉于申请再审的选择》，载《河南大学学报（社会科学版）》2015 年第 1 期。

践中操作性不强以及不规范的问题进行规定，并且将对保全裁定的复议权扩展至利害关系人。

1. 第三人撤销之诉的细化规定

2015 年《民事诉讼法解释》规定了第三人提起撤销之诉的期限、管辖法院、应当提供的证据材料，法院的立案审查权、审理组织、适当的未参加诉讼条件，第三人撤销之诉审查对象是判决、裁定的主文、调解书中处理当事人民事权利义务的结果，不予受理第三人撤销之诉的情形，第三人提起撤销之诉中各方主体的诉讼地位，第三人撤销之诉中中止执行的条件，第三人撤销之诉的审理结果，第三人撤销之诉与本诉当事人申请再审程序的关系，第三人撤销之诉与部分案外人申请再审情形的关系，第三人诉讼请求并入再审程序审理的后续处理。

2015 年《民事诉讼法解释》对第三人撤销之诉的规定，回应了理论和实践中存在争议的部分重点问题。

第一，第三人撤销之诉与当事人申请再审的关系。2012 年《民事诉讼法》修改确立第三人撤销之诉制度后，对于第三人撤销之诉与案外申请再审的关系问题一直是理论界和实务界争议的问题。对此，2015 年《民事诉讼法解释》第 301 条明确第三人撤销之诉和当事人申请再审的关系："第三人撤销之诉案件审理期间，人民法院对生效判决、裁定、调解书裁定再审的，受理第三人撤销之诉的人民法院应当裁定将第三人的诉讼请求并入再审程序。但有证据证明原审当事人之间恶意串通损害第三人合法权益的，人民法院应当先行审理第三人撤销之诉案件，裁定中止再审诉讼。"

第二，第三人撤销之诉与部分案外人申请再审情形的关系。2015 年《民事诉讼法解释》第 303 条规定："第三人提起撤销之诉后，未中止生效判决、裁定、调解书执行的，第三人可以依照民事诉讼法第二百二十七条规定提出执行异议。"执行法院审查后作出异议裁定，第三人不服驳回执行异议裁定，仅得继续第三人撤销程序救济，而不能申请对本诉裁判再审。案外人对人民法院驳回其执行异议裁定不服，认为本诉裁判内容错误损害其合法权益的，应当根据《民事诉讼法》第 227 条规定申请再审，不能再提起第三人撤销之诉。2015年《民事诉讼法解释》第303条明确第三人撤销之诉和2012年《民事诉讼法》第227条规定的案外人申请再审只能择一适用，但对第三人撤销之诉和2008年《审监程序解释》第5条第1款规定案外人申请再审的竞合，却未作出相应规定。

第三，第三人撤销之诉对执行程序的影响。第三人撤销之诉启动后，是否产生中止执行的法律效果。对此，域外存在不同做法。有观点认为，第三人撤销之诉立案后，应当立即裁定中止原判决、裁定、调解书的执行，[①] 否则，第三人撤销之诉以后就可能出现两个相矛盾的裁判，就难以执行了。

《民事诉讼法解释》第299条借鉴了规定第三人撤销之诉程序启动后，不中止执行程序，但第三人（第三人撤销之诉原告）提供相应担保请求中止执行的，人民法院可以准许。

第四，第三人撤销之诉判决结果与本诉判决冲突的处理。第三人撤销之诉是针对本诉生效裁判的部分或全部内容进行的判断，如果第三人撤销之诉的裁判改变或者撤销本诉判决部分或全部判决主文内容，如何认定第三人撤销之诉对本诉当事人的效力。2015年《民事诉讼法解释》第300条规定："原判决、裁定、调解书的内容未改变或者未撤销的部分继续有效。"可见，第三人撤销之诉判决未改变本诉裁判的内容对本诉当事人仍然有效。

2. 保全中的第三人权利救济

2015年《民事诉讼法解释》扩张了第三人权利救济的程序类型，其第172条规定利害关系人对保全或者先予执行的裁定不服申请复议的，享有与当事人一样的权利，可以申请复议一次，复议期间不停止裁定的执行。这一规定将保全复议权的提出主体由当事人扩展至了第三人。

3. 执行到期债权的第三人异议

2015年《民事诉讼法解释》第501条第2款规定，在执行被执行人对第三人的到期债权时，第三人对到期债权提出异议，人民法院应当停止对

---

① 参见杜万华：《杜万华大法官民事商事审判实务演讲录》，人民法院出版社2016年版，第352页。

该到期债权的执行，但如果该债权系生效法律文书确定的，即使第三人提出异议人民法院也不停止执行。案外人对到期债权有异议的，主张对该到期债权享有权益的，人民法院应当按照 2012 年《民事诉讼法》第 227 条规定处理。

（三）执行异议和复议司法解释对第三人救济程序的规定

2007 年《民事诉讼法》规定了利害关系人对执行行为的异议程序、案外人对执行标的的异议之诉程序、案外人申请再审程序，对于前两者，一直缺乏明确详细的规定，对异议期限、主体范围、另案冲突判决等问题语焉不详，执行行为异议和案外人异议程序无法可依的问题依旧突出。针对这个问题，最高人民法院在 2015 年公布并施行了《最高人民法院关于人民法院办理执行异议和复议案件若干问题的规定》（以下简称《异议和复议规定》）。《异议和复议规定》共 32 条，第 1~16 条是关于执行救济程序的一般规定，第 17~23 条规定了对执行行为异议和复议的程序，第 24~31 条规定了案外人异议程序。《异议和复议规定》明确了提出执行行为异议和案外人异议的形式要求、对异议消极立案和消极审查的救济方法、管辖异议权等内容。

1. 执行行为异议与案外人异议的关系

《异议和复议规定》第 5 条以列举的方式明确了在执行行为异议程序中的主体范围，亦即利害关系人的范围，解决了该项制度确立以来对"利害关系人"认识不一致而导致的审查标准不一的问题。该条明确了他案债权人、拍卖程序中的竞买人、优先购买权人、协助执行义务人属于"利害关系人"，当然，以列举形式不能涵盖"利害关系人"的所有类型，在该条的兜底条款中，明确了主张"其他合法权益"因为执行行为而受到侵害的主体也是"利害关系人"。应当注意的是，这里的"其他合法权益"是指程序权益和不能排除执行的实体权益，主张排除执行的实体权益不在此列。[1] 当

---

① 参见江必新、刘贵祥主编：《〈最高人民法院关于人民法院办理执行异议和复议案件若干问题规定〉理解与适用》，人民法院出版社 2015 年版，第 78 页。

事人主张排除执行的实体权益，其身份为案外人，应当通过案外人异议程序救济权利。

《异议和复议规定》第 8 条规定了第三人既作为利害关系人又作为案外人提出两种异议时，执行异议竞合的处理。[①] 第三人基于实体权利既作为利害关系人对执行行为提出异议，又作为案外人对执行标的提出排除执行异议时，应当依照《民事诉讼法》第 234 条规定的程序处理；第三人作为利害关系人对与实体权利无关的执行行为提出异议，又作为案外人基于实体权利对执行标的提出排除执行异议时，对执行行为的异议应当依照《民事诉讼法》第 232 条规定审查，而对排除执行的异议依照《民事诉讼法》第 234 条规定审查。

【实践】(2021) 最高法执复 36 号

复议申请人周某某不服浙江省高级人民法院（以下简称浙江高院）（2020）浙执异 5 号执行裁定，向最高人民法院申请复议。

浙江高院查明，梁某与广东恒润互兴资产管理有限公司（以下简称恒润互兴公司）等民间借贷纠纷一案，浙江高院于 2019 年 6 月 26 日作出（2018）浙民初 35 号民事判决，记载：2017 年 12 月 13 日，恒润互兴公司与梁逍签订《借款合同》一份，约定借款金额为 53000 万元，借款期限为 20 天，从梁某实际向恒润互兴公司提供借款之日起开始计算。同日，恒润互兴公司与梁某签署《股票质押合同》一份，恒润互兴公司将其持有的天润数娱 76395412 股股票及其孳息（包括但不限于质押股票应得股息、红利、配股、送股及其他收益）就上述《借款合同》项下 53000 万元借款向梁某提供质押担保。2018 年 1 月 24 日，梁某与恒润互兴公司在中国证券登记结算有限责任公司深圳分公司办理质押登记手续，同月 25 日，中国证券登记结算有限责任公司深圳分公司出具《证券质押登记证明》。判令：一、

[①] 对于执行异议竞合，有不同观点。一种认为第三人同时提出执行行为异议和案外人异议的就是异议竞合，另一种则认为两种异议在异议目的、依据的权利基础、指向的对象均不相同，根本不存在竞合问题。参见江必新、刘贵祥主编：《最高人民法院关于人民法院办理执行异议和复议案件若干问题规定》理解与适用》，人民法院出版社 2015 年版，第 110 页。

恒润互兴公司于判决生效之日起十日内向梁某偿还借款本金 473162213 元以及利息 25457603 元（利息暂算至 2018 年 7 月 24 日，此后以 473162212 元本金为基数，按逾期日利率 0.06% 的标准，计付至判决确定的履行之日止）；二、恒润互兴公司于判决生效之日起十日内向梁某支付律师费 700000 元，诉讼保全责任保险费 274988 元；……五、如恒润互兴公司不能按时履行上述第一项、第二项付款义务，梁某作为质权人有权对恒润互兴公司质押给梁某的天润数娱 76395412 股的股票及其孳息折价或拍卖、变卖所得价款享有优先受偿权。

判决生效后，因恒润互兴公司等未履行该判决确定的义务，2020 年 5 月 7 日，梁某向浙江高院申请强制执行，申请执行金额合计 669933200.68 元，并要求对恒润互兴公司用于质押的天润数娱 76395412 股股票及其孳息 53476788 股合计 129872200 股股票进行拍卖或变卖，并就拍卖或变卖所得价款优先受偿。同月 12 日，浙江高院以（2020）浙执 8 号立案执行。因湖南省邵阳县人民法院于 2018 年 6 月 28 日对该部分股票进行了首封，浙江高院于 2020 年 7 月 7 日作出（2020）浙执 8 号之一商请移送执行函，商请邵阳县人民法院将该股票移送浙江高院执行。2020 年 8 月 3 日，邵阳县人民法院向浙江高院作出移送执行函，将该股票处置权移送浙江高院。

周某某异议称，请求法院停止对恒润互兴公司所持 76395412 股天润数娱股票及其孳息的执行，并解除相应的冻结措施。为此，周某某向浙江高院提交了《收益权转让及回购协议》《股票质押合同》等证据材料。

浙江高院异议中查明，2018 年 5 月 17 日，天润数娱股票每 10 股转增 7 股。天润数娱 2019 年第三季度报告显示恒润互兴公司共持有天润数娱股票 289037454 股。中国证券登记结算有限责任公司深圳分公司出具的投资者证券冻结信息显示，恒润互兴公司质押给梁某的 76395412 股（转增后为 129872200 股）股票所在证券子账户号码为 08×××55，恒润互兴公司持有的其余天润数娱 159165254 股股票所在证券子账户号码为 08×××99。

2018 年 9 月 7 日，在（2018）浙民初 35 号案件审理过程中，浙江高院根据梁某提出的保全申请，作出（2018）浙民初 35 号民事裁定，查封、冻结恒润互兴公司等人银行存款 549976000 元或相应等值的其他财产。同日，浙江高院向中国证券登记结算有限责任公司深圳分公司发出协助执行通知，轮候冻结恒润互兴公司所持天润数娱在证券子账户 08×××55 中的 129872200 股股票，和在子账户 08×××99 中的 159165254 股股票。

另查明，2017 年 8 月 16 日，周某某与恒润华创公司签订《收益权转让及回购协议》，约定恒润华创公司以其所持有韶关市金润国际大酒店物业 2025 年 1 月 1 日至 2029 年 12 月 31 日共计 60 个月不低于 2.5 亿元的经营性物业收益权转让给周某某，并约定由恒润华创公司在约定的期限内溢价回购等内容。2018 年 1 月 10 日，周某某与恒润互兴公司签订《股票质押合同》约定，为确保恒润华创公司履行其在《收益权转让及回购协议》项下的全部义务，恒润互兴公司同意以其现持有的 76395412 股天润数娱股票向周某某提供无条件、不可撤销的质押担保。合同第三条"质押手续"第 2 项约定，合同订立后 180 个工作日内，合同双方应到中国证券登记结算有限责任公司办理标的股票质押登记手续，股票质押登记以中国证券登记结算有限责任公司出具的《证券质押登记证明》为准。

浙江高院认为，本案争议焦点在于，周某某要求人民法院停止对恒润互兴公司所持天润数娱 76395412 股股票及其孳息的执行，并解除冻结措施是否具有法律依据。生效的（2018）浙民初 35 号民事判决判令梁某作为质权人有权对恒润互兴公司质押给梁某的 76395412 股（转增后为 129872200 股）天润数娱股票及其孳息折价或拍卖、变卖所得价款享有优先受偿权，且首封的邵阳县人民法院将该部分股票的处置权移交给浙江高院，因此，浙江高院对该股票采取执行措施，符合法律规定。周某某虽与恒润互兴公司签订了《股权质押合同》，但未向证券登记机构办理出质登记，质权未发生法律效力，不能阻却浙江高院依据生效判决对标的股票的执行。因此，周某某要求人民法院停止对恒润互兴公司质押给梁某的 76395412 股天润数娱股票及其孳息的执行并解除冻结措施，缺乏法律依据，浙江高院不予支持。据此，浙江高院于 2020 年 12 月 29 日作出（2020）浙执异 5 号执行裁定，驳回周某某的异议。

周某某不服，向最高人民法院提出复议，请求撤销（2020）浙执异5号执行裁定，停止对恒润互兴公司质押给梁逍的"天润数娱"（股票代码002113）76395412股股票以及孳息的执行，并解除相应冻结、查封、拍卖措施。

最高人民法院认为，本案的焦点问题是：本案应适用2017年《民事诉讼法》第225条 ① 还是227条 ② 进行审查。

2017年《民事诉讼法》第225条、第227条分别确立了当事人、利害关系人执行行为异议和案外人异议两类异议。一般认为，上述两类异议的主要区别在于提起异议依据的基础权利和目的不同。第225条规定的当事人、利害关系人执行行为异议的依据是其程序权利受到了侵害，目的是纠正违法的执行行为；而第227条规定的案外人异议所依据的基础权利是其实体权利受到了侵害，这种实体权利不是一般的权利，是能够产生排除执行效力的权利，即其所提异议依据的是所有权或者其他足以阻止执行标的物转让、交付的实体权利。从本案来看，复议申请人周某某认为，其与恒润互兴公司之间签订的《收益权转让及回购协议》《股票质押合同》依法有效，依法对恒润互兴公司持有的"天润数娱"（股票代码002113）76395412股股票以及孳息享有质权并足以排除执行，因此，本案应适用2017年《民事诉讼法》第227条进行审查。但根据浙江高院查明的事实，周某某与恒润互兴公司于2018年1月10日签订《股票质押合同》，该时间晚于本案申请执行人梁某与被执行人恒润互兴公司签订《股票质押合同》的时间（2017年12月13日）。而且，与梁某不同，周某某在与恒润互兴公司签订《股票质押合同》之后，并未到证券登记机构办理股票质押登记手续。根据《中华人民共和国民法典》第443条，以股权出质的，质权自办理出质登记时设立。因此，周某某对案涉股权不享有质权，不具有优先受偿的权利。退一步讲，即便其质权成立，因质权为担保物权，仅享有就标的物拍卖变卖的所得款项优先受偿的权利，即受偿顺序优先的权利，但该权利本身并

---

① 即2021年修正后的第232条。——编者注
② 即2021年修正后的第234条。——编者注

不能产生排除人民法院执行的效力。

此外，识别当事人的异议属于何种性质并决定适用相应程序属于法院的职责。本案中，周某某的异议请求为停止对天润数娱"（股票代码002113）76395412股股票以及孳息的执行，并解除相应冻结、查封、拍卖措施，根据《最高人民法院关于人民法院办理执行异议和复议案件若干问题的规定》第5条的规定，应视为周某某作为利害关系人提出的执行行为异议。因此，浙江高院经审查认为周某某并不享有案涉股权质权，不能阻却浙江高院依据生效判决对标的股票执行时，适用2017年《民事诉讼法》第225条而不适用第227条进行审查并无不妥。最高人民法院裁定驳回周某某的复议请求，维持浙江省高级人民法院（2020）浙执异5号执行裁定。

2. 案外人异议的主张权利范围和程序衔接

《异议和复议规定》第25条至第31条就案外人享有何种实体权利在何种情况下能够排除执行作出了较为明确的规定，其中有诸如担保物权、物权期待权、租赁权等实体权利的实体权利判断问题。就程序上的规定而言，《异议和复议规定》第26条对于各种冲突的安排，体现了最高人民法院的一贯执行理念和思路。

《民事诉讼法》第234条规定了案外人异议之诉程序，但却未明确案外人针对执行标的物能否另行提起确权诉讼。虽然，《执行规定》第102条第1款第3项规定执行标的是其他案件中正在审理的争议标的物，需要待该案审理完毕确定权属的，执行法院应当中止执行。但是，该条规定主要是从执行的角度处理审判问题，据此执行会出现两类问题：一是第三人在提出异议之诉后再另行起诉，由于普通诉讼管辖法院和案外人异议之诉的管辖法院可能不是同一家法院，故有可能作出不同判决，损害司法权威。二是案外人与被执行人故意绕开执行法院不提起异议之诉，而是另案确权将执行法院查封的财产确认给案外人。纵观《执行规定》制定背景，其时并无案外人异议之诉这一制度，因此，《执行规定》第102条第1款第3项规定在当时对于减少执行依据冲突有一定作用。2007年《民事诉讼法》设立案外人异议之诉后,《执行规定》第 102 条第 1 款第 3 项规定就显得"不合时宜"了。对此,2011 年的《最高人民法院关于执行权合理配置和科学运行的若干意见》(以下简称《执行权合理配置和科学运行若干意见》)第 26 条对《民事诉讼法》的变化作出了回应,修改了《执行规定》第 102 条第 1 款第 3 项规定的做法,明确审判机构在审理确权诉讼时,应当查询所要确权的财产权属状况,发现已经被执行机构查封的,应中止审理;当事人诉请确权的财产被执行机构处置的,应当撤销确权案件;在执行机构查封后确权的,应当撤销确权法律文书。《执行权合理配置和科学运行若干意见》第 26 条赋予了执行法院对执行标的物的实体事项异议专属管辖权,但是该条并未堵塞案外人主张权利的诉讼渠道,只不过是引导第三人在执行异议之诉中解决而已。《异议和复议规定》第 26 条规定了案外人根据另案生效法律文书对执行标的提出异议的处理方法和案外人的救济途径。对于案外人以另案生效法律文书确定的权利排除执行的情况,要区分本案执行的案件是金钱债权的执行还是非金钱债权的执行。如果本案为金钱债权的执行,那么另案判决确定的实体权利就是针对执行标的物,而非执行依据。此时就要根据另案生效法律文书作出的时间是在执行标的被查封前还是查封后区别对待。如果是在查封后,那么案外人就应当通过案外人异议之诉主张权利,而不是另案起诉或者仲裁,取得另案生效法律文书,这种情况下,法院不应支持案外人以另案生效法律文书确定的权利排除执行的主张;如果是在查封前,只有确认标的物属于案外人的法律文书可以排除执行,而基于债权请求权的生效法律文书不能排除执行。如果本案执行的是非金钱债权的执行,那么案外人依据另案生效法律文书主张排除执行,就是排除本案执行依据中确定的特定物的执行了,这实际上是针对同一特定标的物作出了两个不同的判断,案外人的异议实质上就是对本案执行依据本身的异议。在这种情况下,第三人应当通过申请再审、提起第三人撤销之诉等程序救济权利,而执行法院也应当告知案外人救济途径,不能通过案外人异议之诉解决。

【实践】指导案例 156 号

王岩岩诉徐意君、北京市金陛房地产发展
有限责任公司案外人执行异议之诉案

（最高人民法院审判委员会讨论通过 2021 年 2 月 19 日发布）

关键词 民事 案外人执行异议之诉 排除强制执行 选择适用

裁判要点

《最高人民法院关于人民法院办理执行异议和复议案件若干问题的规定》第二十八条规定了不动产买受人排除金钱债权执行的权利，第二十九条规定了消费者购房人排除金钱债权执行的权利。案外人对登记在被执行的房地产开发企业名下的商品房请求排除强制执行的，可以选择适用第二十八条或者第二十九条规定；案外人主张适用第二十八条规定的，人民法院应予审查。

相关法条

《最高人民法院关于人民法院办理执行异议和复议案件若干问题的规定》第 28 条、第 29 条

基本案情

2007 年，徐意君因商品房委托代理销售合同纠纷一案将北京市金陛房地产发展有限责任公司（以下简称金陛公司）诉至北京市第二中级人民法院（以下简称北京二中院）。北京二中院经审理判决解除徐意君与金陛公司所签《协议书》，金陛公司返还徐意君预付款、资金占用费、违约金、利息等。判决后双方未提起上诉，该判决已生效。后因金陛公司未主动履行判决，徐意君于 2009 年向北京二中院申请执行。北京二中院裁定查封了涉案房屋。

涉案房屋被查封后，王岩岩以与金陛公司签订合法有效《商品房买卖合同》，支付了全部购房款，已合法占有房屋且非因自己原因未办理过户手续等理由向北京二中院提出执行异议，请求依法中止对该房屋的执行。北京二中院驳回了王岩岩的异议请求。王岩岩不服该裁定，向北京二中院提

起案外人执行异议之诉。王岩岩再审请求称，仅需符合《最高人民法院关于人民法院办理执行异议和复议案件若干问题的规定》（以下简称《异议复议规定》）第二十八条或第二十九条中任一条款的规定，法院即应支持其执行异议。二审判决错误适用了第二十九条进行裁判，而没有适用第二十八条，存在法律适用错误。

裁判结果

北京市第二中级人民法院于2015年6月19日作出（2015）二中民初字第00461号判决：停止对北京市朝阳区儒林苑×楼×单元×房屋的执行程序。徐意君不服一审判决，向北京市高级人民法院提起上诉。北京市高级人民法院于2015年12月30日作出（2015）高民终字第3762号民事判决：一、撤销北京市第二中级人民法院（2015）二中民初字第00461号民事判决；二、驳回王岩岩之诉讼请求。王岩岩不服二审判决，向最高人民法院申请再审。最高人民法院于2016年4月29日作出（2016）最高法民申254号裁定：指令北京市高级人民法院再审本案。

裁判理由

最高人民法院认为，《异议复议规定》第二十八条适用于金钱债权执行中，买受人对登记在被执行人名下的不动产提出异议的情形。而第二十九条则适用于金钱债权执行中，买受人对登记在被执行的房地产开发企业名下的商品房提出异议的情形。上述两条文虽然适用于不同的情形，但是如果被执行人为房地产开发企业，且被执行的不动产为登记于其名下的商品房，同时符合了"登记在被执行人名下的不动产"与"登记在被执行的房地产开发企业名下的商品房"两种情形，则《异议复议规定》第二十八条与第二十九条适用上产生竞合。案外人对登记在被执行的房地产开发企业名下的商品房请求排除强制执行的，可以选择适用第二十八条或者第二十九条规定；案外人主张适用第二十八条规定的，人民法院应予审查。本案一审判决经审理认为王岩岩符合《异议复议规定》第二十八条规定的情形，具有能够排除执行的权利，而二审判决则认为现有证据难以确定王岩岩符合《异议复议规定》第二十九条的规定，没有审查其是否符合《异议复议规定》第二十八条规定的情形，就直接驳回了王岩岩的诉讼请求，适用法律确有错误。

关于王岩岩是否支付了购房款的问题。王岩岩主张其已经支付了全部购房款，并提交了金陛公司开具的付款收据、《商品房买卖合同》、证人证言及部分取款记录等予以佐证，金陛公司对王岩岩付款之事予以认可。上述证据是否足以证明王岩岩已经支付了购房款，应当在再审审理过程中，根据审理情况查明相关事实后予以认定。

（生效裁判审判人员：毛宜全、潘勇锋、葛洪涛）

（四）其他司法解释对第三人救济权利的保障

1. 变更追加当事人程序中第三人权利救济保障

执行力具有相对性，原则上仅执行依据所记载的债权人、债务人能够成为执行当事人，但是基于保障债权人权利、减轻当事人讼累等方面考量，第三人也可能被变更追加为被执行人。2016 年 8 月 29 日由最高人民法院审判委员会第 1691 次会议通过《最高人民法院关于民事执行中变更、追加当事人若干问题的规定》（以下简称《变更追加规定》）第 32 条规定了被追加的第三人的救济途径。

执行依据执行力所及主体，不仅包括原判决、裁定中的原告和被告，还包括享有权利的有独立请求权的第三人、承担民事责任的无独立请求权第三人，也包括在执行程序中因法定继受事由承继或承担作为执行依据的裁判文书确定的权利义务承受人。生效判决的执行力一般不能直接扩张于第三人，"申请执行人需另行对该第三人提起诉讼以获得新的执行根据，才能对其予以强制执行"[①]。然而法律主体之间产生的纠纷日益复杂，严格遵循既判力的相对性原则会在一定程度上不利于债权人合法权益及时保护，又可能存在影响执行效率等缺点，为此《变更追加规定》允许申请执行人直

[①] 刘学在、王炳乾：《执行当事人之变更、追加的类型化分析》，载《政法学刊》2018年第 4 期。

接申请变更、追加第三人为被执行人。

被变更追加的当事人提起的异议之诉，也称债务人不适格异议之诉，其解决的是被变更、追加的第三人依何种程序保障自己权益的问题。对被变更追加的当事人提起异议之诉，诉讼主体和主体内容比较明确。当事人包括被申请人（被变更、追加的被执行人）为原告，申请人为被告。诉讼请求为不得变更、追加被申请人为被执行人。在追加变更被执行人的案件中，存在申请执行人与被执行人之间的实体法律关系和被执行人与第三人之间的实体法律关系。第三人未履行法定义务，致使被执行人不能履行对申请执行人的给付义务，因此，应当将该第三人追加为本案强制执行程序中的被执行人，令其承担义务。[①]

在上述情形下主要包括变更或追加有限合伙企业未出资之有限合伙人、未足额出资股东、抽逃出资股东、未出资原股东、一人公司股东、未经清算即注销之公司股东和股份公司董事等。可见，此类情形下允许变更、追加有关第三人作为被执行人是充分考量了我国现阶段的执行实践现状所制定的规定，也为第三人的合法权益提供了更为全面和更有力的事后程序保障。

针对被变更、追加的当事人提起的异议之诉，根据债务人实体异议事由发生时间区分为在执行依据生效之前和之后两种情况：一是对于执行依据生效之后发生的异议事由，参照适用《民事诉讼法》第232条规定，即通过执行行为异议、复议途径救济；二是对于执行依据生效之前发生的异议事由，通过申请再审或者其他程序解决。[②]被申请人或申请人对执行法院作出的变更追加裁定或驳回申请裁定不服的，可以自裁定送达之日起15日内，向执行法院提起执行异议之诉，申请人和被申请人需要通过诉讼程序

[①] 参见刘学在、王炳乾：《执行当事人之变更、追加的类型化分析》，载《政法学刊》2018年第4期。

[②] 例外情形是《异议和复议规定》第19条规定的互负债务抵销情形，不论发生在执行依据生效之前还是之后，被执行人可以在执行程序中以异议的方式提出主张。执行程序中被执行人主张抵销权的，应向执行法院提出书面执行异议，并应附证明抵销债权确实存在的相关证据，由执行法院以异议程序进行审查。

解决就实体法律关系的争议。

【实践】最高人民法院（2020）最高法执监 499 号案件

申诉人宁某不服河北省高级人民法院（以下简称河北高院）（2020）冀执复 243 号执行裁定，向最高人民法院申诉。

宁某向河北省衡水市中级人民法院（以下简称衡水中院）请求变更其为该院（1996）衡中经初字第 33 号民事调解执行案件的申请执行人，并请求继续执行该案。经审查，衡水中院作出（2019）冀 11 执异 110 号执行裁定书，裁定驳回宁某的执行异议申请。宁某不服，向河北高院申请复议，河北高院作出（2020）冀执复 243 号执行裁定书，驳回宁某的复议申请，维持衡水中院（2019）冀 11 执异 110 号执行裁定。

衡水中院查明，宁某以其受让了中国工商银行衡水分行营业部在该院（1996）衡中经初字第 33 号民事调解中对衡水市胶鞋总厂、衡水市包装装潢厂借款合同纠纷一案的债权为由，向该院申请变更其为申请执行人，对该案继续执行。另查明，该院在执行中国工商银行衡水分行营业部与衡水市胶鞋总厂、衡水市包装装潢厂借款担保合同一案中，因衡水市胶鞋总厂被宣告破产还债，担保人衡水市包装装潢厂无任何财产可供执行，于 2005 年 3 月 20 日作出（1997）衡执字第 33 号民事裁定书，裁定该院（1996）衡中经初字第 33 号民事调解书终结执行。

衡水中院认为，一、关于撤销该院（1997）衡执字第 33 号民事裁定书的问题。最高人民法院于 2016 年 2 月 14 日发布的《关于对人民法院终结执行行为提出执行异议期限问题的批复》明确：当事人、利害关系人依照《民事诉讼法》第二百二十五条规定对终结执行行为提出异议的，应当自收到终结执行法律文书之日起六十日内提出；未收到法律文书的，应当自知道或者应当知道人民法院终结执行之日起六十日内提出。批复发布前终结执行的，自批复发布之日起六十日内提出。超出该期限提出执行异议的，人民法院不予受理。根据该批复的规定，宁某对终结执行提出执行异议已超出法律规定的期限，对此不应支持。二、关于宁某申请变更申请执行人及恢复执行（1997）衡执字第33号案件执行的问题。根据民事诉讼法第二百二十五条"当事人、利害关系人认为执行行为违反法律规定的，可以向负责执行的人民法院提出书面异议……"的规定，宁某申请变更申请执行人及恢复执行不属于对执行行为的异议，不符合民事诉讼法第二百二十五条规定的条件。因此，其所提异议请求不属于执行异议的审查范围。衡水中院于2019年12月23日作出（2019）冀11执异110号执行裁定书，裁定驳回宁某的执行异议申请。

宁某向河北高院申请复议，请求撤销衡水中院（2019）冀11执异110号执行裁定；指令衡水中院重新进行审查。

河北高院认为，《最高人民法院关于人民法院执行工作若干问题的规定（试行）》第105条规定："在执行中，被执行人被人民法院裁定宣告破产的，执行法院应当依照民事诉讼法第二百三十三条第六项的规定，裁定终结执行。"《最高人民法院关于适用〈中华人民共和国民事诉讼法〉的解释》第五百一十五条规定："被执行人住所地人民法院裁定受理破产案件的，执行法院应当解除对被执行人财产的保全措施。被执行人住所地人民法院裁定宣告被执行人破产的，执行法院应当裁定终结对被执行人的执行。"本案中，被执行人衡水市胶鞋总厂已经被宣告破产还债；衡水中院就（1996）衡中经初字第33号民事调解书中对衡水市胶鞋总厂的执行程序应裁定终结执行。至于本案的担保人衡水市包装装潢厂能否追加变更为被执行人，因该案处于终结执行状态，故复议申请人宁某应当提供衡水市包装装潢厂可供执行的财产线索和债权转让相关手续，再恢复本案的执行程序并变更为本案的申请执行人。综上所述，因复议申请人宁某在执行异议、复议过程中均未提供依法应当恢复本案执行和追加变更为申请执行人的证据，故而，宁某向衡水中院执行机构申请变更申请执行人，其申请没有法律依据，应不予受理，已经受理的，应裁定驳回申请。另，关于宁某根据《最高人民法院关于对执行工作实行"一案双查"的规定》提出组成联合调查组开展相关检查工作的复议请求，不属执行异议复议案件审查范围，河北高院不予审查。

综上所述，宁某的复议请求理据不足，不予支持；衡水中院（2019）冀11执异110号执行裁定将宁某变更申请执行人的申请认定为执行申请，认定事实不当，但该裁定审查结果正确，应予维持。依照《最高人民法院关于人民法院办理执行异议和复议案件若干问题的规定》第二条第一款、第二十三条第一款第一项之规定，裁定如下：驳回宁某的复议申请，维持衡水院（2019）冀11执异110号执行裁定。

申诉人宁某不服河北高院（2020）冀执复243号执行裁定，向最高人民法院申请监督。请求：1.撤销（2020）冀执复243号、（2019）冀11执异110号执行裁定书；2.根据《最高人民法院关于对执行工作实行"一案双查"的规定》组成联合调查组开展相关检查工作；3.指令衡水中院重新进行审查。主要理由：2017年9月23日申请人与中国华融资产管理股份有限公司天津分公司签订债权转让协议，受让了中国工商银行河北省分行转让给华融公司的衡水地区156户债权。在《最高人民法院关于判决确定的金融不良债权多次转让人民法院能否裁定变更申请执行主体请示的答复》[（2009）执他字第1号]中，最高人民法院答复如下："湖北省高级人民法院：你院鄂高法（2009）21号请示收悉。经研究，答复如下：《最高人民法院关于人民法院执行若干问题的规定（试行）》，已经对申请执行人的资格以明确。其中第18条第一款规定'人民法院受理执行案件应当符合下列条件：……（2）申请执行人是生效法律文书确定的权利人或继承人、权利承受人。'该条中的'权利承受人'，包含通过债权转让的方式承受债权的人。依法从金融资产管理公司受让债权的受让人将债权再行转让给其他普通受让人的，执行法院可以依据上述规定，依债权转让协议以及受让人或者转让人的申请，裁定变更申请执行主体。《最高人民法院关于金融资产管理公司收购处置银行不良资产有关问题的补充通知》第三条，虽只就金融资产管理公司转让金融不良债权环节可以变更申请执行主体作了专门规定，但并未排除普通受让人再行转让给其他普通受让人时变更申请执行主体。此种情况下裁定变更申请执行主体，也符合该通知及其他相关文件中关于支持金融不良债权处置工作的司法政策，但对普通受让人不能适用诉讼费用减半收取和公告通知债务人等专门适用金融资产管理公司处置不良债权的特殊政策规定。"根据（2009）执他字第1号答复及《最高人民法院关于金融资产管理公司收购、处置银行不良资产有关问题的补充通知》第三条"金融资产管理公司转让、处置已经涉及诉讼、执行或者破产等程序的不良债权时，人民法院应当根据债权转让协议和转让人或者受让人的申请，裁定变更诉讼或者执行主体"的规定，金融不良债权变更申请执行主体是一件非常容易的事情，只要转让方或受让方提交债权转让协议、报纸公告及变更申请书，人民法院就应当裁定变更执行主体，而不需要其他条件。该规定是特殊政策规定，应当被优先适用。

最高人民法院经审查认为，本案争议的焦点问题是：对申诉人宁某提出的关于变更其为申请执行人并恢复案件执行的请求，应适用何种程序审查。

本案中宁某向执行法院提出关于变更其为申请执行人并恢复案件执行的异议请求，虽然以执行异议申请书的名义提出，但其实质请求是要求变更其为申请执行人并恢复案件执行。执行法院应当向当事人释明，并依法按照相关程序进行审查。

对于申诉人宁某向执行法院提出恢复案件的执行，涉及执行实施程序是否启动的问题，应通过执行实施程序审查处理。当事人对相关处理结果不服，可通过执行异议、复议程序救济。

而对于宁某向执行法院提出变更其为申请执行人的请求，根据《最高人民法院关于民事执行中变更、追加当事人若干问题的规定》第一条、第九条、第三十条的规定，执行过程中，申请执行人或其继承人、权利承受人可以向人民法院申请变更、追加当事人。申请符合法定条件的，人民法院应予支持。申请执行人将生效法律文书确定的债权依法转让给第三人，且书面认可第三人取得该债权，该第三人申请变更、追加其为申请执行人的，人民法院应予支持。被申请人、申请人或其他执行当事人对执行法院作出的变更、追加裁定或驳回申请裁定不服的，可以自裁定书送达之日起十日内向上一级人民法院申请复议，但依据该规定第三十二条的规定应当提起诉讼的除外。因此，对于申诉人宁某向执行法院提出变更其为申请执行人的请求，衡水中院和河北高院应按照上述程序进行处理。然而，衡水中院对于宁某向其提出关于变更其为申请执行人并恢复案件执行的请求，并未按照上述程序审查，河北高院亦未予纠正，因此，本案应发回衡水中院依法重新审查处理。

最高人民法院作出裁定，撤销河北省高级人民法院（2020）冀执复243号执行裁定；撤销衡水市中级人民法院（2019）冀11执异110号执行裁定；本案发回衡水中院重新审查。

【实践】最高人民法院（2019）最高法执监123号案件

申诉人郑州银行股份有限公司（原为郑州城市合作银行，后变更为郑州市商业银行，后又改制为郑州银行股份有限公司，以下分别简称为郑州合行、郑州商业银行、郑州银行）不服河南省高级人民法院（以下简称河南高院）作出的（2017）豫执复151号执行裁定，向最高人民法院申诉。

申诉人郑州银行与郑州万国印刷版材有限公司（以下简称万国版材公司）借款纠纷一案，河南省郑州市中级人民法院（以下简称郑州中院）于1999年4月23日作出（1998）郑法经初字第178号经济调解书，主要内容：万国版材公司欠原郑州合行政二街支行借款本金300万元及利息于1999年5月1日、6月1日、7月1日前每月各偿还借款本金100万元及利息（自1997年元月15日按月利率9.24‰计至1997年10月15日止，自1997年10月16日起按月利率12‰，计至还完各笔款之日止）。

郑州商业银行于1999年7月20日申请执行。在执行过程中，郑州中院于2006年4月20日作出（1999）郑法执字第1043号民事裁定，裁定本案执行程序终结执行，并向申请执行人发出债权凭证，凭证载明：截至2006年4月10日，被执行人万国版材公司尚欠申请执行人本金300万元及相应利息、法律费用。2016年6月22日，申请执行人郑州银行向郑州中院书面申请恢复执行，2016年9月1日该院立案执行。2016年9月28日申请执行人郑州银行书面申请追加第三人李某玲为本案被执行人，郑州中院于同年 11 月 18 日立案审查。

2016 年 11 月 21 日，郑州中院作出（2016）豫 01 执异 240 号执行裁定，追加第三人李某玲为本案的被执行人，李某玲应在接受的财产范围内对申请执行人清偿债务人民币 200 万元。李某玲不服，向河南高院申请复议。河南高院 2017 年 3 月 1 日作出（2016）豫执复 220 号执行裁定，以事实不清、证据不足为由裁定撤销郑州中院（2016）豫 01 执异 240 号执行裁定，发回重审。

郑州中院重审后认为，河南高院（2014）豫法民二终字第 257、第 280285 号民事判决认判令郑州银行返还给第三人李某玲 200 万元人民币。该判决认为："关于河南国集医疗设备有限公司（以下简称国集医疗公司）和李某玲要求从 15243.1665 万元展期贷款中减除虚增借款 4907.310695 万元的问题。郑州合行与万国版材公司、河南万国集团有限公司（以下简称万国集团）所签订的七份贷款合同系由 51 笔贷款汇总后展期而来。51 笔贷款中的第 27 笔贷款即 1995 年 12 月 24 日的 200 万元贷款，虽然郑州银行主张该笔贷款系万国集团借电脑公司的，河南省中心城市信用社（以下简称中心信用社）于 1995 年 12 月 31 日代万国集团还给了电脑公司，但双方办理转贷手续的借款人是万国集团，与万国版材公司无关，且万国版材公司的分户账亦无相关贷款记录，亦无相关传票。因此，郑州银行提交的证据不能证明该 200 万元贷款系万国版材公司贷款。原审法院据此认定 51 笔贷款共计 15243.1665 万元中仅存在 200 万元贷款不实并无不当。鉴于在本案原判决执行中已经以万国版材公司的土地、厂房等资产以物抵债，执行程序已经终结，故郑州银行应返还万国版材公司不实贷款。鉴于本案诉讼形成时间久远，万国集团、万国版材公司的股权结构历经变化且现已不复存在，判令郑州银行返还万国集团、万国版材公司已无实际意义。根据李某玲系国集医疗公司的股东，国集医疗公司系万国集团的股东，万国集团系万国版材公司的股东的层层投资关系，判令返还给国集医疗公司的股东为宜。虽然李某玲不是国集医疗公司的唯一股东，但截至目前，国集医疗公司无其他股东对此主张权利，因此，该 200 万元不实贷款可以返还李某玲……"由上述可见，李某玲接收国集医疗公司 200 万元财产，是因生效判决认定郑州银行应返还万国版材公司 200 万元不实贷款，而万国集团、万国版材公司的股权结构历经变化且现已不复存在，判令返还万国集团和万国版材公司无实际意义，判决李某玲作为国集医疗公司的股东身份取得该 200 万元。而非异议人郑州银行所称的李某玲作为上级单位无偿取得了万国版材公司的 200 万元债权。执行程序中追加被执行人，必须遵循法定主义原则。郑州银行请求追加李某玲为被执行人，无事实和法律依据。2017 年 6 月 21 日，郑州中院以（2017）豫 01 执异 210 号执行裁定，驳回异议人郑州银行要求追加第三人李某玲为本案的被执行人及李某玲应在接受的财产范围内对申请执行人清偿债务人民币 200 万元的请求。

郑州银行不服上述裁定，向河南高院申请复议。

河南高院认为，执行程序中追加被执行人，实质是直接通过执行程序确定由生效法律文书列明的被执行人以外的人承担实体责任，对各方当事人的实体和程序权利将产生极大影响。因此，追加被执行人必须遵循法定主义原则，即应当限于法律和司法解释明确规定的追加范围，不宜扩大理解。《最高人民法院关于民事执行中变更、追加当事人若干问题的规定》第二十二条仅规定了作为被执行人的股东、出资人或主管部门无偿接受其财产，致使该被执行人无遗留财产或遗留财产不足以清偿债务的情形下，可追加其为被执行人，并在接受的财产范围内承担责任。而本案中，李某玲是依据该院（2014）豫法民二终字第 257 号、280285 号民事判决获得 200 万元，而非作为上级单位无偿取得了万国版材公司的 200 万元债权，不属于上述司法解释规定的情形。郑州银行以李某玲所取得的财产系万国版材公司财产，申请追加李某玲为被执行主体无事实和法律依据。2017 年 12 月 30 日，河南高院作出（2017）豫执复 151 号执行裁定，驳回了郑州银行的复议申请，维持郑州中院（2017）豫 01 执字第 210 号执行裁定。

申诉人郑州银行不服河南高院上述复议裁定，向最高人民法院提出申诉，请求裁定追加李某玲为本案被执行人，并裁定李某玲在接受万国版材债权范围内承担责任。事实依据为：1. 被执行人万国版材公司登记状态为吊销，符合《最高人民法院关于民事执行中变更、追加当事人若干问题的规定》第二十二条规定的"被撤销"或"吊销营业执照"的法律情形；2. 李某玲作为万国版材公司上级单位，无偿接受了万国版材公司的债权，符合"被执行人上级主管部门或开办单位（或股东、出资人）无偿接受被执行人的财产"的法律情形。3. 河南高院的判决通过"层层投资关系"认定了李某玲系被执行人万国版材公司的上级主管部门或开办单位。如果李某玲不是万国版材公司的主管部门或开办单位，她就无权接收万国版材公司的资产，承继万国版材公司的 200 万元债权。河南高院仅因万国版材公司及其上级万国集团不存在，就将该债权判给李某玲，李某玲系无偿取得万国版材公司债权。目前万国版材公司无遗留或遗留财产不足以清偿债务。河南高院审判庭以"李某玲作为上级单位"判令其接受债务人万国版材公司的资产，执行庭却认为"李某玲不是上级单位"判令其不用在接受范围内承担债务，李某玲可以无偿享有被执行人的财产，而不用替被执行人承担责任，此后果违背公平原则。故李某玲应被追加为被执行人并在接受债权范围内承担责任。

最高人民法院认为，本案争议焦点为追加李某玲为本案被执行人是否于法有据。追加、变更当事人是指在执行程序中，追加或变更第三人为申请执行人或被执行人的一项制度。未经审判，在执行程序中直接确定由生效法律文书列明的被执行人以外的人承担实体责任，直接关乎多方主体的切身利益，对各方当事人的实体和程序权利将产生极大影响。因此，变更、追加当事人必须遵循法定主义，变更、追加当事人应当在法律和司法解释明确规定的范围进行。

《最高人民法院关于民事执行中变更、追加当事人若干问题的规定》第二十二条规定："作为被执行人的法人或其他组织，被注销或出现被吊销营业执照、被撤销、被责令关闭、歇业等解散事由后，其股东、出资人或主管部门无偿接受其财产，致使该被执行人无遗留财产或遗留财产不足以清偿债务，申请执行人申请变更、追加该股东、出资人或主管部门为被执行人，在接受的财产范围内承担责任的，人民法院应予支持。"而本案中，河南高院（2014）豫法民二终字第257号、280285号民事判决认为李某玲系国集医疗公司的股东、国集医疗公司系万国集团的股东、万国集团系万国版材公司的股东，因上述层层投资关系而判令将郑州银行应将万国版材公司不实贷款返还给国集医疗公司的股东李某玲，李某玲从而取得200万元。从判决内容看，无法得出李某玲系被执行人万国版材公司的上级主管单位或开办单位的结论。同时，郑州银行亦无其他证据证明李某玲系万国版材的上级单位、股东或出资人。

最高人民法院作出裁定驳回郑州银行的申诉请求。

2. 仲裁裁决中第三人的权利救济程序保障

商事仲裁是解决民事纠纷的重要方式之一。但是仲裁的程序保障相对较弱、监督救济途径较少，使得当事人承受了更多的风险。[①] 仲裁与审判执行有密切联系。根据法律规定，法院可以通过审查当事人申请撤销仲裁和当事人申请不予执行的方式对仲裁裁决的合法性及执行力进行审查。据统计，2015年至2017年三年来，各类仲裁裁决执行案件60余万件，2017年收案已近30万件；全国法院受理仲裁裁决审查案件6万多件，其中申请撤销仲裁裁决案件5万多件。[②]

在我国，虚假诉讼侵害第三人权利的情况较为多发，而仲裁因其不公开性和一裁终局性更容易成为当事人合谋侵害第三人权利的方式。司法实践存在当事人以恶意申请仲裁或虚假仲裁方式，损害第三人合法权益的现象。对虚假仲裁的裁决予以强制执行，必将损害案外人的合法权益和司法公信力。对于虚假诉讼，《民事诉讼法》规定了第三人撤销之诉制度，而与虚假诉讼相类似的虚假仲裁，案外人第三人却无法律规定的途径救济权利。如何保障第三人在虚假仲裁侵害权利时获得救济途径成为重要问题。对此，有观点认为应当扩张民事诉讼法第三人撤销之诉的适用范围，构建案外人

---

① 参见江伟、肖建国：《仲裁法》，中国人民大学出版社2012年版，第6页。
② 来源于人民法院相关数据统计，因执行案件历史数据统计口径不同等因素，相关数据仅供参考。

第三人撤销仲裁裁决之诉制度，以此保护仲裁裁决第三人的合法权利。①

司法实务界认为，仲裁裁决也存在虚假仲裁损害第三人权益的情况，因此要想实现对案外第三人的保护，可借鉴诉讼中的第三人撤销之诉制度。②最高人民法院于 2018 年 2 月出台了《最高人民法院关于人民法院办理仲裁裁决执行案件若干问题的规定》(以下简称《仲裁裁决执行规定》)，明确"……最终综合考虑民事诉讼法的立法意图、仲裁裁决执行案件的实际情况及保护案外人合法权益的需要，允许案外人向人民法院申请不予执行虚假仲裁裁决，为善意案外人提供维护其合法权益的法律途径"③。

然而，第三人申请不予执行仲裁裁决制度也受到了一些质疑。有观点认为该制度存在一定弊端：一是下位法与上位法的冲突。《仲裁裁决执行规定》属于司法解释，而《中华人民共和国仲裁法》(以下简称《仲裁法》)和《民事诉讼法》规定申请撤销和不予执行的主体只能是"当事人"，《仲裁裁决执行规定》创设的不予执行仲裁裁决的制度突破了现有法律规定，不应当由司法解释作出该规定，而只能在制度的基础上完善细节。二是《仲裁裁决执行规定》没有细化申请主体范围。首先，有权申请不予执行的案外人主体范围不明确；其次，对案外人申请不予执行的条件过于宽泛，缺乏可操作性。这给与仲裁案件无关的人滥用权利拖延执行打开了方便之门，造成仲裁执行效率下降。三是案外人可以通过诉讼保护自己合法权益。根据既判力理论，既判力具有相对性，即使存在生效的仲裁裁决，也不影响第三人另行起诉。四是第三人撤销之诉在实践中的适用效果并不理想，现阶段不具备将制度移植至仲裁领域的条件。《仲裁裁决执行规定》作出后，还应加强对既判力等相关理论的认识，跟进和完善配套制度，在实践中进一步对申请不予执行的主体身份甄别和相应条件予以明确。该制度能否有

---

① 参见刘东：《论仲裁裁决案外人利益的保护——以案外第三人撤销仲裁裁决之诉为中心的研究》，载《法治研究》2015 年第 2 期。

② 参见刘贵祥、何东宁、林莹：《〈最高人民法院关于人民法院办理仲裁裁决执行案件若干问题的规定〉的理解与适用》，载《人民司法》2018 年第 13 期。

③ 参见刘贵祥、何东宁、林莹：《〈最高人民法院关于人民法院办理仲裁裁决执行案件若干问题的规定〉的理解与适用》，载《人民司法》2018 年第 13 期。

效打击虚假仲裁，还留待时间的检验。

【实践】山东省高级人民法院（2019）鲁执复464号案件

复议申请人厦门市汇川贸易有限公司（以下简称汇川公司）不服日照市中级人民法院（以下简称日照中院）(2019）鲁11执异44号执行裁定，向山东高院申请复议。

日照中院在执行申请执行人汇川公司与被执行人日照骏豪置业有限公司（以下简称骏豪公司）借款合同纠纷一案中，异议人代某某向日照中院提出书面异议，请求不予执行日照仲裁委员会（2018）日仲字第709号调解书。日照中院于2019年4月18日作出（2019）鲁11执异8号执行裁定，不予执行（2018）日仲字第709号调解书。汇川公司不服，向山东高院申请复议。山东高院于2019年8月19日作出（2019）鲁执复252号执行裁定，撤销日照中院（2019）鲁11执异8号执行裁定，发回日照中院重新审查。

案外人代某某称，骏豪公司并未向汇川公司进行借款，骏豪公司未收到汇川公司的任何款项。骏豪公司由代某某和吴某贤共同出资设立，公司流动资金由吴某贤作为法定代表人的厦门金城湾房地产开发有限公司（以下简称金城湾公司）注入，涉案款项并非借款。汇川公司申请执行骏豪公司财产，严重侵害了代某某作为骏豪公司股东的合法权益。代某某在重新复查时称，日照仲裁委员会（2018）日仲字第709号调解书虚构了当事人之间的债务关系，侵害了代某某作为骏豪公司股东的民事权益。根据《最高人民法院关于人民法院办理仲裁执行案件若干问题的规定》，请求不予执行日照仲裁委员会（2018）日仲字第709号调解书。

汇川公司称，汇川公司与骏豪公司的借款有借款协议、收条、确认书、承诺书、和解协议以及银行汇款记录等证据证实，相关款项按照借款人要求，先行汇入了担保人金城湾公司账户，汇川公司已履行了借款协议约定的出借义务，应依法驳回代某某的异议请求。

骏豪公司称，确实向汇川公司借款，汇川公司已按借款协议履行出借义务，骏豪公司到期未偿还借款，应依法驳回代某某的异议申请。

（2019）鲁11执异8号一案中，日照中院查明，申请执行人汇川公司与被执行人骏豪公司借款合同纠纷一案，日照仲裁委员会于2018年11月8日作出（2018）日仲字第709号调解书，已经发生法律效力，骏豪公司未及时按要求履行义务。汇川公司于2018年11月22日向日照中院申请执行，该院于同日立案执行，案号为（2018）鲁11执411号。

日照中院另查明，2010年7月30日，汇川公司（甲方，资金出借单位）、骏豪公司（乙方，资金借入单位）、金城湾公司（丙方，担保单位）三方签订《借款协议书》，骏豪公司计划共计向汇川公司借款人民币5000万元，分二期进行借贷，第一期需向甲方借款人民币3000万元，用于乙方在日照开发房产；第二期如需要再向甲方借款人民币2000万元，届时以实际需求为准。双方约定借款期限为3年，自2010年7月30日至2013年7月30日止，借款资金占用费用按照每月壹分（1%）计算，并对借款的支付、违约责任、还款时间和方式以及保证责任等事项作了约定。徐某娣、吴某贤分别在法定代表人处签字捺印，三家公司均未盖章。2010年7月30日，汇川公司通过福建省农村信用社（农合行）向金城湾公司汇款3000万元。同日，吴某贤以骏豪公司法定代表人的名义出具了收到3000万元借款的收条。2010年11月8日，金城湾公司从其在东亚银行（中国）有限公司厦门分行的账户向其在日照银行石臼支行的账户转账3000万元，附加信息及用途记载为"往来"。2010年11月10日，金城湾公司通过其日照银行账户向吴某贤日照银行37×××58的账户转账3000万元。同日，吴某贤向代某某日照银行账户转账1200万元。同日，吴某贤、代某某分别通过日照银行的个人账户向骏豪公司日照银行的账户转账1800万元、1200万元。

2011年12月22日，汇川公司（甲方，贷款方）、骏豪公司（乙方，借款方）、金城湾公司（丙方，担保方）三方再次签订《借款协议书》，骏豪公司向汇川公司再次借款人民币1200万元。由于第一期骏豪公司已向汇川公司借款本金人民币3000万元，至本次再次借贷时已经发生的资金占用费为人民币510万元，汇川公司同意第一期的本金和利息合计人民币3510

万元连同本次借款的 1200 万元，共计人民币 4710 万元作为本协议借贷金额。借款期限为 2 年，自 2011 年 12 月 23 日至 2013 年 12 月 23 日止，借款利息按照每月壹分五厘（1.5%）计算，并对借款的支付、违约责任、还款时间和方式以及保证责任等事项作了约定。协议还约定，若出现纠纷，本着友好协商的态度解决，协商不成，一致同意由日照仲裁委员会进行裁决，该裁决是终局裁决，对双方均有约束力。徐某娣、吴某贤分别作为法定代表人签字捺印，三家公司均未盖章。2011 年 12 月 22 日，汇川公司通过其厦门中国工商银行账户向金城湾公司东亚银行（中国）有限公司厦门分行转账 300 万元，用途为"往来"。2011 年 12 月 23 日，汇川公司又以相同方式分两次向金城湾公司转账 500 万元、400 万元，用途均为"往来"。同日，吴某贤以骏豪公司法定代表人身份出具收到 1200 万元借款的收条。2011 年 12 月 26 日，金城湾公司通过其东亚银行（中国）有限公司厦门分行的账户向骏豪公司日照银行石臼支行的账户转账 1200 万元，附加信息及用途为"往来"。2011 年 12 月 23 日、2014 年 10 月 22 日、2016 年 5 月 18 日、2018 年 2 月 14 日，吴某贤又分别出具了确认书、承诺书等，对借款事实及还款等事项进行了说明。

日照中院还查明，2010 年 7 月 23 日，日照市鑫盛房地产开发有限公司（以下简称鑫盛公司）与金城湾公司签订《合作协议书》，约定合作开发建设位于日照市海滨 ×× 西侧、×× 路 ××、×× 路南侧商品住宅楼项目，为便于项目开发，双方同意成立一家独立的项目开发公司，鑫盛公司出资比例为 40%，金城湾公司出资比例为 60%。代某某与吴某贤分别在法人处签字，两公司分别盖章。此时，尚未确定公司名称。2010 年 11 月 8 日，骏豪公司（尚未注册）召开首次股东会议，决议由代某某、吴某贤作为股东共同出资 3000 万元成立骏豪公司，代某某出资 1200 万元、占比 40%，吴某贤出资 1800 万元、占比 60%；由代某某担任骏豪公司执行董事兼法定代表人，吴某贤担任监事。2010 年 11 月 9 日，鑫盛公司与金城湾公司签订《补充协议》，作为《合作协议书》的补充，约定骏豪公司注册资本 3000 万元由金城湾公司先行垫付，双方出资占比不变。2010 年 11 月 17 日，骏豪公司注册成立，注册资本 3000 万元，法定代表人为吴某贤。

日照中院（2019）鲁 11 执异 8 号执行裁定认为，双方争议的焦点是汇川公司与骏豪公司之间是否存在借款事实。双方提交的证据显示，虽然汇川公司与骏豪公司签订了两份借款协议，但均只有法定代表人的签字、捺印，均没有三公司的盖章。第一笔 3000 万元借款时，骏豪公司尚未成立，代某某及吴某贤均认可双方未就拟成立公司的名称达成一致，也没有确定由吴某贤担任公司法定代表人。在骏豪公司成立之前的首次股东会议决议及鑫盛公司和金城湾公司合作的《补充协议》均载明由代某某担任骏豪公司的法定代表人。代某某、吴某贤均自认第一笔 3000 万元款项用于骏豪公司成立的注册资本，这也与该资金的银行转账记录相符。《中华人民共和国公司法》第二十八条对股东的出资义务作出了明确规定，作为公司的股东，依法足额缴纳出资额是其义务，不应将该义务转嫁为公司债务。另外，从双方提交的银行转账记录看，资金用途大多标记为"往来"，在没有提供其他证据予以证实的情况下，不能完全排除汇川公司与金城湾公司、金城湾公司与骏豪公司等相互之间存在业务往来的可能。综上，在现有证据存在瑕疵、缺乏进一步证据予以证实的情况下，无法确认汇川公司与骏豪公司之间存在涉案款项的借贷关系。因此，代某某关于不予执行（2018）日仲字第 709 号调解书的异议理由成立，日照中院予以支持。综上所述，代某某的异议理由成立，其请求应予支持。依照《中华人民共和国民事诉讼法》第一百五十四条第一款第十一项，《最高人民法院关于人民法院办理仲裁裁决执行案件若干问题的规定》第九条、第十一条第二款、第十八条第四项、第二十二条第三款规定，日照中院作出（2019）鲁 11 执异 8 号执行裁定，不予执行（2018）日仲字第 709 号调解书。

日照中院重新复查中，案外人代某某在复查听证后提交了汇川公司的"企业信用信息公示报告"一份，其载明该公司股东为李某平（50 万元）、吴某贤（60 万元）、徐某娣（500 万元）。徐某娣为董事长，吴某贤和李某平为董事。

日照中院经重新审查查明，关于鑫盛公司与金城湾公司合作开发房地产相关事实的证据，当事人在原审时就已经提交，但原裁定书中认定列明的事实不全面。第一，鑫盛公司在与金城湾公司签订《合作协议书》之前，鑫盛公司的法定代表人代某某与金城湾公司的法定代表人吴某贤于2011年5月11日签订了《会议纪要》一份，内容主要是双方公司下阶段工作指导方针和安排工作，如办理土地证及办理规划用地手续等，说明双方有合作开发房地产的意思表示。第二，日照中院原执行裁定查明鑫盛公司与金城湾公司签订《合作协议书》的内容仅概括了该协议第一条、第二条的内容。2013年7月23日协议的其他内容为：（三）经双方研究，甲乙双方一致同意在该项目的开发成本中，土地价格以楼面地价在1000元/平方米左右为宜，即每亩土地的拍卖取得价不应超过148万元/亩。据此，双方共参与该地块的招拍挂，若招拍挂价格低于148万元/亩，甲乙双方同意其差价部分为甲方所有，并据此抵扣甲方在项目公司中的实际出资额。甲方同意承担差价部分金额的抵扣款的税票成本的开支。若招拍挂价格高于148万元/亩，双方可以放弃。（四）乙方承诺本协议签订后，即迟不超过2010年8月10日前出资人民币500万元作为项目公司的全部注册资本，并承诺最迟不超过2010年9月10日前再注入项目公司人民币2500万元作为参加该地块招拍挂的竞拍保证金。若竞拍无果，上述3000万元资金自动归属乙方，甲方不持任何异议。（五）甲方承诺负责理顺周边及当地有关部门的协调工作，保证项目开发的顺利实施。（六）甲乙双方同意，若有其他事项，可根据本协议精神，再制定有关条款。（七）本协议一式四份，甲乙双方各执两份。第三，《补充协议》中原审没有认定的内容为：二、该公司出资比例代某某占40%；吴某贤占60%，法定代表人暂由代某某担任，待取得约定的土地并办妥项目开工各项手续后变更为吴某贤。（三）由乙方垫付的3000万元注册资本作为该公司参加《合作协议书》约定的土地招拍挂保证金，同时作为吴某贤对该公司的第一期投入。该项资金不能转出该公司挪作他用。（四）代某某、吴某贤对该公司购地费用的实际投入应按约定地块招拍挂实际成交价的40%和60%分别承担。代某某的实际投入包括《合作协议书》第三条约定的土地价差。（五）取得该约定的土地时间应在2011年元旦前后完成。（六）关于代某某在该公司股份转让等事宜，由吴某贤和代某某双方进一步协商，另行签订协议。（七）本补充协议与《合作协议书》具有同等法律效力。（八）本协议一式二份，甲乙双方各执一份。当事人对于上述协议没有异议，日照中院对上述事实予以认定。案件其他事实与本案原审查明的事实一致。

日照中院认为，本案双方争议的焦点有两个：一是代某某作为骏豪公司的股东，是否系本案权利或者利益主体；二是汇川公司与骏豪公司之间是否存在真实借款关系，仲裁调解书结果是否正确。

（一）代某某是否系本案的权利或者利益主体。根据《最高人民法院关于人民法院办理仲裁裁决执行案件若干问题的规定》第十八条的规定，案外人申请不予执行需要符合的条件，其一是该案外人必须是权利或者利益主体。山东高院认为，骏豪公司在其登记审批前收到股东代某某与吴某贤从其个人账户分别转入的注册资金1200万元和1800万元，是认定为股东对该公司的注册资本金还是公司对外借款，对两个股东而言具有重大不同的利益。代某某作为该公司两个股东之一，公司的债务多少及分红多少，对其利益悠关，其对公司负债或者分红，应当具有利益或权利。故其应是本案的利益或权利主体。

（二）汇川公司与骏豪公司之间是否存在真实借款关系，仲裁调解书结果是否正确。

首先，汇川公司提供2010年7月30日及2011年12月22日的借款协议、承诺书等证据，只有吴某贤和徐某娣的签名，骏豪公司成立前的借款协议没有代某某签名，骏豪公司成立后的协议也没有骏豪公司盖章或者代某某签名。没有证据证明代某某知晓此借款。而且，借款协议签名的两个人有利害关系。从汇川公司的公司登记情况看，吴某贤是该公司董事，徐某娣是公司董事长。吴某贤同时担任金城湾公司、骏豪公司的法定代表人和汇川公司董事，与汇川公司、金城湾公司及骏豪公司均有利害关系，其代表骏豪公司签订的借款协议在没有其他证据佐证情况下，其真实性难以认定。

其次，从汇川公司主张的"借款人"骏豪公司角度看，该3000万元系公司的注册资金，其来源是从代某某银行账号汇入1200万元，从吴某贤银行账户汇入1800万元。这两人款项的来源均是吴某贤的银行账户。吴某贤款项的来源是金城湾公司，而金城湾公司的上家才是汇川公司。骏豪公司收到另外的1200万元，也是从金城湾公司汇入的。骏豪公司在本次复查中提供的工商登记收款凭证、记账凭证说明是收到投资款、实收资本3000万元。审计报告"与关联方洽谈应付款明细"明细科目借方发生额1200万元，说明其来源是金城湾公司，也没有记载汇川公司情况。

最后，鑫盛公司与金城湾公司签订的《合作协议书》《补充协议》约定：日照骏豪公司3000万元注册资金由金城湾公司先行垫付。同时，该资金也作为项目土地招拍挂的保证金和吴某贤对该公司的第一期投入。对于该《合作协议书》和《补充协议》，鑫盛公司和金城湾公司均加盖了公司公章，代某某和吴某贤均有签名，可以认定这两个协议均真实合法有效，即该3000万元应当是金城湾公司垫付的注册资金或保证金。

综上所述，汇川公司提供吴某贤签名的借款协议、收条等证据与本案《合作协议书》《补充协议》相比，其证明力较差，且自相矛盾，现有证据不足以证实汇川公司与骏豪公司之间形成了真实的借款关系，仲裁调解书损害了申请人代某某的合法权益，依法应予裁定不予执行。代某某的异议理由成立，其请求予以支持。依照《中华人民共和国民事诉讼》第一百五十四条第一款第十一项，《最高人民法院关于人民法院办理仲裁裁决执行案件若干问题的规定》第九条、第十一条第二款、第十八条第四项、第二十二条第三款规定，日照中院于2019年11月4日作出（2019）鲁11执异44号执行裁定，不予执行（2018）日仲字第709号调解书。

汇川公司向山东高院申请复议，请求撤销日照中院（2019）鲁11执异44号执行裁定，对日照仲裁委员会（2018）日仲字第709号调解书继续执行。

山东高院认为，《最高人民法院关于人民法院办理仲裁裁决执行案件若干问题的规定》第九条规定："案外人向人民法院申请不予执行仲裁裁决或者仲裁调解书的，应当提交申请书以及证明其请求成立的证据材料，并符合下列条件：（一）有证据证明仲裁案件当事人恶意申请仲裁或者虚假仲裁，损害其合法权益；（二）案外人主张的合法权益所涉及的执行标的尚未执行终结；（三）自知道或者应当知道人民法院对该标的采取执行措施之日起三十日内提出。"第十八条规定："案外人根据本规定第九条申请不予执行仲裁裁决或者仲裁调解书，符合下列条件的，人民法院应当支持：（一）案外人系权利或者利益的主体；（二）案外人主张的权利或者利益合法、真实；（三）仲裁案件当事人之间存在虚构法律关系，捏造案件事实的情形；（四）仲裁裁决主文或者仲裁调解书处理当事人民事权利义务的结果部分或者全部错误，损害案外人合法权益。"本案系案外人申请不予执行仲裁裁决纠纷，应当依照上述规定予以审查。

针对复议申请人提出的复议理由，本案的焦点问题是：一、代某某是否系本案权利或者利益的主体；二、复议申请人汇川公司与骏豪公司之间是否形成了真实的借款关系，是否损害了案外人代某某的合法权益。

一、关于代某某是否系本案权利或者利益的主体问题。本案中，代某某作为骏豪公司的两个股东之一，骏豪公司所负债务直接影响到其利益或者权利。故案外人代某某可作为本案权利或者利益的主体，申请不予执行日照仲裁委员会（2018）日仲字第709号调解书。

二、关于复议申请人汇川公司与骏豪公司之间是否形成了真实的借款关系，是否损害了案外人代某某的合法权益问题。第一，本案中，从查明的事实看，吴某贤既是汇川公司的董事，也是骏豪公司和金城湾公司的法定代表人，吴某贤与汇川公司、骏豪公司和金城湾公司均有利害关系。骏豪公司于2010年11月17日注册成立，注册资金3000万元。出借人汇川公司与借款人骏豪公司及担保人金城湾公司于2010年7月30日签订的《借款协议书》，只有吴某贤和汇川公司总经理徐某娣的签名。此时，骏豪公司并未成立，且吴某贤亦并非当时骏豪公司的法定代表人（2010年11月8日骏豪公司成立前的股东会议决议由代某某担任法定代表人）。同时，案涉3000万元资金系分别由吴某贤、代某某个人账户转入骏豪公司。因此，现有证据不足以认定该笔3000万元资金系由汇川公司与骏豪公司之间的借款关系而产生。第二，出借人汇川公司与借款人骏豪公司及担保人金城湾公司于2011年12月22日签订的《借款协议书》，亦只有吴某贤和汇川公司总经理徐某娣的签名。从资金流向看，案涉1200万元系由金城湾公司银行账户转入骏豪公司银行账户，现有证据亦不足以认定该笔1200万元系由汇川公司与骏豪公司之间的借款关系而产生。综上，现有证据不足以证实汇川公司与骏豪公司之间形成了真实的借款关系，日照仲裁委员会（2018）日仲字第709号调解书的处理结果损害了案外人代某某的合法权益。

综上，汇川公司的复议理由不能成立，山东高院作出裁定：驳回汇川公司的复议申请，维持日照市中级人民法院（2019）鲁11执异44号执行裁定。

3.公证债权文书中第三人的权利救济程序保障

2018年9月30日，最高人民法院发布了《最高人民法院关于公证债权文书执行若干问题的规定》（以下简称《公证债权文书执行规定》），该规定第24条明确，公证债权文书载明的民事权利义务关系与事实不符的，或者经公证的债权文书具有法律规定的无效、可撤销等情形的，利害关系人可以就公证债权文书涉及的民事权利义务争议直接向法院提起诉讼。利害关系人提起诉讼，不影响人民法院对公证债权文书的执行。

（五）理论和实践困境

1.第三人撤销之诉设立的争议

对于第三人撤销之诉设立的必要性，有观点认为，可以在改造现有制度的基础上实现，并不需要再设立一项新制度，增添一种新的诉讼类型，现有的案外人异议之诉以及案外人申请再审制度，如果可以在适用条件上细化，建立多层级的第三人救济制度，既能满足现实需要，亦不会造成多项制度重叠适用中的混乱。虽然《审监程序解释》在一定条件下对案外第三人开放了再审救济，但从本质上讲，第三人撤销之诉依然归属于特殊救济途径，应属于再审的范畴，第三人撤销之诉实质上就是再审主体范围对第三人的开放。

如前文所述，在既判力主观范围扩张的情形下，才会发生对第三人的约束力。即使他人通过判决错误地确认了案外第三人的财产属于他人，也并不妨碍第三人通过另外的诉讼维护权益。只有在该案外第三人受其他案件判决约束时，即发生既判力效力对第三人的扩张时，才可能导致无法通过诉讼维护合法权益。但这样一来，第三人撤销之诉的功效就将大大减小，将被限于他人之间判决效力发生扩张的情形。①

2. 第三人撤销之诉与执行程序外案外人申请再审程序的协调问题

《民事诉讼法》第 234 条规定，案外人提出异议后，如果发现原生效法律文书本身有误，应按案外人申请再审的程序救济权利。这种情况下如果案外人是《民事诉讼法》第 59 条第 3 款规定的适格第三人，是否也可另行提起第三人撤销之诉在实践中存在争议。

按照目前我国《民事诉讼法》及相关司法解释的规定，案外人申请再审包括案外人执行中的申请再审制度和执行程序外的案外人申请再审制度。《民事诉讼法解释》第 301 条明确了第三人撤销之诉和《民事诉讼法》第 234 条执行程序中的案外人申请再审程序的关系，但未明确规定第三人撤销之诉和执行程序外的案外人申请再审的关系。

五、第三人权利救济程序的体系困境及解决原则

综览第三人权利救济程序体系的发展演进过程，我们不难发现第三人权利救济程序在各个发展时期都有这样或者那样的理论实践问题。这些问题，有的已经在后续的发展中得到部分解决，而有的延续到了现在，仍然困扰理论和实践。

---

① 参见张卫平：《中国第三人撤销之诉的制度构成与适用》，载《中外法学》2013 年第 1 期。

（一）第三人权利救济程序的体系困境

总结起来，我国第三人权利救济程序存在救济缺位或过剩、救济方式不当、救济程序粗疏、救济对象模糊、救济标准混乱、救济路径混同或者错位等问题。[①] 跳出各个阶段具体问题的泥潭，我们认为就整个第三人权利救济程序体系而言，存在以下几个明显特征和突出问题。

1. 第三人权利救济程序体系不断膨胀扩大

从 1982 年《民事诉讼法（试行）》颁布到 2018 年《公证债权文书执行规定》的施行，第三人权利救济程序体系由第三人参加诉讼和执行程序中的案外人异议两种发展到了十种救济类型。第三人权利救济程序体系呈现出不断扩张的趋势。一方面，这一趋势对实现"公正"有着推动作用，有利于保障第三人权利；另一方面，这一趋势对维持相关裁判的安定性，维护法律秩序的稳定性以及保障程序效率提出了挑战。第三人权利救济程序体系扩张边界在哪里，如何平衡体系扩张与秩序稳定的关系，成为亟须解决的问题。

2. 第三人权利救济程序的具体制度之间协调性问题突出

第三人权利救济程序缺乏清晰的发展思路，特别是第三人撤销之诉的设立没有响应理论和实务界呼声，缺乏对第三人撤销之诉在整个第三人权利救济程序中的总体把握和清晰定位。将第三人撤销之诉规定在《民事诉讼法》第 59 条中，导致第三人撤销之诉与案外人申请再审、第三人另诉之间的紧张关系。尽管后续通过解释论能够弥补立法上的部分缺失，但是这种不成体系的程序设置还是造成了体系上的伤害，不利于当事人寻求合理快捷的救济途径。

在保全程序中引入《民事诉讼法》第 234 条案外人异议之诉程序，未充分考虑保全程序的快捷性和暂时性。案外人异议之诉程序提前导致出现

[①] 这些问题是潘剑锋教授对民事程序权利救济机制总结出的问题。我们认为这些问题也同样体现在第三人权利救济程序中。参见潘剑锋：《论建构民事程序权利救济机制的基本原则》，载《中国法学》2015 年第 2 期。

保全措施被撤销后已经启动的案外人异议之诉程序应当如何处理的尴尬问题。到期债权执行异议程序与《民事诉讼法》第234条案外人异议程序的选择问题，成为困扰实践的突出问题。

（二）第三人权利救济程序的体系困境成因

1. 文化成因

法律的发展是社会发展的产物，制度必然随着社会的演进而不断进化。第三人权利救济程序带有鲜明的中国特色，这离不开文化基因的影响。要探寻第三人权利救济程序演进问题的原因，就不得不从文化上入手。只有剖析文化成因，才能从根本上理解和把握第三人权利救济程序的问题，找出症结提出对策。正如钱穆所言："无论中国乃至世界问题，都使我们要着眼到文化问题上去。一切问题，由文化问题产生。一切问题，由文化问题解决。"[①]

我国《民事诉讼法》自1982年开始便带有鲜明的社会主义特色。《民事诉讼法》是根据实事求是原则，从中国国情出发具有中国特色的社会主义基本法。[②]其特色集中表现在：首先，以查明客观真实为基本理念。"以事实为依据，以法律为准绳"，是《民事诉讼法》制定时的基本方针。《民事诉讼法》的首要任务就是保证法院查明事实，分清是非。追求客观真实是我国《民事诉讼法》的突出特点，与域外民事诉讼法追求法律真实、形式真实，由法官良知和自由心证来认定案情是根本不同的。[③]这主要是因为我国法律思想深受苏联影响，而以苏联为代表的社会主义国家民事诉讼制度的显著特点就是追求客观真实。[④]追求客观真实理念折射到第三人权利

---

①　钱穆：《文化学大义》，九州出版社2012年版，第2页。

②　参见杨荣新：《试谈民事诉讼法的中国特色》，载《政法论坛（中国政法大学学报）》1983年第4期。

③　参见杨荣新：《试谈民事诉讼法的中国特色》，载《政法论坛（中国政法大学学报）》1983年第4期；柴发邦：《我国民事诉讼法（试行）的独特风格》，载《人民司法》1982年第5期；江流：《民诉法的立法原则与国情》，载《法学》1982年第5期。

④　参见李浩：《论民事再审程序启动的诉权化改造——兼析〈关于修改《民事诉讼法》的决定〉第49条》，载《法律科学》2012年第6期。

救济程序中，便是案外人申请再审制度和第三人撤销之诉的确立。而在第三人参加诉讼的具体实践中，为了查明案件事实，法院通常将不属于第三人的民事主体引入诉讼程序之中，经常出现将证人、另案合同债务人错误列为无独立请求权第三人。其次，便利人民诉讼，便利法院审判。便利诉讼是我国民事诉讼法的重要特点和基本精神，贯穿于民事诉讼法的全部过程。① 这一思想实际上与"纠纷一次性解决"的思想有着高度的契合。在司法实践中，经常有法院以纠纷一揽子解决的思路，将民事主体列为第三人。当然，这并不是说这一做法存在错误，而是说明无论是立法者还是司法实践者有将其他民事主体列为第三人的动力，为之后的诸多制度奠定了思想上的基础。最后，国家干预的原则。这是我国民事诉讼法的特有原则。② 在第三人权利救济程序中，法院可以依职权通知第三人参加诉讼便是这一原则的生动体现。中华人民共和国成立后，受苏联的影响，以国家本位和权力本位的立法思想处于主导地位，我国 1982 年《民事诉讼法（试行）》和 1991 年《民事诉讼法》或多或少留有国家本位和权力本位的烙印。③ 当然，随着时代发展，《民事诉讼法》历次修改中逐渐减少了国家本位、权力本位的色彩，彰显以人为本、权利本位的理念。其中，利害关系人有权对执行行为提出异议及案外人异议程序便体现出了保障民事主体权利的显著特点。

　　第三人权利救济程序中部分程序都是事后救济程序。第三人权利救济程序的不断扩张与民众的传统法律理念和文化有着密切关系。一是有错必纠的观念深入人心。凡是有错误的裁判都要进行纠正。民众普遍接受的是将生效的裁判予以撤销或者变更方为实现纠错。再审制度是经长期实践并为立法和社会普遍接受的救济方式。二是这些事后的第三人权利救济程序深受我国对错误判决的传统认识影响。我国长期的诉讼实践和理论对生效

---

① 参见杨荣新：《试谈民事诉讼法的中国特色》，载《政法论坛（中国政法大学学报）》1983 年第 4 期。

② 参见杨荣新：《试谈民事诉讼法的中国特色》，载《政法论坛（中国政法大学学报）》1983 年第 4 期。

③ 参见廖永安、邓和军：《〈民事诉讼法〉修改决定评析——兼论我国〈民事诉讼法〉的修改》，载《现代法学》2009 年第 1 期。

裁判效力的认识，不承认裁判的相对性效力，生效裁判的效力可及于当事人之外的第三人。因此，实践中出现两个冲突的裁判是被严格禁止的。一旦出现两个冲突的裁判，往往通过启动再审程序撤销其中一个裁判，或者二者合并作出新的再审裁判。[①]因此，对未参加诉讼的案外人救济也深受这种法律心理和文化的影响。

再以第三人参加诉讼制度的司法理念为例，其经历了一个转变的过程。1991年《民事诉讼法》刚刚实施时，理论和实务界对第三人参加诉讼制度把握不准，司法实践中出现问题较多的是在案件中将本不属于第三人的主体追加进来，令其承担民事责任。因此，最高人民法院在相关司法解释及规范性文件中多次强调应严格限定追加第三人的范围。2012年《民事诉讼法》确立第三人撤销之诉制度后，实务界对第三人参加诉讼的态度发生转变，在诉讼中包括一审和二审都尽可能地将符合法律规定条件的第三人追加进行诉讼。即使是有独立请求权的第三人，一旦发现也告知其依法参加诉讼，以避免第三人在生效裁判作出后提起第三人撤销之诉，从而维护生效裁判的安定性，提高诉讼效率，及时化解社会纠纷。

2. 实践成因

自20世纪80年代以来，我国的民事诉讼法立法不断改革，取得了较大成就。但是《民事诉讼法》的修改呈现出明显中国改革过程中常见的问题，即程序制度的设立各自分离，各自针对特定的问题，与整体制度设计关联性不强，呈现出碎片式立法的特点。

理论与实践的分离加剧了这一问题。法律制度的发展与法学研究休戚相关。以第三人权利救济程序为例，在80年代理论界所关注的第三人参加诉讼制度问题的研究基本上都得到了实务界特别是最高人民法院的回应。最高人民法院通过司法解释的形式对理论研究提出和关注的问题加以明确。进入21世纪，诸如第三人撤销之诉等制度也是在理论界的关注下获得立法支持。司法实践中遇到问题，往往又能通过理论研究获得一定支持。然而，

---

① 参见吴兆祥、沈莉：《民事诉讼法修改后的第三人撤销之诉与诉讼代理制度》，载《人民司法》2012年第23期。

随着司法实践的不断发展，出现了法学理论研究的空洞化以及司法实践无法获得理论研究支撑的窘迫现象。一方面，相关理论研究的方法出现问题，相关研究不愿意关注实务案例及实践问题；另一方面，实务界无法从理论研究中获得养料，不能解决实践问题，导致理论研究与实践脱节、互动性下降的问题。

（1）法学研究方法的贫困化。长期以来，我国法学研究的重心在于对现行法律的批判和对未来法律的构建。究其根源，在于我国法律存在漏洞，相关制度空白。在这个发展阶段，进行大规模的法律移植和整体构建成为法律界的主要意识和使命。由于立法人才的短缺，法学家直接或者间接地成为构建法律体系和制度的主体。而法学家多数又兼具教师的身份，将这种立法论意识传授给了法学生，进而成为整个法律人的群体意识和思维习惯。^① 在这种思维和意识之下，不是对既有法律进行解释加以完善补充和发展，而是弃之不理或者等待出台另一部同样具有缺陷的立法的打包更换。第三人权利救济程序体系部分地呈现出立法论上解决的特征。

我国社会主义法律体系已经基本建成。^② 法律制度的背景和基础已经发生根本变化。在此情况下，法学研究的任务和方法也应随之转型，研究方法由立法论向解释论转换，为现行法运行状况持续跟踪和解释符合我国立法目的和法律基本原理，为现行法律的发展提供适应社会需求和时代发展的解释方法和理论依据。^③

就第三人权利救济程序的发展过程而言，立法论的意识为其提供了制度发展的契机，但研究方法和视角应当集中到解释论上，这是法律实践发展的需要。但是，强调以解释论的角度解决问题并非完全放弃立法论上解决部分问题的方法。毕竟在第三人权利救济的完善过程中，既需要解释论

---

① 参见傅郁林：《法学研究方法由立法论向解释论的转型》，载《中外法学》2013年第1期。

② 参见吴邦国：《全国人民代表大会常务委员会工作报告——2013年3月8日在第十二届全国人民代表大会第一次会议上》，载《中华人民共和国全国人民代表大会常务委员会公报》2013年第2号。

③ 参见傅郁林：《法学研究方法由立法论向解释论的转型》，载《中外法学》2013年第1期。

发挥重要作用，也不能忽视立法论的补充功能。诚如 2013 年《全国人民代表大会常务委员会工作报告》所指出的那样，"中国特色社会主义法律体系形成后，……把更多的精力放到法律的修改完善上，放到推动法律配套法规的制定修改上。"①

（2）立法、实务、理论互动乏力。理论与实践互动不够。从 1982 年《民事诉讼法（试行）》施行后到 1991 年，立法、实务、法学研究三者间的互动仍显得低调微弱。1991 年《民事诉讼法》制定时，虽然立法者已经在一定程度上关注了当时的实务动向，吸收了部分理论研究成果。但第三人权利救济程序没有明显发展，一直是作为实务界代表的最高人民法院通过与理论界的互动以司法解释的形式弥补立法上的不足。总体来看，实务和理论研究的互动仍保持了大体一致的方向，但在民事诉讼制度发展的若干基本方面还是出现了明显的意见分歧。民事程序法学研究长足发展，出现了繁荣景象，但背后也存在研究内容重复、难以深入、后继乏力等问题。②

在实践中，一方面，理论研究的实证研究还比较弱。虽然民事诉讼法理论研究逐渐注重实证研究并已经取得一定成效，但总体而言相对较少。实证研究的匮乏也在相当程度上影响了理论观点的说服力。③另一方面，立法及司法界总是以解决现实问题而对理论研究呈现出一种否定的态度。以第三人撤销之诉的设立为例，最高人民法院作为司法实务界的代表在《民事诉讼法》修改前从体系性的角度的设想是：对未能参加诉讼的案外第三人的保护，一是对本诉生效裁判确定的特定执行标的物享有权利的当事人依照《民事诉讼法》第 234 条规定提出异议后启动再审程序，二是遗漏的必要共同诉讼当事人可以根据《民事诉讼法》第 207 条的规定申请再审。

① 参见吴邦国：《全国人民代表大会常务委员会工作报告——2013 年 3 月 8 日在第十二届全国人民代表大会第一次会议上》，载《中华人民共和国全国人民代表大会常务委员会公报》2013 年第 2 号。

② 参见王亚新：《民事诉讼法二十年》，载《当代法学》2011 年第 1 期。

③ 参见李浩：《中国民事诉讼法学研究四十年——以"三大刊"论文为对象的分析》，载《法学》2018 年第 9 期。

该两类再审程序可解决大部分受裁判侵害而未参加诉讼的情形，而《民事诉讼法》只需要对这两类再审程序之外的第三人提供权利救济渠道即可，无须单设一种新的制度。[①]然而，立法机关并未采纳这一思路。

（3）程序法与实体法的脱离。实体法与程序法尽管有各自的价值和目标，但是，程序法与实体法密不可分。民事诉讼法上的诸多问题源于实体法，所以程序法上的问题需要从实体法这一根源上彻底解决。[②]例如，在程序衔接上，被执行人到期债权的执行过程中，第三人（次债务人）提出异议后，申请执行人向法院另行起诉涉及行使《中华人民共和国民法典》（以下简称《民法典》）第535条、第536条、第537条[③]规定的代位权问题。又如，第三人撤销之诉与《民法典》第538条至第542条[④]规定的撤销权之间是何种关系的问题没有明确的规定，而实践中又经常出现第三人既引用程序法上的第三人撤销之诉有关规定，又通过诉讼行使撤销权，较为混乱。再如，主体资格方面，程序法上的第三人的认定受其实体法上权益的影响。

【实践】指导案例 152 号

鞍山市中小企业信用担保中心

诉汪薇、鲁金英第三人撤销之诉案

（最高人民法院审判委员会讨论通过　2021 年 2 月 19 日发布）

关键词　民事　第三人撤销之诉　撤销权　原告主体资格

---

① 参见吴兆祥、沈莉：《民事诉讼法修改后的第三人撤销之诉与诉讼代理制度》，载《人民司法》2012 年第 23 期。

② 参见张卫平：《民法典与民事诉讼法的连接与统合——从民事诉讼法视角看民法典的编纂》，载《法学研究》2016 年第 1 期。李浩教授亦认为民事程序法的研究与民事实体法的结合还需要进一步加强。参见李浩：《中国民事诉讼法学研究四十年——以"三大刊"论文为对象的分析》，载《法学》2018 年第 9 期。

③ 《合同法》第 73 条规定了代位权诉讼，《民法典》第 535 条、第 536 条和第 537 条对《合同法》第 73 条进行了扩充和修改。

④ 《合同法》第 74 条规定了撤销权诉讼，《民法典》第 538 条至第 542 条对《合同法》第 74 条进行了扩充和修改。

裁判要点

债权人申请强制执行后，被执行人与他人在另外的民事诉讼中达成调解协议，放弃其取回财产的权利，并大量减少债权，严重影响债权人债权实现，符合合同法第七十四条规定的债权人行使撤销权条件的，债权人对民事调解书具有提起第三人撤销之诉的原告主体资格。

相关法条

《中华人民共和国民事诉讼法》第 56 条

《中华人民共和国合同法》第 74 条

基本案情

2008 年 12 月，鞍山市中小企业信用担保中心（以下简称担保中心）与台安县农村信用合作社黄沙坨信用社（以下简称黄沙坨信用社）签订保证合同，为汪薇经营的鞍山金桥生猪良种繁育养殖厂（以下简称养殖厂）在该信用社的贷款提供连带责任担保。汪薇向担保中心出具一份个人连带责任保证书，为借款人的债务提供反担保。后因养殖厂及汪薇没有偿还贷款，担保中心于 2010 年 4 月向黄沙坨信用社支付代偿款 2973197.54 元。2012 年担保中心以养殖厂、汪薇等为被告起诉至铁东区人民法院，要求养殖厂及汪薇等偿还代偿款。辽宁省鞍山市铁东区人民法院于 2013 年 6 月作出判决：（一）汪薇于该判决书生效之日起十五日内给付担保中心代偿银行欠款 2973197.54 元及银行利息；（二）张某某以其已办理的抵押房产对前款判项中的本金及利息承担抵押担保责任；（三）驳回担保中心的其他诉讼请求。该判决已经发生法律效力。

2010 年 12 月汪薇将养殖厂转让给鲁金英，转让费 450 万元，约定合同签订后立即给付 163 万余元，余款于 2011 年 12 月 1 日全部给付。如鲁金英不能到期付款，养殖厂的所有资产仍归汪薇，首付款作违约金归汪薇所有。合同签订后，鲁金英支付了约定的首付款。汪薇将养殖厂交付鲁金英，但鲁金英未按约定支付剩余转让款。2014 年 1 月，铁东区人民法院基于担保中心的申请，从鲁金英处执行其欠汪薇资产转让款 30 万元，将该款交给了担保中心。

汪薇于 2013 年 11 月起诉鲁金英，请求判令养殖厂的全部资产归其所有；鲁金英承担违约责任。辽宁省鞍山市中级人民法院经审理认为，汪薇与鲁金英签订的《资产转让合同书》合法有效，鲁金英未按合同约定期限支付余款构成违约。据此作出（2013）鞍民三初字第 66 号民事判决：1. 鲁金英将养殖厂的资产归还汪薇所有；2. 鲁金英赔偿汪薇实际损失及违约金 1632573 元。其中应扣除鲁金英代汪薇偿还的 30 万元，实际履行中由汪薇给付鲁金英 30 万元。鲁金英向辽宁省高级人民法院提起上诉。该案二审期间，汪薇和鲁金英自愿达成调解协议。辽宁省高级人民法院于 2014 年 8 月作出（2014）辽民二终字第 00183 号民事调解书予以确认。调解协议主要内容为养殖厂归鲁金英所有，双方同意将原转让款 450 万元变更为 3132573 元，鲁金英已给付汪薇 1632573 元，再给付 150 万元，不包括鲁金英已给付担保中心的 30 万元等。

鲁金英依据调解书向担保中心、执行法院申请回转已被执行的 30 万元，担保中心知悉汪薇和鲁金英买卖合同纠纷诉讼及调解书内容，随即提起本案第三人撤销之诉。

裁判结果

辽宁省高级人民法院于 2017 年 5 月 23 日作出（2016）辽民撤 8 号民事判决：一、撤销辽宁省高级人民法院（2014）辽民二终字第 00183 号民事调解书和鞍山市中级人民法院（2013）鞍民三初字第 66 号民事判决书；二、被告鲁金英于判决生效之日起十日内，将金桥生猪良种繁育养殖厂的资产归还被告汪薇所有；三、被告鲁金英已给付被告汪薇的首付款 1632573 元作为实际损失及违约金赔偿汪薇，但应从中扣除代替汪薇偿还担保中心的 30 万元，即实际履行中由汪薇给付鲁金英 30 万元。鲁金英不服，提起上诉。最高人民法院于 2018 年 5 月 30 日作出（2017）最高法民终 626 号民事判决：一、维持辽宁省高级人民法院（2016）辽民撤 8 号民事判决第一项；二、撤销辽宁省高级人民法院（2016）辽民撤 8 号民事判决第二项、第三项；三、驳回鞍山市中小企业信用担保中心的其他诉讼请求。

裁判理由

最高人民法院判决认为，本案中，虽然担保中心与汪薇之间基于贷款代偿形成的债权债务关系，与汪薇和鲁金英之间因转让养殖厂形成的买卖合同关系属两个不同法律关系，但是，汪薇系为创办养殖厂与担保中心形成案涉债权债务关系，与黄沙坨信用社签订借款合同的主体亦为养殖厂，故汪薇和鲁金英转让的养殖厂与担保中心对汪薇债权的形成存在关联关系。在汪薇与鲁金英因养殖厂转让发生纠纷提起诉讼时，担保中心对汪薇的债权已经生效民事判决确认并已进入执行程序。在该案诉讼及判决执行过程中，铁东区人民法院已裁定冻结了汪薇对养殖厂（投资人鲁金英）的到期债权。鲁金英亦已向铁东区人民法院确认其欠付汪薇转让款及数额，同意通过法院向担保中心履行，并已实际给付了30万元。铁东区人民法院也对养殖厂的相关财产予以查封冻结，并向养殖厂送达了协助执行通知书。故汪薇与鲁金英因养殖厂资产转让合同权利义务的变化与上述对汪薇财产的执行存在直接牵连关系，并可能影响担保中心的利益。合同法第七十四条规定："债务人以明显不合理的低价转让财产，对债权人造成损害，并且受让人知道该情形的，债权人也可以请求人民法院撤销债务人的行为。"因本案汪薇和鲁金英系在诉讼中达成以3132573元交易价转让养殖厂的协议，该协议经人民法院作出（2014）辽民二终字第00183号民事调解书予以确认并已发生法律效力。在此情形下，担保中心认为汪薇与鲁金英该资产转让行为符合合同法第七十四条规定的情形，却无法依据合同法第七十四条规定另行提起诉讼行使撤销权。故本案担保中心与汪薇之间虽然属于债权债务关系，但基于担保中心对汪薇债权形成与汪薇转让的养殖厂之间的关联关系，法院对汪薇因养殖厂转让形成的到期债权在诉讼和执行程序中采取的保全和执行措施使得汪薇与鲁金英买卖合同纠纷案件处理结果对担保中心利益产生的影响，以及担保中心主张受损害的民事权益因（2014）辽民二终字第00183号民事调解书而存在根据合同法第七十四条提起撤销权诉讼障碍等本案基本事实，可以认定汪薇和鲁金英买卖合同纠纷案件处理结果与担保中心具有法律上的利害关系，担保中心有权提起本案第三人撤销之诉。

（生效裁判审判人员：董华、万挺）

在纠纷解决原理上，一般涉及民事实体权利义务的争议，当事人有权通过民事诉讼程序解决，非民事实体权利义务的争议则通过非讼程序予以解决。[①]但在实践中，规范缺失导致涉及实体权利义务的争议要通过非讼方式进行裁判。在第三人权利救济程序中这一点尤为突出。例如，《民事诉讼法》仅在第234条规定了案外人异议之诉解决了对执行标的主张所有权等排除执行的实体争议问题，却没有规定分配异议之诉这一涉及第三人权利的程序，导致实践中参与分配制度问题不断。

实体法上权利性质的认定，直接影响第三人权利救济程序的适用。而相关实体权利性质的不确定也直接影响到程序的设置和选择。这一问题突出表现在执行中的第三人权利救济程序中，特别是权利表彰与相关权利人不一致的情况下。例如，在法院执行查封被执行人隐名股东的股权时，第三人（显名股东）主张对该股权享有权利。法院在审查时，应当按照到期债权中债务人（第三人）的救济程序赋予第三人相关权利进行审查，还是适用案外人异议程序对案件进行审查，就是一个突出的疑难问题。如果将第三人对股权的权利定性为准物权请求权性质，那么应当通过案外人异议之诉程序解决第三人的权利救济问题；如果将第三人对股权的权利定性为债权请求权性质，那么应当通过执行到期债权程序解决第三人的权利救济问题。

实体法规则对第三人权利救济程序的重要影响还体现在追加无独立请求权第三人与时效中断上。《最高人民法院关于审理民事案件适用诉讼时效制度若干问题的规定》第11条规定第三人被通知参加诉讼被认定与提起诉

---

① 参见张卫平：《民法典与民事诉讼法的连接与统合——从民事诉讼法视角看民法典的编纂》，载《法学研究》2016年第1期。

讼具有同等诉讼时效中断的效力。这一规定针对的是被告型第三人。[①] 法院依职权通知第三人参加诉讼的做法不符合民事诉讼的处分原则。只有权利人请求的情况下才能要求第三人承担民事责任。按照处分原则，没有当事人请求就不能依职权强制当事人参加诉讼。实体法特别是民法就应当引导民事诉讼体制转型，协调民事诉讼法与实体法上一致的处分原则，将权利人的请求作为诉讼时效的中断事由。[②]

（三）第三人权利救济程序的体系困境的解脱方向

潘剑锋教授在研究构建民事程序权利救济机制的基本原则中，主张解决现行民事程序权利救济机制体系问题时，需要在对应性原则、比例原则和效益原则的指导下构建和优化该类机制。[③] 我们认为第三人权利救济程序体系与民事程序权利救济机制的性质基本类似、部分制度有所交叉，而两者所存在的问题在本质上也基本相同。因此，可以参考借鉴民事程序权利救济机制的基本原则对第三人权利救济程序体系所存在的问题确定解决方向。

一是对应性原则。摆脱第三人权利救济程序困境的方法应当注意第三人权利救济程序机制的设置与程序类型、制度功能、权利内容等要件存在紧密联系。从程序类型上看，诉讼阶段、执行阶段和非讼阶段中的第三人救济程序在本质属性、功能定位、价值选择和运行原理等方面的差异，决定了在配置救济机制时应当自其特点出发，区别设计。从救济机制自身属性看，其与普通保障程序存在不同。二者均依附于其他正在进行或者已经结束的程序，使得其作用范围和运行目标不能超越所依附程序的范围。因此，在构建或者解释第三人权利救济程序体系时，应当确保第三人权利救

---

① 被告型第三人，是指本诉被告要求法院追加到诉讼中的第三人，目的是替代被告成为义务人或者责任人。参见张卫平：《"第三人"：类型划分及展开》，载《民事程序法研究》（第一辑），中国法制出版社 2004 年版，第 62~101 页。

② 参见张卫平：《民法典与民事诉讼法的连接与统合——从民事诉讼法视角看民法典的编纂》，载《法学研究》2016 年第 1 期。

③ 参见潘剑锋：《论建构民事程序权利救济机制的基本原则》，载《中国法学》2015 年第 2 期。此部分解决问题的原则方法的路径，笔者借鉴了潘剑锋教授的基本思路。

济程序与其所针对的程序类型、制度功能和自身属性相契合。

第三人权利救济程序与其所针对的程序类型相契合。整个第三人程序救济体系可以分为三大类：第一类是参与型程序，主要是指第三人参加诉讼；第二类是纠正型程序，主要为第三人撤销之诉、案外人申请再审、保全利害关系人的复议程序、第三人申请不予执行仲裁裁决程序、公证债权文书利害关系人的异议程序；第三类为阻却程序型程序，主要是指案外人异议和异议之诉。从三种类型程序在本质和功能上的差异上看，应当遵循不同的价值理念、基本原则和具体的制度规则。

二是比例原则。第三人权利救济程序体系的优化还需要考量作为救济对象的权利的重要性、救济方式的可行性和实效性、不同救济程序间的关系等因素，因此，在优化第三人权利救济程序体系的过程中应遵循比例原则。该项原则包含适当性、必要性和均衡性等分支原则，在设置第三人权利救济程序体系时应当确保救济力度与权利的重要性相适应、救济方式与救济对象相适应，并理顺救济机制体系内部的适用顺位。

三是效益原则。第三人权利救济程序体系协调和高效运行，需要将效益原则融入制度设计和施行的过程中。一方面，确保程序成本与救济收益相适应，公正价值与效率价值相兼容；另一方面，确保救济程序平等性和民事主体权益的衡平性。

上述这些原则对后面界定第三人权利救济体系的边界、协调体系中各项制度之间的关系以及完善各项具体制度有重要的指导意义，也将在其中体现出这种思路。

第三章　第三人权利救济程序之边界

第三人权利救济程序体系为第三人保护其合法权益提供了制度保障。然而，这一体系也并非漫无边际。为科学清晰地界定该体系的边界，有必要对现行法律对于第三人权利救济的法律规定进行分析，而这种法律规定是出于何种目的，制度设计及目标是否合理，以及是否能够实现这种目的，应当如何设计和完善，都是此章所要解决的问题。

一、第三人权利救济程序的法律规制及实践样态

在实践中，法院基于种种原因将一些案件拒之门外，严重影响了民事主体的权利救济。为此，近年的法律制度设计和司法制度改革较为重视诉权保障。但是司法资源的有限性以及严肃性意味着任何救济程序都不应当成为对民事主体无限制开放的态度。有的民事主体恶意利用救济程序拖延程序进展现象滋生蔓延，也成为实务界诟病和反思的问题。第三人权利救济程序也面临既要保障第三人救济权利，又要防止第三人滥用诉权、恶意利用程序的问题。第三人权利救济程序的实然状态主要表现在第三人权利救济程序的法律规制和司法实践状态。第三人救济体系中的程序对第三人设立了启动门槛。就现行法律规定来看，对于第三人权利救济的法律规制主要体现在第三人主体适格、实体权益、司法实践样态三个方面。

（一）第三人权利救济程序的主体适格法律规制

第三人是第三人救济程序中的当事人。当事人在理论上可分为实体意义上的当事人和程序意义上的当事人。实体意义上的当事人，又称为正当

当事人，是指作为诉讼标的的民事法律关系的主体。[①] 实体意义上的当事人可以从事实和法律关系两个方面理解。在事实上，实体意义上的当事人是案件事实的参与者；在法律关系上，实体意义上的当事人是享有民事权利、承担民事义务的主体。程序意义上的当事人是指"因民事权利义务发生争议，以自己名义进入程序，要求法院行使裁判权的主体"[②]。程序意义上的当事人仅表明程序参加主体在程序中的地位，与实体法上的规定没有必然联系，当事人必须是在程序开始时明确的，不问是否为争议法律关系的主体，实体权利问题只能在实体审理程序结束后才能得出确定性的判断。承认程序诉权，就要承认程序意义上的当事人。第三人参与程序请求获得司法救济，也应当承认程序意义上的当事人的概念。当事人适格是大陆法系民事诉讼法的基本理论问题。就理论而言，第三人的适格问题应当像当事人的构成那样[③]，既包含正当第三人也包含非正当第三人。我们在研究理论上的应然状态时，有必要先考察第三人主体资格的法律规制和实践样态。

1. 第三人参加诉讼的主体适格问题

有独立请求权第三人就是案件的当事人。《民事诉讼法（试行）》明确规定了对当事人争议的诉讼标的，第三人认为有独立请求权的，有权提起诉讼成为"诉讼当事人"。因此，有独立请求权的第三人在本质上就是当事人，只不过为了区分原来两造当事人而给予的不同称谓罢了。

对于无独立请求权第三人的认定标准，司法实践中曾经历过一段从宽泛到限缩的过程。《最高人民法院关于在经济审判工作中严格执行〈中华人民共和国民事诉讼法〉的若干规定》（已失效）第9条规定："受诉人民法院对与原被告双方争议的诉讼标的无直接牵连和不负有返还或者赔偿等义务的人，以及与原告或被告约定仲裁或有约定管辖的案外人，或者专属管辖

---

① 参见宋朝武主编：《民事诉讼法学》，中国政法大学出版社2012年版，第107页。在诸多关于当事人的表述中，基本都是围绕诉讼程序进行的探讨。笔者认为，就"当事人"概念而言，应不限于诉讼程序，还包括异议复议等程序之中。因此，本文在下面的讨论中以"程序"替代"诉讼"，扩展当事人范围，增加当事人概念的代表性。

② 宋朝武主编：《民事诉讼法学》，中国政法大学出版社2012年版，第107页。

③ 在理论上，当事人包含正当当事人和非正当当事人。这一理念有利于保障诉权，扩大司法保护的主体范围。

案件的一方当事人，均不得作为无独立请求权的第三人通知其参加诉讼。"在上述规定作出后，司法实践中基本是以是否与原诉讼法律关系存在直接的牵连关系作为判断是否属于无独立请求权第三人的标准。最高人民法院的观点是对无独立请求权第三人的认定应采取较为宽泛标准，即只要裁判结果影响第三人利益就可认定为"与案件处理结果有法律上的利害关系"，[①]但因缺乏法律及司法解释明确规定，司法实践中掌握的标准依然不一致。

2. 第三人撤销之诉中的主体适格问题

第三人撤销之诉在实践中得到比较广泛的适用，也发挥了一些预期作用，甚至可以期待其发展出新的功能，但第三人撤销之诉的规范化适用需要提高，主体适格这一法律解释适用问题需要进一步澄清。[②]第三人撤销之诉的适格主体问题争议较大，尚未形成共识。在第三人撤销之诉中，案件的受理与否、撤销或者改变部分改变法律文书涉及起诉审查的问题。对于第三人撤销之诉这类较为复杂的程序，必须对包括原告适格在内的一系列特别事由作出判断。[③]因此，第三人主体适格问题是第三人撤销之诉中的重要问题。

对于第三人撤销之诉的适格主体有不同观点。第一种观点认为，第三人撤销之诉的第三人仅是指《民事诉讼法》第 59 条规定的有独立请求权第三人和无独立请求权第三人。[④]第二种观点认为，除了有独立请求权第三人和无独立请求权第三人外，还包括被遗漏的必要共同诉讼人。[⑤]第三种观点认为，除了有独立请求权第三人、无独立请求权第三人、被遗漏的共同诉讼人外，还包括与案件结果有事实上利害关系的第三人（特别是在事实上

---

① 最高人民法院修改后民事诉讼法贯彻实施工作领导小组编著：《最高人民法院民事诉讼法司法解释理解与适用》，人民法院出版社 2015 年版，第 285 页。该书的观点可以视为一种学理解释，但能够代表最高人民法院的观点。

② 参见王亚新：《第三人撤销之诉原告适格的再考察》，载《法学研究》2014 年第6 期。

③ 参见王亚新：《第三人撤销之诉原告适格的再考察》，载《法学研究》2014 年第6 期。

④ 参见吴兆祥、沈莉：《民事诉讼法修改后的第三人撤销之诉与诉讼代理制度》，载《人民司法》2012 年第 23 期。

⑤ 参见袁巍、孙付：《第三人撤销之诉的法律适用与程序构建》，载《山东审判》2013年第 1 期。

受到裁判结果侵害的诈害第三人）。①

对于第三人撤销之诉的适格主体，我们作如下分析。

第一，有独立请求权第三人和无独立请求权第三人。多数观点认为有独立请求权的第三人可以提起第三人撤销之诉，因为有独立请求权第三人容易受到诉讼当事人的隐瞒，是最容易成为提起第三人撤销之诉的原告当事人。②但是，也有不同观点认为，第三人撤销之诉很难适用于有独立请求权的第三人。"第三人撤销之诉制度对有独立请求权第三人进行权利救济，将否定有独立请求权第三人制度功能，两种制度并行成立，将使法律适用者无所适从。"③无独立请求权第三人适用第三人撤销之诉的范围亦有限。无独立请求权第三人参加诉讼有本人申请和法院依职权通知诉讼两种方式，在无独立请求权第三人因不能归责于本人的事由而未参加诉讼且本诉结果损害其民事权益情形下，可以通过第三人撤销之诉程序救济权利。也有学者对此提出质疑，无独立请求权第三人适用第三人撤销之诉程序在既有法律规定下无法实现。《民事诉讼法》在设计无独立请求权第三人时设计了可直接判令无独立请求权第三人承担民事责任的特有规定，而该法又规定无独立请求权第三人在承担民事责任时享有当事人的诉讼权利和义务。其可通过上诉或者再审程序救济权利。而第三人撤销之诉与上诉、再审程序等多种救济途径并行，可能产生实践困惑。④

在审查第三人撤销之诉案件主体资格时，认定有独立请求权第三人的标准较容易把握，而对无独立请求权第三人的认定标准则需要明确。对此，实务界存在两种观点。第一种观点主张，从打击虚假诉讼、为第三人提供

---

① 有的观点认为，债权受到侵害也可以提起第三人撤销之诉，这实际上就是在事实上受到裁判结果侵害的诈害第三人。因此，这种观点实际上认为除了有独立请求权第三人和无独立请求权第三人外，还包括受诈害第三人和必要共同诉讼第三人两种。参见许少波：《第三人撤销之诉与申请再审的选择》，载《河南大学学报（社会科学版）》2015年第1期。

② 参见王亚新：《第三人撤销之诉的解释适用》，载《人民法院报》2012年9月26日。

③ 陈刚：《第三人撤销判决诉讼的适用范围——兼论虚假诉讼的责任追究途径》，载《人民法院报》2012年10月31日。

④ 参见陈刚：《第三人撤销判决诉讼的适用范围——兼论虚假诉讼的责任追究途径》，载《人民法院报》2012年10月31日。

畅通救济的立法本意考虑，从宽掌握无独立请求权第三人的认定范围，即只要第三人民事权益受到裁判结果影响，即可认定为具有法律上的利害关系的无独立请求权第三人。第二种观点认为，从防止诉权被滥用、防止冲击生效裁判的稳定性的角度考虑，应从严掌握无独立请求权第三人的范围，亦即对与本诉诉讼标的存在直接关联关系的主体应严格限定。[①]

应当注意的是，在部分情况下，本诉当事人同第三人之间就第三人对本诉的诉讼标的是否拥有独立请求权存在争议，这一争议的处理在立案和审理两个阶段中必须首先判断认定。在立案阶段，第三人作为当事人的适格问题是案件是否受理的重要条件之一；在审理阶段，第三人是否拥有独立请求权是本案两个审理对象之一。[②]

【实践】指导案例 148 号

高光诉三亚天通国际酒店有限公司、海南博超房地产开发有限公司等第三人撤销之诉案

（最高人民法院审判委员会讨论通过　2021 年 2 月 19 日发布）

关键词　民事　第三人撤销之诉　公司法人　股东　原告主体资格

裁判要点

公司股东对公司法人与他人之间的民事诉讼生效裁判不具有直接的利益关系，不符合民事诉讼法第五十六条规定的第三人条件，其以股东身份提起第三人撤销之诉的，人民法院不予受理。

相关法条

《中华人民共和国民事诉讼法》第 56 条

基本案情

2005 年 11 月 3 日，高光和邹某某作为公司股东（发起人）发起成立海南博超房地产开发有限公司（以下简称博超公司），高光、邹某某出资比

---

① 参见王亚新：《第三人撤销之诉的解释适用》，载《人民法院报》2012 年 9 月 26 日。
② 参见王亚新：《第三人撤销之诉的解释适用》，载《人民法院报》2012 年 9 月 26 日。

例各占50%，邹某某任该公司执行董事、法定代表人。

2011年6月16日，博超公司、三亚南海岸旅游服务有限公司（以下简称南海岸公司）、三亚天通国际酒店有限公司（以下简称天通公司）、北京天时房地产开发有限公司（以下简称天时公司）四方共同签署了《协议书》，对位于海南省三亚市三亚湾海坡开发区的碧海华云酒店（现为天通国际酒店）的现状、投资额及酒店产权确认、酒店产权过户手续的办理、工程结算及结算资料的移交、违约责任等方面均作明确约定。2012年8月1日，天通公司以博超公司和南海岸公司为被告、天时公司为第三人向海南省高级人民法院提起合资、合作开发房地产合同纠纷之诉，提出碧海华云酒店（现为天通国际酒店）房屋所有权（含房屋占用范围内的土地使用权）归天通公司所有以及博超公司向天通公司支付违约金720万元等诉讼请求。海南省高级人民法院作出（2012）琼民一初字第3号民事判决，支持了天通公司的诉讼请求，判决作出后，各方当事人均未提出上诉。

2012年8月28日，高光以博超公司经营管理发生严重困难，继续存续将会使股东利益遭受重大损失为由起诉请求解散公司。2013年9月12日，海南省海口市中级人民法院作出（2013）海中法民二初字第5号民事判决，判决解散博超公司。博超公司不服该判决，提出上诉。2013年12月19日，海南省高级人民法院就该案作出（2013）琼民二终字第35号民事判决，判决驳回上诉，维持原判。2014年9月18日，海口市中级人民法院指定海南天皓律师事务所担任博超公司管理人，负责博超公司的清算。

2015年4月20日，博超公司管理人以天通公司、天时公司、南海岸公司为被告，向海南省高级人民法院起诉：请求确认博超公司于2011年6月16日签订的《协议书》无效，将位于海南省三亚市三亚湾路海坡度假区15370.84平方米的土地使用权及29851.55平方米的地上建筑物返还过户登记至博超公司管理人名下。海南省高级人民法院裁定驳回了博超公司管理人的起诉。诉讼过程中，天时公司、天通公司收到该案诉讼文书后与博超公司管理人联系并向其提供了（2012）琼民一初字第3号民事判决的复印件。高光遂据此向海南省高级人民法院就（2012）琼民一初字第3号民事判决提起本案第三人撤销之诉。

裁判结果

海南省高级人民法院于 2016 年 8 月 23 日作出（2015）琼民一初字第 43 号民事裁定书，驳回原告高光的起诉。高光不服，提起上诉。最高人民法院于 2017 年 6 月 22 日作出（2017）最高法民终 63 号民事裁定书，驳回上诉，维持原裁定。

裁判理由

最高人民法院认为：本案系高光针对已生效的海南省高级人民法院（2012）琼民一初字第 3 号民事判决而提起的第三人撤销之诉。第三人撤销之诉制度的设置功能，主要是为了保护受错误生效裁判损害的未参加原诉的第三人的合法权益。由于第三人本人以外的原因未能参加原诉，导致人民法院作出了错误裁判，在这种情形下，法律赋予本应参加原诉的第三人有权通过另诉的方式撤销原生效裁判。因此，提起第三人撤销之诉的主体必须符合本应作为第三人参加原诉的身份条件。本案中，高光不符合以第三人身份参加该案诉讼的条件。

1. 高光对（2012）琼民一初字第 3 号民事判决案件的诉讼标的没有独立请求权，不属于该案有独立请求权的第三人。有独立请求权的第三人，是指对当事人之间争议的诉讼标的，有权以独立的实体权利人的资格提出诉讼请求的主体。在（2012）琼民一初字第 3 号民事判决案件中，天通公司基于其与博超公司订立的《协议书》提出各项诉讼请求，海南省高级人民法院基于《协议书》的约定进行审理并作出判决。高光只是博超公司的股东之一，并不是《协议书》的合同当事人一方，其无权基于该协议约定提出诉讼请求。

2. 高光不属于（2012）琼民一初字第 3 号民事判决案件无独立请求权的第三人。无独立请求权的第三人，是指虽然对当事人双方的诉讼标的没有独立请求权，但案件处理结果同他有法律上的利害关系的主体。第三人同案件处理结果存在的法律上的利害关系，可能是直接的，也可能是间接的。本案中，（2012）琼民一初字第 3 号民事判决只确认了博超公司应承担的法律义务，未判决高光承担民事责任，故高光与（2012）琼民一初字第3号民事判决的处理结果并不存在直接的利害关系。关于是否存在间接利害关系的问题。通常来说，股东和公司之间系天然的利益共同体。公司股东对公司财产享有资产收益权，公司的对外交易活动、民事诉讼的胜败结果一般都会影响到公司的资产情况，从而间接影响到股东的收益权利。从这个角度看，股东与公司进行的民事诉讼的处理结果具有法律上的间接利害关系。但是，由于公司利益和股东利益具有一致性，公司对外活动应推定为股东整体意志的体现，公司在诉讼活动中的主张也应认定为代表股东的整体利益。因此，虽然公司诉讼的处理结果会间接影响到股东的利益，但股东的利益和意见已经在诉讼过程中由公司所代表和表达，则不应再追加股东作为第三人参加诉讼。本案中，虽然高光是博超公司的股东，但博超公司与南海岸公司、天时公司、天通公司的诉讼活动中，股东的意见已为博超公司所代表，则作为股东的高光不应再以无独立请求权的第三人身份参加该案诉讼。至于不同股东之间的分歧所导致的利益冲突，应由股东与股东之间、股东与公司之间依法另行处理。

（生效裁判审判人员：王毓莹、曹刚、钱小红）

第二，遗漏了必要共同诉讼的当事人是否为第三人撤销之诉适格主体问题。《民事诉讼法解释》公布前，对原诉遗漏的必要共同诉讼，当事人可否提起第三人撤销之诉的问题，有不同观点。一种观点认为，遗漏必要共同诉讼当事人的情形，可以通过《民事诉讼法》第207条第8项的规定以遗漏当事人为由申请再审，而不能通过第三人撤销之诉解决。[①] 一种观点则认为，遗漏了必要共同诉讼的当事人是第三人撤销之诉的适格原告。[②]

根据《民事诉讼法解释》规定，必要共同诉讼当事人不属于提起第三人撤销之诉的适格主体。理由是，必要共同诉讼当事人的诉讼地位只能是

[①] 参见王亚新：《第三人撤销之诉原告适格的再考察》，载《法学研究》2014年第6期。

[②] 参见许少波：《第三人撤销之诉与申请再审的选择》，载《河南大学学报（社会科学版）》2015年第1期。

当事人，不可能是《民事诉讼法》第 59 条前两款规定的第三人，即使其未参加原诉讼，也不能适用第三人撤销之诉程序救济。而遗漏的必要共同诉讼当事人可以通过《民事诉讼法解释》规定的两种申请再审的程序的救济权利。第一种，在执行程序之外遗漏的必要共同诉讼当事人可根据《民事诉讼法》第 207 条申请再审。《民事诉讼法解释》第 420 条规定，必要共同诉讼的当事人因不能归责于本人原因缺席诉讼的，可根据《民事诉讼法》第 207 条第 8 项规定申请再审。第二种，在执行程序中，遗漏的必要共同诉讼当事人对法院执行标的提出异议后，可按照《民事诉讼法》第 234 条规定申请再审。《民事诉讼法解释》第 421 条规定，案外人对根据《民事诉讼法》第 234 条规定驳回其执行异议的裁定不服，认为原裁判损害其民事权益的，可以申请再审。

在实践中容易出现的问题是，在程序启动时仅凭单方证据很难明确判断起诉人是否为本诉中遗漏的必要诉讼当事人。这种情况下，当法院初步判断原告值得救济时，通常会将可能是遗漏的必要共同诉讼当事人作为有独立请求权的第三人对待，对案件进行立案，依照第三人撤销之诉程序处理。但法院在审理后，发现原告应当为遗漏的必要共同诉讼当事人，但在审理程序中也不再向当事人释明并要求原告另行申请再审，而是继续以第三人撤销之诉程序处理。这种做法立足于诉讼的动态变化过程，避免产生程序转化成本，减少了当事人讼累，提高了审判效率，具有合理性。但是，将遗漏必要共同诉讼人按照有独立请求权第三人的地位处理相关程序，在理论上容易导致逻辑不周延，也无法自洽。①

---

① 参见王亚新：《第三人撤销之诉原告适格的再考察》，载《法学研究》2014 年第 6 期。

【实践】指导案例 149 号

长沙广大建筑装饰有限公司诉中国工商银行
股份有限公司广州粤秀支行、林传武、长沙广大
建筑装饰有限公司广州分公司等第三人撤销之诉案

（最高人民法院审判委员会讨论通过　2021 年 2 月 19 日发布）

关键词　民事　第三人撤销之诉　公司法人　分支机构　原告主体资格

裁判要点

公司法人的分支机构以自己的名义从事民事活动，并独立参加民事诉讼，人民法院判决分支机构对外承担民事责任，公司法人对该生效裁判提起第三人撤销之诉的，其不符合民事诉讼法第五十六条规定的第三人条件，人民法院不予受理。

相关法条

《中华人民共和国民事诉讼法》第 56 条

《中华人民共和国民法总则》第 74 条第 2 款

基本案情

2011 年 7 月 12 日，林传武与中国工商银行股份有限公司广州粤秀支行（以下简称工商银行粤秀支行）签订《个人借款 / 担保合同》。长沙广大建筑装饰有限公司广州分公司（以下简称长沙广大广州分公司）出具《担保函》，为林传武在工商银行粤秀支行的贷款提供连带责任保证。后因林传武欠付款项，工商银行粤秀支行向法院起诉林传武、长沙广大广州分公司等，请求林传武偿还欠款本息，长沙广大广州分公司承担连带清偿责任。此案经广东省广州市天河区人民法院一审、广州市中级人民法院二审，判令林传武清偿欠付本金及利息等，其中一项为判令长沙广大广州分公司对林传武的债务承担连带清偿责任。

2017 年，长沙广大建筑装饰有限公司（以下简称长沙广大公司）向广州市中级人民法院提起第三人撤销之诉，以生效判决没有将长沙广大公司列为共同被告参与诉讼，并错误认定《担保函》性质，导致长沙广大公司

无法主张权利，请求撤销广州市中级人民法院作出的（2016）粤01民终第15617号民事判决。

裁判结果

广州市中级人民法院于2017年12月4日作出（2017）粤01民撤10号民事裁定：驳回原告长沙广大建筑装饰有限公司的起诉。宣判后，长沙广大建筑装饰有限公司提起上诉。广东省高级人民法院于2018年6月22日作出（2018）粤民终1151号民事裁定：驳回上诉，维持原裁定。

裁判理由

法院生效裁判认为：民事诉讼法第五十六条规定："对当事人双方的诉讼标的，第三人认为有独立请求权的，有权提起诉讼。对当事人双方的诉讼标的，第三人虽然没有独立请求权，但案件处理结果同他有法律上的利害关系的，可以申请参加诉讼，或者由人民法院通知他参加诉讼。人民法院判决承担民事责任的第三人，有当事人的诉讼权利义务。前两款规定的第三人，因不能归责于本人的事由未参加诉讼，但有证据证明发生法律效力的判决、裁定、调解书的部分或者全部内容错误，损害其民事权益的，可以自知道或者应当知道其民事权益受到损害之日起六个月内，向作出该判决、裁定、调解书的人民法院提起诉讼。……"依据上述法律规定，提起第三人撤销之诉的"第三人"是指有独立请求权的第三人，或者案件处理结果同他有法律上的利害关系的无独立请求权第三人，但不包括当事人双方。在已经生效的（2016）粤01民终15617号案件中，被告长沙广大广州分公司系长沙广大公司的分支机构，不是法人，但其依法设立并领取工商营业执照，具有一定的运营资金和在核准的经营范围内经营业务的行为能力。根据民法总则第七十四条第二款"分支机构以自己的名义从事民事活动，产生的民事责任由法人承担；也可以先以该分支机构管理的财产承担，不足以承担的，由法人承担。"的规定，长沙广大公司在（2016）粤01民终15617号案件中，属于承担民事责任的当事人，其诉讼地位不是民事诉讼法第五十六条规定的第三人。因此，长沙广大公司以第三人的主体身份提出本案诉讼不符合第三人撤销之诉的法定适用条件。

（生效裁判审判人员：江萍、苏大清、王晓琴）

第三，受虚假诉讼影响的其他债权人是否为适格第三人。该问题从实体权益的角度看就是基于普通债权可否提起第三人撤销之诉，亦即第三人主张本诉当事人之间的给付裁判侵害了其对本诉债务人的债权，可否提起撤销之诉。由于第三人撤销之诉的立法目的在于规制虚假诉讼，有观点认为，根据立法者和学界列举的虚假诉讼、恶意诉讼第三人似乎不是适格的第三人。"这些列举的第三人不是对判决结果有法律上利害关系的第三人，而是对判决结果有事实上利害关系的第三人。"[①] 而最高人民法院在司法实践中给出了与该观点不同的结论，认为受虚假诉讼影响的其他债权人也是第三人撤销之诉的适格主体。对此问题，我们将在第三人撤销之诉的民事权益范围中进行详细分析。

除上述问题之外，还存在有权提起第三人撤销之诉的主体所涉法律关系问题，主要表现为受让债权的债权人是否有权提起第三人撤销之诉，以及第三人撤销之诉是否可以由第三人的债权人代位行使两个问题。

关于第一个问题，虽然普通债权人是否有权对另案债权提起撤销之诉存在争议，但受让债权人取得债权后，其应当承继了原债权人的一切实体和程序权利。因此，如原债权人可以提起第三人撤销之诉，则受让债权人亦可以提起第三人撤销之诉；如原债权人不得提起第三人撤销之诉，则受让债权人亦无权提起第三人撤销之诉。关于第二个问题，代位权的行使目的在于保全债权人的债权，因此，应当允许第三人的债权人代位行使第三人的相关权利。而在第三人救济程序体系中的其他程序也应当与第三人撤销之诉一样，实体权利的受让人或者代位权人可以行使第三人所享有的救济权利。

3. 案外人异议中的主体适格问题

案外人是对执行标的物主张实体权利，请求排除对该标的物强制执行的民事主体。通说认为，除案外人本人外，对执行标的物享有管理权、处分权的主体，也有提起案外人异议的权利，比如破产管理人、遗产管理人、

[①] 参见陈刚：《第三人撤销判决诉讼的适用范围——兼论虚假诉讼的责任追究途径》，载《人民法院报》2012 年 10 月 31 日。

遗嘱执行人等。[①] 就执行标的物与被执行人存在共有关系的第三人可以提出案外人异议之诉，案外人的债权人可以代位提起案外人异议之诉。[②]

被执行人一般不能作为案外人提出异议，但在特殊情形下，允许被执行人通过案外人异议程序救济权利。如被执行人的继承人变更为被执行人后，该继承人仅在继承遗产的范围内承担责任。法院超出遗产范围执行继承人财产的，应当赋予继承人提出案外人异议的权利。[③]

另外，在刑事财产刑执行案件中也存在案外人。《最高人民法院关于刑事裁判涉财产部分执行的若干规定》第14条规定，在刑事涉财产刑执行案件中，案外人认为其对执行标的享有排除执行的实体权利，可依照2012年《民事诉讼法》第225条规定的程序救济权利。

【实践】最高人民法院（2020）最高法执监559号

申诉人武汉永生漂染厂（以下简称漂染厂）不服湖北省高级人民法院（以下简称湖北高院）(2019) 鄂执监14号执行裁定，向最高人民法院申诉。

武汉市新洲区人民法院（以下简称新洲区法院）在执行武汉海林祥盛地产开发有限公司（以下简称祥盛公司）与湖北永生（集团）股份有限公司（以下简称永生集团）、武汉永生棉纺厂（以下简称棉纺厂）、生生物业（集团）有限公司（以下简称物业公司）、武汉永生生物工程有限公司（以下简称生物公司）借款合同纠纷三案过程中，于2018年1月18日作出裁定，按现状拍卖永生集团设立的武汉永生印染厂（以下简称印染厂）名下位于湖北省武汉市阳逻开发区新阳大道实测面积为48279.51平方米的土地使用权、棉纺厂名下位于湖北省武汉市阳逻开发区新阳大道实测面积为

---

① 参见肖建国：《〈民事诉讼法〉执行编修改的若干问题探讨——以民事强制执行救济制度的适用为中心》，载《法律适用》2008年第4期；肖建国主编：《民事执行法》，中国人民大学出版社2014年版，第203页。

② 参见肖建国：《〈民事诉讼法〉执行编修改的若干问题探讨——以民事强制执行救济制度的适用为中心》，载《法律适用》2008年第4期。

③ 参见肖建国主编：《民事执行法》，中国人民大学出版社2014年版，第203页。

94381.88 平方米的土地使用权及其地上实测面积为 69520.12 平方米的房屋。申诉人不服，向新洲区法院提出排除对位于湖北省武汉市阳逻开发区新阳大道实测面积为 48279.51 平方米的土地使用权执行的异议。

申诉人向新洲区法院提出申请称，新洲区法院在执行祥盛公司与永生集团、棉纺厂、物业公司、生物公司借款合同纠纷三案过程中，作出（2017）鄂 0117 执 848 号之 2 号等三案执行裁定，按现状拍卖永生集团设立的印染厂名下位于湖北省武汉市阳逻开发区新阳大道实测面积为 48279.51 平方米土地使用权、棉纺厂名下位于湖北省武汉市阳逻开发区新阳大道实测面积为 94381.88 平方米土地使用权及其地上实测面积为 69520.12 平方米的房屋。其中 48279.51 平方米土地使用权及地上房屋，属印染厂的财产。将其与被执行人财产一并予以司法拍卖，损害印染厂的合法权益，请求依法撤销对印染厂名下资产的拍卖。

新洲区法院认为，申诉人为排除对印染厂的财产的执行，而以自己的名义为印染厂提出异议主张，不符合异议主体资格，其异议申请，依法应予驳回。2018 年 7 月 25 日，新洲区法院作出（2018）鄂 0117 执异 26 号执行裁定，驳回申诉人的申请。

申诉人不服，向武汉市中级人民法院（以下简称武汉中院）申请复议称：一、新洲区法院（2018）鄂 0117 执异 26 号执行裁定关于申诉人为排除对印染厂的财产的执行，而以自己的名义为印染厂提出异议主张，不符合异议主体资格的认定与事实不符，申诉人与印染厂系同一主体。理由如下：1. 申诉人在 1995 年设立时经武汉市工商局核准的名称为印染厂，后因工商登记人员的疏忽，将企业名称登记为申诉人，因此造成申诉人最初办理的土地使用权登记和营业执照与之后的企业名称不相符，该情况已由武汉市新洲区市场监督管理局（以下简称新洲市场监管局）证明。印染厂根本不存在独立的工商档案材料，而在申诉人的工商档案中，最初的工商名称报批表即印染厂（填写的注册资本为印染厂营业执照所载的 2270.6 万元，法定代表人均为胡某生），在后续以申诉人名称办理登记后，申诉人的注册号仍与最初核发的印染厂营业执照注册号相同，均为"17838316-8"，且申诉人的工商档案中新洲县阳逻审计事务所于1995年11月14日出具的验资报告中亦说明申诉人即为印染厂，并说明了开办单位湖北永生实业股份有限公司对申诉人暨印染厂的出资情况，最终确认的注册资本为905万元。在湖北高院（2007）鄂民二初字第00002号民事判决书中，中国长城资产管理公司武汉办事处（以下简称长城汉办）在起诉中说明申诉人（原永生印染厂），并提出该抵押证书的实际抵押人应包括棉纺厂、武汉永生染整厂、申诉人、武汉生生服饰有限公司、武汉永生汽运有限公司在内的5家单位，对上述情况，最高人民法院在（2008）民二终字第132号民事判决书中也予以确认，长城汉办根据2003年5月29日中国农业银行孝感市分行给武汉市阳逻经济开发区规划土地分局复函中给该行的抵押权证无项目明细资料，只有该局2003年5月29日来函说明，阳土国用XXXX押字第XX号抵押证书，包括棉纺厂、印染厂房屋、土地及武汉永生染整厂房产等项目的内容，认为棉纺厂用以抵押的上述抵押证书项下的财产包括申诉人、武汉永生染整厂、武汉生生服饰有限公司、武汉永生汽运有限公司的财产，因此主张上述主体应承担相应担保责任的上诉主张依据不足，上述主体亦因未办理相应的抵押登记，而不应为案涉债务承担抵押担保责任，最高人民法院判决明确认定申诉人即为印染厂，并判定申诉人因未办理抵押登记不应承担抵押担保责任。2.新洲区法院在对申诉人异议作出裁定前，已作出（2017）鄂0117执848号之9号等三案执行决定书，对申诉人提出异议的土地使用权标的进行了拍卖，程序违法。请求撤销新洲区法院（2018）鄂0117执异26号执行裁定书；撤销新洲区法院（2017）鄂0117执848号之9号等三案执行决定书；裁定对申诉人名下的土地使用权不予执行。

武汉中院在审查过程中查明，武汉市新洲区国土资源和规划局（以下简称新洲国土局）于2017年8月20日向新洲区法院出具《调查回复函》称，棉纺厂、印染厂等单位实测面积158059.99平方米，具体由三地块组成，其中印染厂48279.51平方米［国有土地使用权证：新国用XXXX字第XXXX（转让）、土地使用权人：永生印染厂］。

还查明，新洲区法院（2018）鄂0117执异26号案卷中存有《企业法人营业执照》一份，该证据载明"发证机关：新洲县工商行政管理局，发证时间：1995年5月10日，企业名称：永生印染厂，注册号：17838316-8，注册资金：2270.6万元"等内容。

还查明，20世纪90年代，湖北永生实业股份有限公司向工商行政管理部门提交了《企业法人申请开业登记注册书》，申请办理申诉人开业登记手续。该申请书中没有具体的申请时间。新洲县阳逻审计事务所于1995年11月14日出具一份《阳逻审计事务所验资报告》载明，申诉人（原名永生印染厂）……可按申诉人注册资本905万元，申请注册登记等内容。武汉市工商行政管理局新洲分局于1997年7月18日向申诉人颁发了《企业法人营业执照》载明，注册号：42011712005541/1，注册资金：905万元。

还查明，新洲市场监管局于2018年3月19日出具《证明》称，申诉人系该局核准登记的企业，具备法人资格，该企业设立时于1995年5月10日经武汉市工商局核准的名称为"武汉永生印染厂"，后因企业经办人员笔误和该局审核人员的疏忽，将企业登记为"武汉永生漂染厂"。《证明》盖"武汉市新洲区市场监督管理局查询专用章"。2018年3月29日，"武汉市新洲区国土资源和规划局地籍科"在《证明》上注明（手写），该宗地处于抵押与查封状态，待解除抵押与查封限制信息后，再按新洲市场监管局证明事项，办理名称更正登记，权利人为"武汉永生印染厂"更正为"武汉永生漂染厂"。2018年5月28日，新洲市场监管局向新洲区法院出具一份《公函》称，该局查询专用章仅用于证明查询企业工商档案信息文件的来源。2018年3月19日以"武汉市新洲区市场监督管理局查询专用章"出具的《证明》，超出查询专用章印章使用范围无效。经该局查询原始书式登记档案，1995年5月10日武汉市工商局办理了印染厂的名称核准。1995年11月15日，该局办理了申诉人的开业注册登记。

还查明，新洲区法院于2018年4月27日作出（2017）鄂0117执848号之9号等三案执行决定书，决定：继续在新洲区法院淘宝网司法拍卖网络平台上公开按现状拍卖永生集团设立的印染厂名下位于湖北省武汉市阳逻开发区新阳大道实测面积为48279.51平方米的土地使用权、棉纺厂名下位于湖北省武汉市阳逻开发区新阳大道实测面积为 94381.88 平方米的土地使用权及其地上实测面积为 69520.12 平方米的房屋。

武汉中院认为，我国对企业法人的设立，采取的是核准登记制度。新洲区法院拍卖位于湖北省武汉市阳逻开发区新阳大道实测面积为 48279.51 平方米的土地使用权登记在印染厂名下，印染厂系经过工商行政管理部门核准成立，并于 1995 年 5 月 10 日颁发了《企业法人营业执照》的企业法人。根据现有证据，申诉人系在印染厂成立之后，由湖北永生实业股份有限公司新设成立的，具有独立法人资格的企业，与印染厂系不同的企业法人。虽然申诉人提交了相关证据，但是该证据不能直接证明印染厂和申诉人系同一主体的事实，且在武汉中院审查期间，经向申诉人释明后，其仍不能提交印染厂和申诉人系同一主体的直接证据，申诉人提出该理由的证据不足。因此，申诉人提出对登记在印染厂名下土地使用权排除执行的异议，主体不适格，其提出撤销新洲区法院（2018）鄂 0117 执异 26 号执行裁定书的请求，武汉中院不予支持。另外，关于申诉人提出新洲区法院（2017）鄂 0117 执 848 号之 9 号等三案执行决定书程序违法的复议理由。因申诉人在新洲区法院对其提出的异议审查期间，未提出该项异议理由，且不符合人民法院审查复议案件的受理范围，武汉中院对此不予审查。综上所述，新洲区法院（2018）鄂 0117 执异 26 号执行裁定书认定的事实清楚，适用法律正确，其效力应予维持。申诉人的复议理由证据不足，其请求，武汉中院不予支持。2018 年 8 月 29 日，武汉中院作出（2018）鄂 01 执复 233 号执行裁定，驳回复议申请，维持异议裁定。

申诉人不服，向湖北高院申诉称：1. 新洲区法院在明知申诉人不是被执行人，且执行拍卖财产中包含其土地房产的情形下，恶意对其财产查封拍卖，严重损害其合法权益。首先，新洲国土局给新洲区法院的《调查回函》及《湖北永生（集团）股份有限公司设立的武汉永生印染厂、武汉永生棉纺厂房产委托评估清单》中都明确评估的财产中包含申诉人的房产；其次，申诉人并不是本案的被执行人，但新洲区法院委托评估的涉案财产包含其名下土地，新洲区法院作出的（2017）鄂 0117 执 848 号之 2 号等三案的执行裁定中均明确该院以（2017）鄂 0117 执 848 号之 1 号执行裁定按现状查封了永生集团设立的印染厂名下的土地使用权及房产。2. 新洲区法院否认申诉人与印染厂为同一主体，侵犯了申诉人的合法权益。首先，国家企业信用信息网及当地工商部门均无法查询到印染厂的资料，客观上不存在印染厂这一主体；其次，申诉人的工商登记资料显示，其原名为印染厂，二者为同一主体，且最高人民法院（2008）民二终字第 132 号民事判决书中也予以确认。该案中，长城汉办根据阳土国用 XXXX 押字第 XX 号抵押证书记载抵押财产范围包括棉纺厂、印染厂房屋、土地及武汉永生染整厂房产等项目，主张申诉人承担担保责任。最高人民法院的判决中明确认定申诉人为印染厂，并判定申诉人因未办理抵押登记不应承担抵押担保责任。3. 新洲区法院在申诉人提交异议申请后不经审查就作出继续执行的决定，给申诉人造成了巨大的损失。申诉人于 2018 年 4 月 26 日向新洲区法院提出关于其主体资格及执行标的的异议后，新洲区法院在异议审查期间并未对执行标的暂停处分，而是在异议审查期间作出（2017）鄂 0117 执 848 号之 9 号等三案的执行决定书，继续拍卖涉案标的，程序严重违法。综上所述，请求湖北高院执行监督，撤销新洲区法院（2018）鄂 0117 执异 26 号、武汉中院（2018）鄂 01 执复 233 号执行裁定，并撤销新洲区法院（2017）鄂 0117 执 848 号之 1 号执行裁定中对申诉人名下 48279.51 平方米土地及地上房屋的查封，撤销新洲区法院（2017）鄂 0117 执 848 号之 2 号执行裁定对申诉人上述财产的拍卖，撤销新洲区法院（2017）鄂 0117 执 848 号之 9 号执行决定对申诉人上述财产的继续拍卖，并将已执行的申诉人的上述财产依法予以执行回转。

湖北高院在审查期间补充查明，武汉市工商行政管理局信息中心于 2017 年 7 月 20 日出具的《企业信息咨询报告》载明，申诉人注册号 4201171200824，成立日期是 1995 年 11 月 15 日，申诉人向工商行政管理部门申请四次变更事项：1997 年 7 月 18 日，变更法定代表人胡某生为蔡某国，1997 年 7 月 18 日变更主营范围纺织咨询为漂染技术咨询，2000 年 7 月 31 日变更法定代表人蔡某国为龚某国，2005 年 4 月 7 日变更注册号

4201171200554 为 4201171200824。

另查明，新洲区法院于 2018 年 4 月 27 日作出（2017）鄂 0117 执 848 号之 9 号等三案执行决定书载明，2018 年 4 月 27 日，祥盛公司向该院申请继续拍卖被执行人名下房地产，并提供了相应的财产担保。

湖北高院认为，本案焦点问题为：1. 申诉人是否具备申请案外人异议的主体资格。2. 新洲区法院在案外人异议审查期间处分异议标的是否违反法律规定。针对上述焦点问题，湖北高院分别评析如下：（一）关于申诉人是否具备申请案外人异议的主体资格问题。新洲区法院裁定按现状拍卖永生集团设立的印染厂名下位于湖北省武汉市阳逻开发区新阳大道实测面积为 48279.51 平方米的土地使用权，申诉人为此向新洲区法院提出排除对该案涉标的执行的异议。根据武汉中院查明事实，新洲县工商行政管理局于 1995 年 5 月 10 日向印染厂颁发《企业法人营业执照》载明印染厂注册号 17838316-8，而武汉市工商局于 1995 年 11 月 15 日办理了申诉人的开业注册登记，武汉市工商行政管理局新洲分局于 1997 年 7 月 18 日向申诉人颁发《企业法人营业执照》载明申诉人注册号 420117120055411。申诉人在本案审查期间亦未能提交证据证明其与印染厂系同一法律主体。因申诉人与新洲区法院执行的上述案涉标的并无利害关系，故武汉中院关于申诉人提出异议主体不适格的认定并无不当，该院予以维持。（二）关于新洲区法院在案外人异议审查期间处分异议标的是否违反法律规定问题。《最高人民法院关于适用执行程序若干问题的解释》第十条第一款规定："执行异议审查和复议期间，不停止执行。"第十六条第二款规定："案外人向人民法院提供充分、有效的担保请求解除对异议标的的查封、扣押、冻结的，人民法院可以准许；申请执行人提供充分、有效的担保请求继续执行的，应当继续执行。"据此，新洲区法院在申诉人向该院提出异议后，在祥盛公司向该院提供了相应的财产担保，并申请继续拍卖被执行人名下房地产的情况下，决定继续执行上述案涉标的符合法律规定。综上所述，申诉人关于撤销武汉中院（2018）鄂 01 执复 233 号执行裁定、新洲区法院（2018）鄂 0117 执异 26 号执行裁定的申诉请求，湖北高院不予支持，并于 2020 年 4 月 22 日作出（2019）鄂执监14号执行裁定，驳回申诉人的申诉。

申诉人不服，向最高人民法院申诉称，将违法执行申诉人的财产依法予以执行回转，以维护申诉人的合法权益。

最高人民法院认为，本案争议的焦点问题是：本案申诉人是否具备申请案外人异议的主体资格。

新洲区法院裁定按现状拍卖永生集团设立的印染厂名下位于湖北省武汉市阳逻开发区新阳大道实测面积为48279.51平方米土地使用权，申诉人主张该土地使用权及地上房屋属于其所有，以此请求撤销对登记在印染厂名下的该土地使用权的拍卖。依照《民事诉讼法》的相关规定，如对法院执行案外人的财产有异议，一般应当由该案外人向法院提交异议请求。本案中，根据湖北高院查明的事实，印染厂并非本案被执行人，因此对于新洲区法院拍卖案涉土地使用权，原则上应当由印染厂向法院提出执行异议，而不是由与案件无关的申诉人行使该权利。但申诉人主张，其与印染厂系同一主体，印染厂实际上现已不存在，之所以存在"永生印染厂"这一名称系当年工商登记错误所致。如果申诉人的该项主张属实，那么应当认定申诉人系本案提起执行异议的适格主体。因此，法院应当对申诉人与印染厂是否系同一主体进行审查；如能认定二者系同一主体，则应继续对申诉人能否排除执行进行审查，异议不成立的，则应告知申诉人通过案外人异议之诉或其他合法途径寻求救济。

根据武汉中院、湖北高院查明的事实，新洲县工商行政管理局于1995年5月10日向印染厂颁发《企业法人营业执照》载明印染厂注册号为17838316-8，而武汉市工商局于1995年11月15日办理了本案申诉人的开业注册登记，武汉市工商行政管理局新洲分局于1997年7月18日向本案申诉人颁发《企业法人营业执照》载明本案申诉人注册号420117120055411/1。但根据申诉人提交的证据材料，由武汉市工商行政管理局信息中心出具的申诉人资料中，"开业"部分第7项"生产经营场地证明（租赁协议或产权证明）第26－32页"，第32页的内容为"（四）核发《企业法人营业执照》及归档、公告"，该页注明的执照注册号为17838316-

8，标准日期为"1995.11.15新办"，且该页下方有"注：企业法人申请开业，（三）、（四）两栏的内容由工商行政管理局填写"的标注；此外，申诉人提交的同份材料中，有多份《企业法人年检报告书》的封面，都有以下内容：企业名称：武汉市永生漂染厂；原注册号：17838316-8；新注册号：4201171200554。因此，虽然申诉人现在的营业执照注册号与印染厂的注册号不同，但根据已查明的事实以及申诉人提交的初步证明材料，二者都使用过17838316-8的注册号，不能排除印染厂在生产、经营过程中发生过相关变更的可能性，对于印染厂与申诉人的关系、二者是否系同一主体以及印染厂的登记、经营状况等相关情况，湖北高院并未查清。在此情形下，湖北高院即认定本案申诉人提出异议主体不适格，并不妥当。最高人民法院裁定撤销湖北省高级人民法院（2019）鄂执监14号执行裁定；本案由湖北高院重新审查处理。

4.利害关系人执行异议的主体适格问题

《民事诉讼法》第232条规定的执行异议程序中涉及第三人，即"利害关系人"。该第三人，系指除执行当事人外，主张权益受到强制执行行为侵害的民事主体。[①]例如，在拍卖程序中，优先购买权人表示以最高价买受标的物，人民法院却将拍卖标的物拍归其他提出相同价格的竞买人，优先购买权人则可作为利害关系人提出异议。[②]这里的利害关系仅限于法律上的利害关系，不包含事实上的利害关系。《异议和复议规定》第5条对利害关系人进行了列举，主要有五种：一是在执行程序中主张因为人民法院违法执行行为而妨碍自己轮候查封的债权受偿的主体。二是主张人民法院在拍卖中的违法行为妨碍其公平竞价的主体。三是主张人民法院的变价措施违法，侵害其优先购买权的主体。四是认为人民法院要求其协助执行的事项超出其协助范围或者违反法律规定的主体。五是认为人民法院的违法执行行为

---

① 参见肖建国：《〈民事诉讼法〉执行编修改的若干问题探讨——以民事强制执行救济制度的适用为中心》，载《法律适用》2008年第4期。

② 参见肖建国主编：《民事执行法》，中国人民大学出版社2014年版，第196页。

侵害其他合法权益的主体。

5.其他第三人权利救济程序中主体适格问题

案外人申请再审中的第三人已为《审监程序解释》所明确。该解释规定对执行标的物拥有所有权或其他可转让权利的案外人是申请再审的适格主体。①

在追加变更执行当事人程序中的第三人，应当是与原执行当事人有权利义务的承继关系或者根据法律规定对对方执行当事人承担权利义务的主体。

这里需要特别注意的是，案外人申请不予执行仲裁裁决程序中的主体适格问题。《仲裁裁决执行规定》设立了案外人申请不予执行仲裁裁决的救济程序。该规定所涉及的案外人适格条件却容易发生理解上的歧义。

《仲裁裁决执行规定》第9条规定案外人向人民法院申请不予执行仲裁裁决或者仲裁调解书的，应当符合的条件有三项："（一）有证据证明仲裁案件当事人恶意申请仲裁或者虚假仲裁，损害其合法权益；（二）案外人主张的合法权益所涉及的执行标的尚未执行终结；（三）自知道或者应当知道人民法院对该标的采取执行措施之日起三十日内提出。"第18条规定法院支持案外人主张的条件有："（一）案外人系权利或者利益的主体；（二）案外人主张的权利或者利益合法、真实；（三）仲裁案件当事人之间存在虚构法律关系，捏造案件事实的情形；（四）仲裁裁决主文或者仲裁调解书处理当事人民事权利义务的结果部分或者全部错误，损害案外人合法权益。"从上述两条关于"案外人主张的合法权益所涉及的执行标的尚未执行终结""案外人系权利或者利益的主体""案外人主张的权利或者利益合法、真实"的表述来看，案外人似乎是对执行标的物主张权利排除执行，也就是说，这里的案外人与《民事诉讼法》第234条规定的案外人异议之诉的主体相一致。但是，《仲裁裁决执行规定》的立法目的是解决虚假仲裁问题，案外人申请不予执行仲裁裁决程序是参照《民事诉讼法》中第三人撤销之

---

① 参见江必新主编：《最高人民法院关于适用民事诉讼法审判监督程序司法解释理解与适用》，人民法院出版社2008年版，第56~57页。

诉的制度设计的。① 在实践中普通债权人可以作为第三人向法院提起撤销之诉，故在仲裁裁决中，另案普通债权的第三人似乎也可以向法院申请不予执行仲裁裁决。

我们认为对于上述两种理解应当结合立法目的确定。鉴于该项制度的目的与第三人撤销之诉的目的相同，则应当允许第三人基于普通债权申请不予执行仲裁裁决。但需要指出的是，虽然该解释在制度上为案外人申请不予执行仲裁裁决严格的条件，但是允许第三人基于普通债权申请不予执行仲裁裁决，无法避免诉权滥用，影响仲裁裁决的稳定性。这一点值得今后司法实践进一步关注，及时予以补正。

（二）第三人权利救济程序的实体权益法律规制

无权利则无救济。第三人之所以可以行使救济权利，根本在于其享有的实体权益受到损害。实体性救济程序自无争议，程序性救济程序尽管救济的直接对象是程序权利，但在根本上救济的权利仍为实体权益。最为典型的就是利害关系人根据《民事诉讼法》第232条提出异议复议程序，主要是因为执行行为的错误对利害关系人的实体权益产生了影响。如无影响，利害关系人并无启动程序的利益，不能启动救济程序。

民事权益范畴问题，即第三人能够基于何种类型的民事权益受损而寻求救济。下面，我们就几种典型的实体性救济程序逐一分析。

1. 第三人撤销之诉的民事权益范围

生效裁判损害第三人民事权益，是提起第三人撤销之诉的条件之一。如何确定《民事诉讼法》第59条第3款所规定的"民事权益"的范围是第三人撤销之诉中的重要问题。

在实践中，最高人民法院通过案件阐释了对第三人撤销之诉中民事权益的理解和把握。最高人民法院认为，第三人撤销之诉有别于普通民事诉讼，主要目的是保护受错误裁判损害的未参加本诉的第三人的权益。其起

---

① 参见刘贵祥、何东宁、林莹：《〈最高人民法院关于人民法院办理仲裁裁决执行案件若干问题的规定〉的理解与适用》，载《人民司法》2018年第13期。

诉条件应适用《民事诉讼法》第59条和《民事诉讼法解释》第290条的规定。在司法实践中，要防止滥用该项诉权损害生效裁判的稳定性。第三人撤销之诉是一种事后的救济程序，对于原告主体资格和范围的要求比第三人参加诉讼的标准更高，[①] 不仅要与原诉案件有法律利害关系，还必须具备生效裁判内容错误且损害其民事权益的实体性要件。[②]

实务界通常认为"民事权益"包括《民法典》第5章中第110条至第114条、第118条、第123条至第126条关于民事权益的规定[③]，以及《民法典》第386条[④]规定的担保物权人优先受偿权、《民法典》第538条至第542条[⑤]规定的债权人的撤销权、《民法典》第807条[⑥]规定的建设工程价款优先权，《海商法》第21条、第22条规定的船舶优先权、《企业破产法》第31条、第32条规定的破产债权撤销权。[⑦]实践中，第三人撤销之诉所救济或者依托实体权益的范围，主要是侵害第三人物权和债权两类。侵害物权的案件主要表现在本诉裁判处分了第三人的物权，包括所有权、担保物权、用益物权等；侵害债权的案件主要为本诉当事人恶意串通转移财产，逃避债务，增加作为债权人的第三人受偿的风险。[⑧]

第三人基于普通债权可否提起撤销之诉的问题是具有争议性的问题。普通债权原则上不宜以第三人撤销之诉程序保护，但是法律明确规定给予

---

① 骆电、兴成鹏：《金钱债权的申请执行人能否提起第三人撤销之诉》，载《人民司法（案例）》2018年第8期。

② 参见最高人民法院修改后民事诉讼法贯彻实施工作领导小组编著：《最高人民法院民事诉讼法司法解释理解与适用》，人民法院出版社2015年版，第779页。

③ 《侵权责任法》第2条第2款规定的民事权益，具体包括生命权、身体权、健康权、姓名权、名称权、肖像权、名誉权、荣誉权、隐私权、婚姻自主权、监护权、所有权、用益物权、担保物权、知识产权、继承权、股权和其他投资性权利等民事权利和利益。

④ 《担保法》第33条规定。

⑤ 《合同法》第74条规定。

⑥ 《合同法》第286条规定。

⑦ 参见最高人民法院修改后民事诉讼法贯彻实施工作领导小组编著：《最高人民法院民事诉讼法司法解释理解与适用》，人民法院出版社2015年版，第780页。

⑧ 如婚姻诉讼中假离婚真逃债；股东诉讼中，股东代表侵害其他股东利益。参见吴兆祥、沈莉：《民事诉讼法修改后的第三人撤销之诉与诉讼代理制度》，载《人民司法》2012年第23期。

特别保护的债权，包括法律规定的享有法定优先权或者法定撤销权的债权，可以启动第三人撤销之诉程序。[①]第三人以金钱债权受到侵害为由提起撤销之诉，如有证据证明原审当事人存在虚假诉讼的普通金钱债权，可以通过第三人撤销之诉救济。但是，因《民事诉讼法》和司法解释对此均没有明确规定，按此标准裁判则缺乏依据。司法实践中普通债权人提起第三人撤销之诉的案件数量较多，情形相对复杂，当事人之间的矛盾冲突也较大，因此第三人撤销之诉保护的民事权益是否包括普通债权应当结合司法实践分析。

第三人以债权受到侵害为由提起撤销之诉的问题主要涉及三个方面：一是第三人撤销之诉与根据《民法典》第 538 条至第 542 条[②]规定行使撤销权之间的关系。对于享有撤销权的债权，《民法典》第 541 条[③]规定的债权撤销权有五年除斥期间，如果调解书生效已经超过五年，是否还能够依据《民法典》第 538 条至第 542 条[④]以享有撤销权为由提起第三人撤销之诉。二是对涉及的其他债权请求权是否属于民事权益范畴，比如因"一房二卖"产生的另一买房人要求撤销原诉讼裁判和调解书，买房人主张受损害的也是债权请求权，是否属于第三人撤销之诉保护的民事权益范畴。三是对承租人的优先购买权受到侵害是否能够通过提起第三人撤销之诉解决。

第三人基于债权提起第三人撤销之诉的情形，我们先举最高人民法院的两个案例说明实务界对此的认识和分歧，以及最高人民法院的态度。

案例一：就争议标的物提出物权主张的，即便被认定为债权，是否可以提起第三人撤销之诉。[⑤]

2015 年 6 月，甲以乙、丙为被告，以丁为第三人，向 A 法院起诉称，2014 年 11 月，B 法院受理甲诉被告乙、丙、第三人丁物权纠纷一案，丙

---

① 参见最高人民法院修改后民事诉讼法贯彻实施工作领导小组编著：《最高人民法院民事诉讼法司法解释理解与适用》，人民法院出版社 2015 年版，第 780 页。

② 《合同法》第 74 条。

③ 《合同法》第 74 条。

④ 《合同法》第 74 条。

⑤ 最高人民法院（2015）民一终字第 383 号第三人撤销之诉纠纷案。

于 2015 年 4 月该案庭审中提交了 A 法院作出的民事调解书。该调解书载明将某处房屋登记在乙与丙之子丁名下，因该房屋系甲以乙名义购买的回迁安置房，且甲交纳了购房款，甲与乙之间应属购房指标转让行为，是一种权利的转让。A 法院民事调解书损害了甲的合法权益。故根据 2017 年《民事诉讼法》第 56 条的规定，提起第三人撤销之诉，请求判决撤销 A 法院民事调解书；确认回迁安置房指标转让行为有效，甲对案涉房屋具有所有权；乙、丙协助甲办理房屋过户手续。

A 法院认为，本案争议房屋原登记在乙名下，后变更为丁。不动产物权未经登记不产生物权效力。即使甲声称该房屋是其借名购买的主张属实，其仅能对乙主张债权。故甲不符合 2017 年《民事诉讼法》第 56 条规定的第三人的条件，不具备提起撤销之诉的主体资格。[①] 该院裁定对甲的起诉不予受理。

甲不服上诉。甲认为，不动产登记的公示效力并不影响相关利害关系人对产权要求确权。案涉房屋此前并未办理产权登记，乙、丙凭 A 法院民事调解书直接将该房屋登记在丁名下，而甲已经提供证据证明该房屋系由甲出资购买，足以推翻房地产管理部门的房产登记。房屋登记在谁名下并不影响甲享有的实体法上权利的实现。一旦法院经过审理确认甲的理由成立，可以通过判决变更讼争房屋的所有权人。A 法院民事调解书对甲出资购买的房屋进行了处分，损害了甲的利益。甲作为利害关系人有权根据 2017 年《民事诉讼法》第 56 条的规定提起第三人撤销之诉。

最高人民法院认为，乙与丙通过 A 法院民事调解书将案涉乙名下房产处分给了丁。甲主张该房产系其借名购买的回迁安置房，是该房产的所有权人。因此，就 A 法院审理的乙与丙纠纷案件而言，甲应被认定为有独立请求权的第三人。同时，甲在提起本案诉讼时提交了经济适用房买卖合同等证据材料。虽然第三人撤销之诉案件在立案阶段对当事人举证责任的要求比普通民事案件要求高，但并不要求达到足以证明被请求撤销的裁判文

---

① 理由参见（2015）粤高法立民初字第 1 号民事裁定书。

书确有错误的高度。甲亦符合提起第三人撤销之诉的其他条件，A法院应予受理。最高人民法院作出裁定，撤销A法院民事裁定，指令A法院审理本案。

本案A法院认为甲主张的权利为债权，故其对乙主张相应债权而不符合2017年《民事诉讼法》第56条规定的第三人的条件，不能提起第三人撤销之诉。最高人民法院则认为甲主张其为该房产的所有权人，就乙与丙纠纷案而言，甲应被认定为有独立请求权的第三人，进而根据第三人撤销之诉的审查条件裁定本案应当按照第三人撤销之诉处理。本案一审及二审法院对第三人的权益判断有所区别，导致案件结果的不同。可见，对第三人为有独立请求权第三人或者无独立请求权第三人的认定，决定着第三人撤销之诉的启动程序，而这种判断又与实体权益有着紧密联系。就本案而言，甲主张的虽然为债权，但其基础权利为主张对争议标的物的所有权，故最终二审法院支持了其提起第三人撤销之诉的程序请求。

与本案相类似的还有"一房二卖"的情形。[①]多个民事主体对同一不动产主张相同性质的权利，法院一般认为在后提起撤销之诉的第三人在前诉中属于有独立请求权第三人。司法实践中的观点认为，在"一房二卖"等一个特定标的物上设定了性质相同的互相冲突的相同权利的情形下，不同权利人都属于其他权利人就特定标的物交付诉讼中的有独立请求权第三人，只是法院需要判断哪个买卖合同更值得保护。在涉及虚假诉讼等不正当诉讼行为的情形下，法院有必要先承认原告为有独立请求权第三人，然后再确认某一权利是否排他性地存在。

案例二：虽然第三人对本诉合同纠纷案件所涉诉讼标的不享有独立的请求权，但本诉案件的处理结果与第三人有法律上的利害关系，则应认定第三人为本诉的无独立请求权第三人，进而认定该第三人具备提起撤销之诉的主体资格。[②]

---

① 相关"一物二卖"案例可见王亚新：《第三人撤销之诉原告适格的再考察》，载《法学研究》2014年第6期。

② 参见最高人民法院（2016）最高法民终145号第三人撤销之诉纠纷案。

2008 年 12 月至 2009 年 1 月，甲经营的养殖厂从信用合作社贷款，乙为其提供担保。贷款到期后，乙代养殖厂偿还借款本息，乙向甲行使担保追偿权。2010 年 12 月，甲与丙签订资产转让合同，将养殖厂转让给丙。丙未履行合同义务，甲诉至 A 法院。该院作出民事判决，判令丙将养殖厂的资产归还甲，赔偿甲实际损失及违约金。丙不服，上诉至 L 法院。L 法院根据调解协议作出民事调解书，确认养殖厂归丙所有，甲与丙双方同意将原转让款变更。该调解书履行完毕。在 T 法院受理的乙诉甲、丁养殖厂、丙保证合同纠纷一案诉讼中，乙提出的诉讼保全申请，T 法院于 2013 年 5 月作出民事裁定，冻结了养殖厂拖欠甲的财产，并于 2013 年 6 月作出民事判决。乙于 2013 年 8 月申请执行，其中包含甲对丁养殖厂（投资人为丙）的到期债权。2014 年 1 月，T 法院裁定对丁养殖厂的财产予以查封。

乙认为 L 法院调解书错误，损害其民事权益，向 L 法院提起第三人撤销之诉，请求撤销 L 法院调解书，维持 A 法院民事判决。

L 法院认为，第三人撤销之诉是一种针对生效裁判的特别救济程序，故除了具备起诉的一般要件外，起诉主体应为其要求撤销生效裁判诉讼中有正当理由未参加诉讼的第三人。乙以该调解书损害了其民事权益为由，提起第三人撤销之诉。甲与乙之间是担保追偿权法律关系，甲与丙之间是买卖合同法律关系，且双方已履行完毕。乙对甲与丙买卖合同纠纷案件的诉讼标的没有请求权，亦没有直接的利害关系，其既不属于有独立请求权的第三人，也不属于无独立请求权的第三人。L 法院裁定驳回乙的起诉。乙不服，提起上诉。

就乙是否具备提起本案第三人撤销之诉的主体资格问题，最高人民法院认为，确定乙是否具备提起本案撤销之诉的主体资格，须确定其是否为甲与丙买卖合同纠纷诉讼中的第三人。乙因代偿贷款后行使追偿权对甲享有债权，而 L 法院调解书系针对甲与丙之间买卖合同纠纷的诉讼作出，甲与丙就养殖厂的买卖签有转让合同书，乙并非该合同的权利义务主体。因此，乙对甲与丙间买卖合同纠纷案件的诉讼标的不享有独立的请求权，不属于该案有独立请求权的第三人。乙对甲的债权已经法院生效民事判决确认并进入执行程序，乙申请执行的财产中包括了甲对丁养殖厂（投资人为丙）的到期债权。丙在执行程序中向法院确认其欠付甲转让款数额，承诺同意经法院向乙履行，并已实际给付了部分款项，T法院之后对丁养殖厂的相关财产予以冻结查封。甲与丙因养殖厂资产转让合同发生纠纷并诉至法院是在对甲的财产进行执行期间。在此情形下，丙与甲资产转让合同的权利义务发生变化时，则可能对上述甲财产的执行产生影响，因此，甲与丙买卖合同纠纷诉讼处理结果与乙存在牵连关系，影响到乙的利益。据此，应认定乙与甲和丙买卖合同纠纷的处理结果有法律上的利害关系，乙属于无独立请求权第三人。L法院未考虑基于T法院诉讼保全行为及执行程序所产生的甲和丙买卖合同纠纷诉讼处理结果与乙对甲债权执行之间的牵连关系，以及可能对乙的利益产生的影响，仅以乙与甲和丙买卖合同纠纷案件的诉讼标的没有直接的利害关系为由，认定乙不属于该案中无独立请求权第三人，进而否定乙具备提起撤销之诉的主体资格，不利于对乙合法民事权益的保护，与第三人撤销之诉的立法本意亦不相吻合。乙虽然对买卖合同纠纷案件诉讼标的不享有独立请求权，但其与该案处理结果有法律上的利害关系，应认定为该案中的无独立请求权第三人，具备提起本案第三人撤销之诉的主体资格。最高人民法院作出裁定撤销L法院民事裁定，指令L法院对本案进行审理。

　　从上面两个案例可见，在认定第三人撤销之诉的适格主体时，法院的态度都是将一般债权人解释为前诉的无独立请求权第三人。但是这种做法受到怀疑，将一般债权人视为前诉的无独立请求权第三人较为勉强。毕竟第三人仅是对前诉的债务人享有一般债权，与前诉当事人之间的法律关系并无直接的关系。但是，如前诉认为债权人侵害第三人债权有虚假诉讼之虞时，则能够理解法院认定普通债权人为与前诉"有法律上的利害关系"，因而先启动第三人撤销之诉，在之后的诉讼审理程序中再进一步查明认定。[①] 对此，有观点认为，对法院认定一般债权人在债权受到侵害的情况下

---

　　① 王亚新教授对这种情况也曾列举相类似的案例，并进行了详细的分析。参见王亚新：《第三人撤销之诉原告适格的再考察》，载《法学研究》2014年第6期。

可以提起第三人撤销之诉的内在逻辑，在学理上可以从类似于"防止虚假诉讼侵害自身权益的诉讼参加"的事后效力的角度来解释。[①] 该制度是日本民事诉讼法和我国台湾地区"民事诉讼法"规定的。基本的运行机制就是第三人发现他人的诉讼为虚假诉讼将侵害自身合法权益时，可向法院申请参加该诉讼，以便于维护自身合法权益免受侵害。[②] 这种参加到诉讼中的第三人地位与我国有独立请求权第三人基本一致。因此，有观点认为，应当扩大解释我国民事诉讼法上有关第三人的范围，将防止虚假诉讼侵害的诉讼参加作为有独立请求权第三人申请参加诉讼的事由之一。[③] 该类第三人因不能归责于自己的事由而未参加诉讼的，应当允许通过第三人撤销之诉救济，这就是"防止虚假诉讼侵害自身权益的诉讼参加"的事后效力。[④] 而对于一般债权人作为第三人提起撤销之诉的问题，也有不同认识。有观点认为，根据《民法典》关于撤销权的规定，可以将一般债权人针对前诉当事人之间的生效裁判提起诉讼作为第三人行使实体法上的撤销权的方式。[⑤] 因此，一般债权人原则上都应限定在行使实体法上的撤销权范围内才能被允许对前诉提起撤销之诉。[⑥] 但也有观点认为，除了把实体法上权利作为第三人启动撤销之诉的依据，关键要看此类第三人是否能够初步证明前诉为虚假诉讼，因

---

① 王亚新教授对这种情况也曾列举相类似的案例，并进行了详细的分析。参见王亚新：《第三人撤销之诉原告适格的再考察》，载《法学研究》2014 年第 6 期。

② 《日本民事诉讼法》第 47 条第 1 项规定："主张诉讼结果侵害其权利或者诉讼标的的全部或部分为其权利的第三人可将该诉讼的当事人双方或一方为相对方，作为当事人参加该诉讼。"参见曹云吉译：《日本民事诉讼法典》，厦门大学出版社 2017 年版，第 21 页。该条文中的"主张诉讼结果侵害其权利"的第三人作为当事人参加该诉讼，被认为是"防止虚假诉讼侵害自身权益的诉讼参加"的规定。相关说明参见［日］新堂幸司：《新民事诉讼法》，日本弘文堂 1998 年版，第 711 页，转引自王亚新：《第三人撤销之诉原告适格的再考察》，载《法学研究》2014 年第 6 期。

③ 参见肖建华：《主参加诉讼的诈害防止功能》，载《法学杂志》2000 年第 5 期。王亚新教授也认同该观点。参见王亚新：《第三人撤销之诉原告适格的再考察》，载《法学研究》2014 年第 6 期。

④ 王亚新：《第三人撤销之诉原告适格的再考察》，载《法学研究》2014 年第 6 期。

⑤ 在本书案例一中，原告也提出了该项理由。

⑥ 参见吴泽勇：《第三人撤销之诉的原告适格》，载《法学研究》2014 年第 3 期。

为法院在受理案件时会考量前诉是否疑似为虚假诉讼这一事实。[①]

2. 案外人申请再审的民事权益范畴

2008 年《审监程序解释》第 5 条第 1 款规定"案外人对原判决、裁定、调解书确定的执行标的物主张权利"事由，主要是指物权。第 2 款中的"执行标的"应理解为既包括主张所有权，又包括其他可转让的权利；既包括有形的财产权利，又包括无形的财产权利，如知识产权。[②]

需要关注的是，案外人基于普通债权是否可以申请再审。第三人撤销之诉在实践中已经向普通债权扩张，作为在功能和制度设计上相类似的案外人申请再审，是否也应当将普通债权囊括其中。我们认为这个问题应当从制度的实际效果出发考察。自第三人撤销之诉设立以来，理论界一直存在如何协调第三人撤销之诉与案外人申请再审关系的问题。有观点认为，第三人撤销之诉与案外人申请再审功能基本重合，但是案外人申请再审仍有其特殊的功能，有存在的必要性。[③]我们认为这种观点有其合理性，但是，承认案外人申请再审制度存在的必要性并不意味着要将该项制度的实体权益范围与第三人撤销之诉完全统一起来。因为从实践效果来看，第三人撤销之诉扩展到普通债权的效果并不好，如果将案外人申请再审的实体权益范围也解释为包含普通债权，那么这样的后果便是让第三人权利救济程序体系的边界又向外突出了一部分，整个体系的边界更向外膨胀，进而对整个民事程序构架的稳定性产生冲击。因此，案外人申请再审的实体权益范围不应包含普通债权。

3. 案外人异议的民事权益范畴

关于案外人提出异议的权利类型。从国外的相关立法例来看，《德国民事诉讼法》规定第三人声称对强制执行的标的物上有阻止让与的权利，《日

---

① 参见王亚新：《第三人撤销之诉原告适格的再考察》，载《法学研究》2014 年第 6 期。

② 参见江必新主编：《最高人民法院关于适用民事诉讼法审判监督程序司法解释理解与适用》，人民法院出版社 2008 年版，第 56~57 页。

③ 参见张卫平：《中国第三人撤销之诉的制度构成与适用》，载《中外法学》2013 年第 1 期。

本民事诉讼法》规定第三人声称对于强制执行的标的物拥有所有权或其妨碍标的物转让或交付的权利，《法国民事诉讼法》规定第三人声称对于强制执行的标的物"应当具有利益"，即便是精神利益也包含其中。

《执行程序解释》第14条概括了案外人的民事权益种类，主要为对执行标的主张所有权以及有其他足以阻止执行标的转让、交付的实体权利。由于案外人异议之诉的范围既包含金钱债权执行案件中的案外人异议之诉，也包含非金钱债权执行案件（物之交付请求权案件、行为执行案件）中的案外人异议之诉，因此，就整个案外人异议之诉的实体权利范围来说，内容复杂，且应当区分两种类型案件确定实体权益类型。金钱债权执行案件中的民事权益，我们在此予以分析，而对于非金钱债权执行案件，亦即物之交付请求权案件中的实体权利，将在第四章中结合相关制度安排予以详述。

对金钱债权的执行案件能够排除执行效力的实体权利类型，存在不同的认识。有的观点认为，结合民法规定，能够排除执行的主要为所有权、用益物权、担保物权、占有、孳息收取权、债权、依法保全的标的物。[①] 有观点认为，能够排除执行的权利主要为所有权（包括所有权保留）、担保物权、租赁权、例外情况下的债权、用益物权。[②] 从学理通说及司法实践看[③]，金钱债权执行中能够产生排除执行效力的实体权利主要是所有权（保留所

---

① 肖建国认为，结合民法规定，能够排除执行的主要为所有权、用益物权、担保物权、占有、孳息收取权、债权、依法保全的标的物。参见肖建国：《〈民事诉讼法〉执行编修改的若干问题探讨——以民事强制执行救济制度的适用为中心》，载《法律适用》2008年第4期。张卫平持类似观点，参见张卫平：《案外人异议之诉》，载《法学研究》2009年第1期。

② 参见汤维建、陈爱飞：《"足以排除强制执行民事权益"的类型化分析》，载《苏州大学学报（哲学社会科学版）》2018年第2期。

③ 关于实践中对排除执行权利的总结，参见《浙江省高级人民法院关于审理案外人异议之诉和许可执行之诉案件的指导意见》第8条、《北京市高级人民法院关于审理执行异议之诉案件适用法律若干问题的指导意见（试行）》第6条，以及《江苏省高级人民法院执行异议之诉案件审理指南》《江西省高级人民法院执行异议之诉案件审理指南》的相关规定。

有权）、担保物权、特殊情形下的债权、与占有相关的权利。[①]

（1）所有权。一般来说，强制执行程序只能以被执行人的财产为标的。除非法律有特别规定或者申请执行人的债权能够限制案外第三人的所有权，否则不能执行案外第三人拥有所有权的财产。但有观点认为，并非全部所有权都能排除强制执行，有的所有权不在排除执行的权益范围内。主要包括以下几类：一是担保物转让后的所有权。债务人的担保物在设定担保物权后又转让给第三人的，该第三人享有的物权所有权因担保物权效力仍存而不能阻却执行。二是违章建筑被转让后原始建筑人的所有权。法院在执行受让人债务时，违章建筑的原始所有人享有的所有权不得阻却执行。三是第三人自愿提供执行财产的所有权。在执行程序中，第三人可以自己所有财产代替债务人履行债务，一旦作出意思表示且被法院准许则不能反悔，执行过程中该所有权不得阻却执行。

对所有权保留买卖合同中保留所有权的标的物执行一直是执行中争议较大的问题。一是买受人作为被执行人的案件中，出卖人能否提起案外人异议；二是出卖人作为被执行人的案件中，买受人能否提起案外人异议。对此，域外理论和实践有不同认识。根据德国通说及判例，买受人为被执行人时，出卖人可以启动案外人异议之诉主张权利，出卖人为所有权人、买受人处于期待权人的地位；出卖人为被执行人时，买受人也可以提出案外人异议之诉。但也有观点认为，在分期付款买卖情形下，买受人为所有权人，出卖人不得提出案外人异议之诉，但可以就变价款优先受偿；出卖人为被执行人时，不得对保留所有权的标的物强制执行，因为标的物被买受人占有，交付存在困难。[②]

（2）担保物权。《民法典》第386条规定，担保物权人享有就担保财产

---

① 参见肖建国主编：《民事执行法》，中国人民大学出版社2014年版，第203~205页。也有观点认为，能够排除执行的权利有所有权、担保物权、用益物权、债权、占有等民事权益。笔者认为，该观点与笔者观点基本相同，仅为归类表述一致。参见肖建国、庄诗岳：《论案外人异议之诉中足以排除强制执行的民事权益——以虚假登记财产的执行为中心》，载《法律适用》2018年第15期。

② 参见刘得宽：《民法诸问题与新展望》，中国政法大学出版社2002年版，第24~25页。

变价款优先受偿的权利。通常，担保财产被执行时，享有担保物权的案外人在执行程序中主张担保物权时，仅能获得担保财产变价款的优先受偿权，不能阻却执行的进行。但质权和留置权是否为排除执行的权利，存在争议。我国台湾地区的主流观点主张，动产质权与留置权均以占有动产为权利要件。在执行过程中，执行侵害标的物占有的，质权和留置权因丧失占有而不复存在，这两种权利可以排除执行，故可提出案外人异议之诉。相反观点认为，强制执行质押物和留置物时，质权和留置权人可以通过参与分配对变价款优先受偿，不能排除执行。而对质押物和留置物的占有，则可通过查封后由质权人和留置权人保管的方式保留占有，查封或者保管方法不当致使质权人和留置权人丧失占有的，则属执行行为违法，应在程序上救济其权利，而非排除执行。

我们认为，就我国大陆地区对占有的不同认识而言，包括质权和留置权在内的担保物权仅得主张优先受偿权而不能排除执行，但是应当保障第三人提起案外人异议的救济权利。当然，应当注意的是，基于公共利益的考量部分特殊财产的担保物被赋予了阻却执行的效力。例如，为维护正常的证券交易结算秩序，《最高人民法院、最高人民检察院、公安部、中国证券监督管理委员会关于查询、冻结、扣划证券和证券交易结算资金有关问题的通知》第7条规定，证券登记结算机构依照业务规则要求结算参与人、投资者或者发行人提供的回购质押券、价差担保物、行权担保物、履约担保物，在交收完成之前不得冻结、扣划。

【实践】指导案例 155 号

中国建设银行股份有限公司怀化市分行
诉中国华融资产管理股份有限公司
湖南省分公司等案外人执行异议之诉案

（最高人民法院审判委员会讨论通过　2021 年 2 月 19 日发布）

关键词　民事　案外人执行异议之诉　与原判决、裁定无关　抵押权

裁判要点

在抵押权强制执行中，案外人以其在抵押登记之前购买了抵押房产，享有优先于抵押权的权利为由提起执行异议之诉，主张依据《最高人民法院关于人民法院办理执行异议和复议案件若干问题的规定》排除强制执行，但不否认抵押权人对抵押房产的优先受偿权的，属于民事诉讼法第二百二十七条规定的"与原判决、裁定无关"的情形，人民法院应予依法受理。

相关法条

《中华人民共和国民事诉讼法》第 227 条

基本案情

中国华融资产管理股份有限公司湖南省分公司（以下简称华融湖南分公司）与怀化英泰建设投资有限公司（以下简称英泰公司）、东星建设工程集团有限公司（以下简称东星公司）、湖南辰溪华中水泥有限公司（以下简称华中水泥公司）、谢某某、陈某某合同纠纷一案，湖南省高级人民法院（以下简称湖南高院）于 2014 年 12 月 12 日作出（2014）湘高法民二初字第 32 号民事判决（以下简称第 32 号判决），判决解除华融湖南分公司与英泰公司签订的《债务重组协议》，由英泰公司向华融湖南分公司偿还债务9800 万元及重组收益、违约金和律师代理费，东星公司、华中水泥公司、谢某某、陈某某承担连带清偿责任。未按期履行清偿义务的，华融湖南分公司有权以英泰公司已办理抵押登记的房产 3194.52 平方米、2709.09 平方米及相应土地使用权作为抵押物折价或者以拍卖、变卖该抵押物所得价款优先受偿。双方均未上诉，该判决生效。英泰公司未按期履行第 32 号判决

所确定的清偿义务，华融湖南分公司向湖南高院申请强制执行。湖南高院执行立案后，作出拍卖公告拟拍卖第32号判决所确定华融湖南分公司享有优先受偿权的案涉房产。

中国建设银行股份有限公司怀化市分行（以下简称建行怀化分行）以其已签订房屋买卖合同且支付购房款为由向湖南高院提出执行异议。该院于2017年12月12日作出（2017）湘执异75号执行裁定书，驳回建行怀化分行的异议请求。建行怀化分行遂提起案外人执行异议之诉，请求不得执行案涉房产，确认华融湖南分公司对案涉房产的优先受偿权不得对抗建行怀化分行。

裁判结果

湖南省高级人民法院于2018年9月10日作出（2018）湘民初10号民事裁定：驳回中国建设银行股份有限公司怀化市分行的起诉。中国建设银行股份有限公司怀化市分行不服上述裁定，向最高人民法院提起上诉。最高人民法院于2019年9月23日作出（2019）最高法民终603号裁定：一、撤销湖南省高级人民法院（2018）湘民初10号民事裁定；二、本案指令湖南省高级人民法院审理。

裁判理由

最高人民法院认为，民事诉讼法第二百二十七条规定："执行过程中，案外人对执行标的提出书面异议的，人民法院应当自收到书面异议之日起十五日内审查，理由成立的，裁定中止对该标的的执行；理由不成立的，裁定驳回。案外人、当事人对裁定不服，认为原判决、裁定错误的，依照审判监督程序办理；与原判决、裁定无关的，可以自裁定送达之日起十五日内向人民法院提起诉讼。"《最高人民法院关于适用〈中华人民共和国民事诉讼法〉的解释》（以下简称《民事诉讼法解释》）第三百零五条进一步规定："案外人提起执行异议之诉，除符合民事诉讼法第一百一十九条规定外，还应当具备下列条件：（一）案外人的执行异议申请已经被人民法院裁定驳回；（二）有明确的排除对执行标的的执行的诉讼请求，且诉讼请求与原判决、裁定无关；（三）自执行异议裁定送达之日起十五日内提起。人民法院应当在收到起诉状之日起十五日内决定是否立案。"可见,《民事诉讼法解释》第三百零五条明确,案外人提起执行异议之诉,应当符合"诉讼请求与原判决、裁定无关"这一条件。因此,民事诉讼法第二百二十七条规定的"与原判决、裁定无关"应为"诉讼请求"与原判决、裁定无关。

华融湖南分公司申请强制执行所依据的原判决即第32号判决的主文内容是判决英泰公司向华融湖南分公司偿还债务9800万元及重组收益、违约金和律师代理费,华融湖南分公司有权以案涉房产作为抵押物折价或者以拍卖、变卖该抵押物所得价款优先受偿。本案中,建行怀化分行一审诉讼请求是排除对案涉房产的强制执行,确认华融湖南分公司对案涉房产的优先受偿权不得对抗建行怀化分行,起诉理由是其签订购房合同、支付购房款及占有案涉房产在办理抵押之前,进而主张排除对案涉房产的强制执行。建行怀化分行在本案中并未否定华融湖南分公司对案涉房产享有的抵押权,也未请求纠正第32号判决,实际上其诉请解决的是基于房屋买卖对案涉房产享有的权益与华融湖南分公司对案涉房产所享有的抵押权之间的权利顺位问题,这属于"与原判决、裁定无关"的情形,是执行异议之诉案件审理的内容,应予立案审理。

(生效裁判审判人员:高燕竹、奚向阳、杨蕾)

(3)特殊情形下的债权。《最高人民法院关于人民法院民事执行中查封、扣押、冻结财产的规定》第15条规定:"被执行人将其所有的需要办理过户登记的财产出卖给第三人,第三人已经支付部分或者全部价款并实际占有该财产,但尚未办理产权过户登记手续的,人民法院可以查封、扣押、冻结;第三人已经支付全部价款并实际占有,但未办理过户登记手续的,如果第三人对此没有过错,人民法院不得查封、扣押、冻结。"登记在被执行人名下财产的无过错买受人对标的物虽然不享有所有权,享有的是物的登记请求权,属债权请求权。此权利与一般债权有所不同,法律基于特殊的价值取向赋予其排除普通债权甚至抵押权的效力,这种权利被认为是学理上的物权期待权。① 这种权利被认为可以排除执行。

（4）与占有相关的权利。第三人可否就对执行标的物的占有提起案外人异议主张排除执行？对此问题，有观点主张，占有为事实而非权利，在占有标的物上占有人主张的权利被推定为合法存在，占有人必须主张排除执行的权利才能提出案外人异议之诉，所以应否定基于占有提出案外人异议之诉的权利。法律应当保护占有人的占有，其可以在对标的物的使用收益受到执行侵害时提出异议。有观点认为，基于占有能否提出异议，应视情况而定。被执行人对标的物不享有所有权的，占有人可以就执行侵害其权益提起异议之诉；标的物为被执行人占有的，占有人可基于占有的本权提出异议之诉，但不能基于单纯占有的事实，提起异议之诉排除执行。

就实践而言，基于占有的权利主要体现在用益物权和租赁权。用益物权和租赁权是以对物的使用、收益为权利内容，故案外第三人主张对执行标的物享有用益物权和租赁权的，虽然不能阻却执行标的物的转让，但是可以阻却标的物的交付占有。②

（三）第三人权利救济程序的司法实践样态

第三人权利救济程序在设立后有着不同的实践状态。就进入第三人撤销之诉程序的案件来说，不同区域出现了不同的实践情况。

广东省佛山市中级人民法院发现，2013 年第三人撤销之诉数量猛增。据该院的司法统计分析，以往佛山两级法院每年受理的案外人对生效裁判提出异议的案件仅为几件，而 2013 年前 10 个月法院受理的该类案件数量就达 67 件，较 2012 年度增加了 12 倍多，也是 2011 年与 2012 年两年受理此类案件总数的 2.5 倍。③ 值得注意的是，上述案件的诉讼请求皆为撤销或

---

① 物权期待权的理论和实践源自德国。对于物权期待权的性质，一直存在争议。但德国主流观点认为属于类似于物权请求权的权利，但反对观点则认为物权期待权仍旧为债权请求权，与一般债权并无二致。

② 参见江必新、刘贵祥主编：《最高人民法院关于人民法院办理执行异议和复议案件若干问题规定理解与适用》，人民法院出版社 2015 年版，第 340~341 页。

③ 参见林劲标、凌蔚、卢柱平：《第三人撤销之诉猛增 纠错需要还是滥用诉权》，载《人民法院报》2013 年 12 月 23 日。

者改变生效裁判，原告并未选择申请再审程序。再审程序启动的复杂性使得部分当事人更愿意选择第三人撤销之诉来实现目的，会变相架空案外人申请再审制度。[1]

而在上海地区，有的基层法院 2013 年至 2015 年年均一审民事案件受理数量为 1.5 万余件，第三人撤销之诉却仅受理过 1 件。案外人申请再审更是从未有过裁定受理案例。即使是受理较多的执行异议案件，在执行异议的审理转至审监庭后，就审查标准和异议之后的程序安排，不同部门的意见相左，第三人难以通过撤销之诉程序或者申请再审程序救济权利。[2]

有研究者随机检索出 2013 年 1 月 1 日至 2015 年 7 月 10 日 50 件第三人撤销之诉的一审裁判：裁定不予受理和驳回起诉的共有 23 件，占 46%；撤诉 12 件；判决驳回诉讼请求 11 件；判决撤销原判决的仅有 4 件，占 8%。该结果说明第三人撤销之诉在法院审理中难以得到支持。法院支持较少的原因：一方面是第三人在举证方面面临一些困难，另一方面则是法院出于对第三人撤销之诉可能被滥用的担心，在审理中提高了支持第三人诉讼请求的门槛。例如，在前述佛山法院审理的案件中，第三人诉讼请求获得支持的只有 3 件，80% 以上的请求被法院驳回。[3]第三人撤销之诉呈现出启动多支持少的运行态势。

二、第三人权利救济程序的限制

现代社会，诉权保障是人权保障的重要内容。但是，任何权利的行使都不能侵害国家利益、社会公共利益和他人合法权益。诉权的行使也不得侵害当事人利益和第三人利益，否则构成诉权滥用。近些年来，随着第三人权利救济程序体系的不断扩大，第三人的权利保障有了充分的法律依据。

---

[1] 参见林劲标、凌蔚、卢柱平：《第三人撤销之诉猛增 纠错需要还是滥用诉权》，载《人民法院报》2013 年 12 月 23 日。

[2] 参见周圣、张玙：《执行中案外人权益救济诉讼制度研究——探究执行异议、第三人撤销之诉及再审程序的竞合与选择》，载刘贵祥、宋朝武主编：《强制执行的理论与制度创新》，中国政法大学出版社 2017 年版，第 286~298 页。

[3] 参见林劲标、凌蔚、卢柱平：《第三人撤销之诉猛增 纠错需要还是滥用诉权》，载《人民法院报》2013 年 12 月 23 日。

然而，民事主体通过第三人救济权利程序损害当事人的合法权益也不鲜见，有的甚至呈现出高发态势。目前的体系内的制度之间第三人权利救济程序重叠，也导致和加重了部分第三人通过程序拖延时间等侵害其他当事人合法权益。因此，有必要划清第三人权利救济程序的边界，防止权利逾越侵害当事人合法权益。

（一）限制第三人权利救济程序的必要性

第三人恶意利用救济程序侵害其他合法权益的表现形式主要为恶意规避债务和干扰程序进程。

一是恶意启动程序，规避债务。实践中，有的第三人与当事人合谋，虚构法律事实，通过救济程序排除本诉债权人权利。例如，第三人撤销之诉对现有第三人权利救济体系产生了重要的影响：该项制度一方面为第三人提供了一种新的权利救济途径，丰富了第三人救济权利的手段，有利于维护第三人合法利益；另一方面也为某些第三人滥用救济权利，获取过度救济埋下了制度隐患。因此，学界认为，第三人撤销之诉是一把"双刃剑"，适用不当引发新的恶意诉讼问题，[①] 严重影响生效裁判的稳定性。事实上，一些地方已经出现了过度提起第三人撤销之诉的情况。[②] 又如，案外人执行异议之诉案件，有的第三人通过与被执行人合谋，倒签买卖合同、配以之前其他经济往来的支付证据和虚构的占有事实，主张排除对执行标的物的执行。再如，在到期债权的执行中，有的作为次债务人的第三人通过恶意提出异议，在程序上阻却法院强制执行进而转移财产、逃避债务。《执行规定》第47条规定，第三人在履行债务通知确定的期限内提出异议的，履行到期债权通知保全债权的效力即告消灭，人民法院对该异议不进行任何审查，停止对该第三人强制执行，申请执行人应当通过另行诉讼的方式

---

① 参见宋朝武：《新〈民事诉讼法〉视野下的恶意诉讼规制》，载《现代法学》2014年第6期。

② 参见林劲标、凌蔚、卢柱平：《第三人撤销之诉猛增 纠错需要还是滥用诉权》，载《人民法院报》2013年12月23日。

主张对次债务人（第三人）的权利。在实践中，常有第三人借该异议程序逃避执行，而法院对到期债权执行却束手无策。①

二是干扰程序进程，一方当事人为了延缓其他程序的进程，通过与第三人合谋启动第三人权利救济程序，给对方当事人造成讼累，干扰对方当事人根据正当程序所能取得的预期效果。

权利与义务对应且平等。一方面，第三人的义务不得被随意扩延。既判力具有相对性，原则上只及于当事人和提出请求和与请求相对立的第三人，不是绝对的针对任何人。这里提出请求和与请求相对立的第三人就是指有独立请求权的第三人和被判决承担义务的无独立请求权的第三人，对与请求的诉讼标的无关的案外人不发生效力。民事诉讼的主要目的是维护社会秩序，解决权利义务纠纷。判决以提出请求和与请求相对立的第三人在法庭审理中的主张为基础，因而判决也只能相对拘束此种第三人。如果判决随便拘束未参与程序的第三人，就侵犯了第三人享有的程序保障权。另一方面，第三人权利的救济有其固定的边界，如若放任不特定的第三人可以随便启动程序，引发公权力审查程序，不但影响正常程序发展进程，如诉讼程序、执行程序的中断，还会造成司法资源浪费。现行法律规定的第三人权利救济体系包括诉讼过程中、判决生效后到执行程序启动前及强制执行三个阶段的救济程序。这三个阶段中的每一个救济程序阶段都为第三人提供了具体多元的救济程序，存在第三人滥用救济权利的重大风险。明确第三人权利救济程序的边界是保证第三人救济制度切实发挥作用而又不至于产生"副作用"的必要之举，也是避免第三人权利救济程序漫无目的野蛮生长的重要任务。

---

① 参见赵晋山、葛洪涛：《〈民事诉讼法〉司法解释执行程序若干问题解读》，载《法律适用》2015年第4期；陈荃：《被执行人到期债权执行的若干问题》，载《人民司法》2015年第3期；葛文：《案外人对到期债权执行的异议——对民事诉讼法解释第501条的理解与运用》，载《人民司法》2015年第17期；冉崇高、邓德荣、代贞奎：《到期债权执行的若干实务问题》，载《人民司法》2011年第15期。

（二）限制第三人权利救济程序的基本原则

1. 效益原则

在界定第三人权利救济程序的边界时，应当重视效益原则。①

（1）兼顾公正与效率、平衡救济成本与救济收益。设立第三人权利救济程序目的在于维护第三人程序利益以实现公平正义的价值。但是在设立的过程中需要综合考量和平衡公正与效率价值之间的关系，防止因为对第三人的过度救济而阻碍正常程序的高效运行，避免出现救济成本高于救济收益这一得不偿失的问题。

应当注意的是，这种成本与收益既包含当事人所付出的成本和收益，也应当包含提供相关司法服务主体的成本及收益。一是不同类型的第三人权利救济程序在公正和效率价值间的选择有所不同，因此，在设置第三人救济程序时应保持与其所特有的价值选择相一致。第三人参加诉讼、第三人撤销之诉、案外人申请再审等参加型程序和纠错型程序对公正价值有较强的倾向性，因此这两类救济程序的机制也应当以公正价值选择方案为指引。对于到期债权第三人逾期未提出异议的情形法律已经赋予其进入诉讼程序予以救济的机会，但其自身未把握救济机会，故可以在异议复议程序中审查实体权利义务从而最大化地兼顾公正与效率价值。阻却型程序更加倾向于效率价值，因此，在该类第三人权利救济程序中应降低对执行实施效率的不当减损，在救济频率、力度、手段等方面，不能高于普通诉讼，甚至应当有所降低。二是在同一类型的第三人权利救济程序中，应确保收益与支出相适宜，避免救济支出的成本远高于救济所获得的收益。第三人权利救济程序所针对的程序包含权利种类繁多，法律不可能在所有救济程序中均设置保障最充分、法律效力最高的程序，而是需要在综合考量第三人救济的急迫性和必要性程度、救济支出与收益等方面因素的基础上，作出对应的、个性化的制度设计。比如，对利害关系人对保全行为提出的异

---

① 在第二章第五节中，笔者分析了效益原则的基本内容。参见潘剑锋：《论建构民事程序权利救济机制的基本原则》，载《中国法学》2015 年第 2 期。

议，应当通过异议复议程序解决，而不是通过诉讼程序解决；对执行程序中逾期提出异议的债务人，应当通过异议复议程序审查其实体主张，而不是再通过诉讼程序解决。部分情况下无须设置救济程序，如受到侵害的权利缺乏应当予以救济的现实可能性，或者根本不具备进行救济的必要性，或者救济成本超出了可能的收益。有的情况下则不应设置特殊的救济程序，如利用诉讼等普通救济机制就能实现弥补损害的目的，而启动特殊救济的成本将超过通过该程序所能获得的收益。

（2）注意平衡各方当事人的合法权益，准确把握程序充分救济与防止诉权滥用之间的关系。第三人权利救济程序必须保障第三人的合法权益，但是也应当避免对第三人的过度保障，引发矫枉过正、打破平衡等问题。一是有效平衡第三人诉权与法院审判权之间的关系。我国司法实践的现实状况是享有诉权的主体实际能力较为孱弱、诉讼权利的实效性较差。在这种情况下有必要有所倾斜地保障民事主体的诉权，但这种具有时限性、过渡性的倾斜性保护不能超出合理保护的范围，基本底线是不能妨碍法院相关程序的正常推进。这在构建与侧重职权主义的纠错类和阻却型第三人权利救济程序中显得尤为重要，因此不能在这两类程序中盲目地、不加区分地套用诉讼领域的救济原理和救济方式。二是有效平衡第三人与原程序当事人所享有的诉权，确保平等分配当事人之间救济手段，避免因对第三人和本诉当事人的救济失衡而侵害平等原则的基本要求。值得强调的是，此处的衡平性仅是要求第三人与原程序当事人都有对应的救济途径，而不是要求二者在无论何种情况下都可以通过完全相同的救济途径维护权利，正确的路径应当是依据第三人和原程序当事人在原程序中的不同地位和目的，配以适宜的救济机制，防止因对第三人的权利救济不当而诱发新的救济需求。

以第三人撤销之诉为例，说明效益原则在第三人权利救济程序体系中的重要作用。对程序性质的认识不同和立法选择的不同，都能体现出对公平和效率原则的平衡与选择。对第三人撤销之诉的性质的认识，主要有两种观点。第一种观点认为，第三人撤销之诉是新诉，并非审判监督程序性质的诉讼。[①]第二种观点认为，第三人撤销之诉不适合定性为普通诉讼程序，实质上应当定性为审判监督之诉，是审判监督程序的特别程序。[②]上述两种观点各有弊端。对第三人撤销之诉是新诉还是审判监督之诉看法的分歧，主要是各自看问题的侧重点不同所导致。一是新诉说侧重于保护第三人的实体及程序权利。在第三人合法权益遭受损害的情况下，新的普通诉讼的定性有利于保护第三人的实体和程序权利。但如第三人权利未受侵害，本诉一方当事人则有可能利用该程序拖延诉讼进程，一方当事人与第三人合谋提起第三人撤销之诉，那么，采用新诉定性就会使本诉变得更加烦琐冗长，极大地增加对方当事人的诉讼成本。二是审判监督程序说侧重于保护本诉当事人的利益，维护本诉裁判的稳定性。在第三人权利被损害的情况下，审判监督性质的观点就可能会降低第三人诉讼权利的保障程度，使第三人获得救济的可能性降低，但这一定性可以使原审诉讼当事人尽快结束诉讼程序。二者侧重点迥异，一个是侧重维护第三人的权益，另一个是侧重维护原审诉讼结果的稳定性。

第三人撤销之诉按新诉进行，还是按审判监督程序进行，实务界给出了不同的答案，同时也赋予了第三人撤销之诉在特殊情况下与审判监督程序的协调。《民事诉讼法解释》在第一审程序后面单独一节规定第三人撤销之诉，未明确规定该程序适用普通诉讼程序；第296条规定第三人提起撤销之诉中，提起撤销之诉的第三人为原告，原审生效裁判的当事人为被告，生效裁判中没有承担责任的无独立请求权第三人则为第三人；第298条第2款规定，对裁判不服的，当事人可以上诉。从这些篇章安排以及规定内容可以看出，《民事诉讼法解释》采纳了新诉的观点。[③]可见，最高人民法院对第三人撤销之诉的价值选择还是倾向于公平价值。

---

① 参见杜万华：《杜万华大法官民事商事审判实务演讲录》，人民法院出版社2016年版，第352页。
② 该观点可参见最高人民法院修改后民事诉讼法贯彻实施工作领导小组编著：《最高人民法院民事诉讼法司法解释理解与适用》，人民法院出版社2015年版，第776页。
③ 最高人民法院在对《民事诉讼法解释》的解读中明确了其采纳了第三人撤销之诉为新诉的观点。参见最高人民法院修改后民事诉讼法贯彻实施工作领导小组编著：《最高人民法院民事诉讼法司法解释理解与适用》，人民法院出版社2015年版，第776页。

但是，我们认为，这种解释的出发点是好的，但是实践中部分主体恶意利用程序和部分法院将第三人撤销之诉的门槛提高，都与第三人撤销之诉作为新诉的目的相背离。而从理论与实践的自洽性上讲，将第三人撤销之诉作为案外人申请再审的兜底条款更为妥当，详细内容如下所述。

2. 救济程序不停止原程序进行的原则

就第三人救济制度中的各项程序而言，救济程序启动后原来的程序是否继续进行有两种不同的处理方法。一种是要求原程序应当中止。例如，案外人异议及异议之诉审查期间，原则上不得对执行标的进行处分，但申请执行人提供充分、有效的担保请求继续执行的，应当继续执行。[①]另外一种则是救济程序不停止原程序的进行。例如，第三人（利害关系人）对执行行为不服提出异议和复议的，不停止执行；[②]第三人撤销之诉案件，原则上不中止执行，但第三人（原告）提供相应担保，请求中止执行的，法院可以准许。[③]

第三人权利救济程序中不停止原程序进行的目的在于，防止第三人恶意利用第三人权利救济程序拖延正常进行的程序。[④]而对于需要中止原程序的进行，则是基于以下三个要素：一是救济程序是否为经常发生的必经程序；二是救济程序相对原程序来说是否能够动摇原程序所确定秩序的稳定性；三是救济程序即使变更了原程序的结果，是否会产生不可弥补的后果。

应当看到，这一原则在司法实践中通常会受到冲击。即使制度设计不要求停止原程序继续进行，但实践中普遍存在暂缓原程序进程的现象。出现这种现象的原因，一方面是既判力制度尚未确立，实践者缺乏采用既判力理论推进程序的信心；另一方面是为了节约纠错成本，避免在救济程序改变原程序结果后，对恢复原来状态而产生难度和提高成本。这种对法律

---

① 《执行程序解释》第 16 条第 1 款及第 2 款、《民事诉讼法解释》第 313 条第 1 款规定。

② 《执行程序解释》第 9 条规定。

③ 《民事诉讼法解释》第 297 条规定。

④ 参见肖建国：《〈民事诉讼法〉执行编修改的若干问题探讨——以民事强制执行救济制度的适用为中心》，载《法律适用》2008 年第 4 期。

规定的消解，是司法领域较为普遍存在的现象。

（三）限制第三人滥用诉权的措施

尽管在实务界有观点认为第三人权利救济程序立案的条件过于宽松而导致诉权被滥用，[①]但区分程序当事人和实质当事人，通过无差别的立案登记制保障第三人权利是法治社会的基本体现，不应在立案环节予以限制。对此问题的解决，可以在成本负担和惩治虚假利用诉权的方向上加大力度。

一是提高虚假利用程序的成本。第三人权利救济程序的经济成本很低。以第三人撤销之诉为例，目前法律及相关规定没有明确第三人撤销之诉的收费标准，实践中法院普遍将这种案件列为其他非财产案件，象征性地收取较低的诉讼费，经济成本几近为零，客观上也助推了滥诉行为。[②]故在第三人权利救济程序的收费标准上应当制定合理的承担制度。一方面，要充分保障合法权益受到侵害的第三人的诉权，不能因为要防止滥诉而令其承担高昂的成本，避免被"误伤"；另一方面，费用负担标准应当予以统一，避免不同程序之间的费用标准不一，导致当事人根据诉讼费用选择救济程序的问题。而对诉讼费用负担的分配，可以参考域外做法。《德国民事诉讼法》第96条规定："当事人主张无益的攻击或者防御者，即使其在本案中胜诉，也可以命其负担因此而生的费用。"[③]而在我国司法实践中，也有很多实务工作者主张在相关制度设计时应当加重恶意利用程序第三人的经济负担，在其败诉时可以令其承担对方当事人的律师费等费用，以防止滥用诉权。

二是提高对恶意利用程序的惩罚力度。以往的实践对恶意利用程序惩处力度欠缺。尽管《民事诉讼法》第116条明确了对虚假诉讼仲裁等滥用程序行为的处罚方法，但相较于实践中多种多样的虚假利用程序行为，该

---

① 参见林劲标、凌蔚、卢柱平：《第三人撤销之诉猛增 纠错需要还是滥用诉权》，载《人民法院报》2013年12月23日。

② 林劲标、凌蔚、卢柱平：《第三人撤销之诉猛增 纠错需要还是滥用诉权》，载《人民法院报》2013年12月23日。

③ 《德国民事诉讼法》，丁启明译，厦门大学出版社2016年版，第20页。

规定过于原则和抽象。就第三人权利救济体系而言，相关法律规定也仅针对第三人滥用案外人异议及诉讼程序的问题加以明确限制。根据《民事诉讼法解释》第313条第2款的规定，被执行人与案外人恶意串通，通过执行异议、执行异议之诉妨害执行的，人民法院应当依照《民事诉讼法》第116条的规定对被执行人恶意利用诉讼、仲裁等程序逃避债务的进行处理。[①]在民事赔偿责任上，申请执行人虚假利用程序行为受到损害的，可以向法院提起诉讼，要求侵权的被执行人、案外人赔偿。我们认为在第三人撤销之诉、案外人申请再审、案外人申请不予执行仲裁裁决等制度中，都应当明确规定对案外人恶意利用程序滥用诉权的处罚，即按照《民事诉讼法》第116条的规定予以处理。

三、第三人权利救济程序的启动与立案登记制

在第三人权利救济体系中，法律和司法解释对第三人参加诉讼和执行程序中的第三人权利救济程序未设定严格的限制，对第三人撤销之诉和第三人申请再审程序限制较为严格。第三人撤销之诉的设置目标在于为权益受到侵害的第三人提供救济途径，但是也应当考虑法律文书一般不宜轻易变动的严肃性与稳定性，故应对第三人撤销之诉的提起应当进行较为严格的掌握，防止产生随意攻击法律文书的现象。[②]

在立案阶段，理论和实务界关于对第三人撤销之诉进行严格的实质审查还是按照普通诉讼程序予以形式审查存在争议。[③]一种观点认为，立案时应当进行实质审查。第一，根据《民事诉讼法》第59条的明确规定，第三人提起撤销之诉时应当提供证据证明符合该条规定的条件，该项规定的目的就是要进行实质审查。第二，第三人撤销之诉与普通诉讼有所不同，其为针对生效裁判提起的诉讼，涉及生效裁判的既判力和稳定性问题，不能

---

① 被执行人与他人恶意串通，通过诉讼、仲裁、调解等方式逃避履行法律文书确定的义务的，人民法院应当根据情节轻重予以罚款、拘留；构成犯罪的，依法追究刑事责任。

② 参见王亚新：《第三人撤销之诉的解释适用》，载《人民法院报》2012年9月26日。

③ 参见杜万华：《杜万华大法官民事商事审判实务演讲录》，人民法院出版社2016年版，第350~351页。

不管提起第三人撤销之诉的主体是否真的符合第三人撤销之诉的要件而提起第三人撤销之诉。因此在立案阶段应当予以审查筛选。第三，第三人撤销之诉与审判监督程序除了主体有所不同外，诉讼对象和制度功能均为相同，故在立案审查上应当比照审判监督程序案件的审查进行，审判监督程序案件有再审申请审查的前置程序，第三人撤销之诉也应当有与之类似的前置程序。但是《民事诉讼法》对第三人撤销之诉并未明确设置类似于审判监督程序的前置审查程序，故可在立案阶段发挥审查筛选的功能，进而防止滥用第三人撤销之诉。第四，从域外有限的第三人撤销之诉的立法及实践来看，该程序的提起与普通的新诉存在明显不同，都设置了较为严格的标准，因此不能适用普通诉讼的立案审查标准。第五，最高人民法院在贯彻民事诉讼法工作会议上，明确了对第三人撤销之诉应当严格把握门槛，适度进行实质审查。另一种观点则认为，第三人的撤销之诉的立案应当采用形式审查。第一，全国人大常委会法工委在涉及第三人撤销之诉制度时明确表态，是由于再审程序进入要求过于严格，不利于第三人保护其合法权益。如进行实质审查，将提高第三人撤销之诉的准入门槛。第二，第三人撤销之诉的性质为新诉，其审查标准与再审审查标准不能相同，因此应按普通民事诉讼程序进行立案的形式审查。第三，在立案程序中对第三人撤销之诉进行实质审查，对立案程序的要求过高、任务过重。第四，实质审查通常应当在审理程序中，经双方举证和质证后才能明确，如无相关程序保障，当事人及第三人的程序权利无从保障。在《民事诉讼法解释》制定过程中，有关专家和地方法院多数赞成在立案时进行实质审查，并相应地设定有关审查程序和审查期限，故最高人民法院在制定《民事诉讼法解释》时采纳了对第三人撤销之诉进行实质审查的观点，要求在立案阶段对第三人起诉条件进行实质审查。

第三人撤销之诉立案审查与立案登记制的关系问题实质上涉及第三人诉权的保障问题。《民事诉讼法解释》第208条明确了立案登记制。当事人向法院提交诉状时，人民法院对符合《民事诉讼法》规定条件的起诉，应当予以登记立案。但登记立案并非接到当事人起诉，无条件予以登记立案，也需要对起诉进行审查，符合法律规定的起诉条件的才能受理，不符合起诉条件的不予受理。第三人撤销之诉的立案审查是否适用《民事诉讼法解释》第208条的规定？从规定的内容来看，该规定适用于普通的民事诉讼和依据《民事诉讼法》第122条规定进行审查立案的案件。而第三人提起撤销之诉的条件应当适用《民事诉讼法》第59条规定，提出起诉条件应当符合《民事诉讼法解释》第390条规定的条件，立案程序应当适用《民事诉讼法解释》规定。因此，第三人提起撤销之诉，提交起诉状和证据材料时，人民法院不能当场登记立案，而应当先向原诉的原、被告双方当事人送交诉状和证据材料等，待对方当事人在10日内提交书面意见。

《中共中央关于全面推进依法治国若干重大问题的决定》指出："改革法院案件受理制度，变立案审查制为立案登记制，对人民法院依法应该受理的案件，做到有案必立、有诉必理，保障当事人诉权。"《民事诉讼法解释》尽管规定第三人撤销之诉在立案阶段也要对案件进行实质审查，但与立案登记制并不存在冲突。实务界对有案必立的立案登记制下的第三人撤销之诉是否会被滥用提出担忧，认为法院将无法承受由于第三人撤销之诉被滥用所带来的压力。

在立案阶段对第三人撤销之诉进行审查有其合理性。如前所述，第三人撤销之诉不同于普通诉讼，在立案阶段对第三人撤销之诉的起诉条件进行实质审查，就相当于再审申请程序，只不过这一审查程序是放在立案阶段，而不是单独设置一个前置程序而已。当然，这一程序设置也确实存在一定问题，特别是在实现程序正义方面。现行规定将第三人撤销之诉的实体审查要件的审查权置于立案受理阶段。这一安排使得本应在诉讼审理阶段审查的事项，设置到了立案程序这一非讼程序中进行审查。立案阶段的审查，不像诉讼程序那样对当事人的程序保障充分。例如，开庭是普通程序必经的程序，立案阶段却没有规定必须开庭审查是否立案，也没有提供双方当事人进行言辞辩论的机会。而像送达诉状的期限、对方答辩的期限以及合议庭的组成等，这些普通诉讼程序中必须确定的程序性权利在立案程序中也无法保障。第三人撤销之诉的案件受理在立案阶段进行审查的问题就在于将实体判决要件及诉讼要件不适当地植入起诉条件当中。因此，第三人撤销之诉的立案审查程序应当借鉴再审申请程序，设置前置程序以保障双方当事人的诉讼权利。

第四章　第三人权利救济程序之分类与体系运行

对某类程序进行定性分类，有利于区分不同程序的异同。对第三人权利救济程序的定性分类有利于准确地将某一类规则适用于该类程序之中，进而提高效率。在体系化运行中，各种程序在纵向上呈现出前后衔接互相影响的状态。这种衔接并非一一对应关系，后续程序的确定往往取决于前面程序的选择。该体系包含了程序权利救济程序和实体权利救济程序，但这两种程序并非并行不悖没有交集，如何协调整个体系衔接，是本章重点研究的问题。

一、第三人权利救济程序的分类

传统的救济程序分为程序性救济和实体性救济两大类，但这种分类方法只是从狭义的角度来区分实体和程序，实体权利救济不通过程序往往无法得到有效保障。两种类别的救济程序有较大差别。有研究者在执行救济程序的分类研究中将程序性救济和实体性救济进行了区分。[①] 参照此种区分，就整个第三人权利救济程序体系而言，两种救济程序的不同在于：（1）直接对象不同。实体性救济针对对方当事人，而程序性救济针对的是审判或者执行的法院。（2）请求的内容不同。提起程序性救济的债务人或债权人的请求内容是要求纠正程序上违法行为，而提起实体性执行救济的第三人或债务人的请求内容是要求确认实体权利义务关系或者确认其主张的实体权利排除执行。（3）裁判程序存在差异。实体性执行救济通常是以诉讼的方式提起，对诉讼进行实质性审查，须经过言辞辩论等程序进行，而程序性救济可以进行形式审查，言辞辩论并非必需程序。尽管法律规定的各种

---

① 参见朱新林：《论民事执行救济》，中国政法大学出版社 2015 年版，第 17~18 页。

救济程序内容存在或多或少差异，但是基本可以归入程序性救济和实体性救济这两种救济之中。

（一）第三人权利的程序性救济和实体性救济

1. 第三人权利的程序性救济

第三人权利的程序性救济，是指第三人认为正在进行的程序违反规定侵害了其合法权益，请求纠正该程序的救济方法。程序性救济所针对的诉讼程序、执行行为的违法，原程序中的第三人可以寻求程序性救济。在程序性救济制度中，第三人只是对程序有异议，并非系对原生程序已经确认实体权利义务予以否定。这种救济并不构成对原程序所确定结果的挑战，即没有实体权利请求，没有围绕实体法律关系展开对抗的双方当事人，针对的不是民事纠纷案件的审判程序。程序性救济包含着程序问题上的争议，即第三人对程序合法性问题存在争议。因此，程序性救济的展开过程仍应被视为一个纠纷解决程序。

在第三人权利救济体系中，程序性救济主要包括《民事诉讼法》第232条中的利害关系人异议和复议程序，以及《民事诉讼法》第111条、《民事诉讼法解释》第172条所确定的保全程序中利害关系人复议制度。而涉及执行依据及执行标的物的第三人救济程序，如案外人申请再审、案外人异议之诉等，则为实体性救济权利，而非程序性救济权利。

比较特殊的是，《民事诉讼法》第234条规定针对实体权益的异议为执行异议之诉的前置程序。尽管大陆法系国家将执行异议范围限定在执行方法或程序违法，为程序性救济，但是该程序在我国系针对实体争议，故不能将该程序归于程序性救济。

有观点认为，应当将执行异议的范围限定在与实体争议无关的执行行为或程序违法事项。[①] 这里的利害关系，限于法律上的利害关系，事实上的利害关系则不包含在内。如此规定，既能在短暂审查时间和事实的书面材

---

① 参见翁晓斌：《民事执行救济制度》，浙江大学出版社2005年版，第24页。

料情况下，允许法院作出中止执行裁定，又能使执行异议与异议之诉程序衔接、不发生冲突，更有利于实现执行程序迅速、经济和简便的基本价值要求。① 程序性救济并非绝对与实体权利无关，虽然程序性救济通常表现为对程序性执行行为的异议，但根本上是执行行为影响到了利害关系人的实体权利。如在执行拍卖程序中，人民法院在优先购买权人以最高价竞买的情况下，却裁定其他竞买人竞得拍卖物，优先购买权人就该拍卖裁定提出异议。拍卖程序的合法与否，直接影响到了利害关系人的实体权益，故利害关系人提出的执行异议在根本上也是为了维护其实体权益。与此类似，因法院的执行行为而导致其权益受到侵害的主体，均可以作为利害关系人提出执行行为异议。

保全中的利害关系人异议，应根据不同情况区分是程序性救济还是实体性救济。保全程序中的利害关系人异议有两种：一种是利害关系人主张被保全的财产不属于被执行人而提出异议；另一种则为主张保全行为违法而提出异议。两者的不同决定了权利救济程序的不同，第一种救济的是实体权利，第二种救济的是程序权利。二者处理的程序也迥异。《最高人民法院关于人民法院办理财产保全案件若干问题的规定》（以下简称《财产保全规定》）明确第一种情形下应当依照《民事诉讼法》第 227 条的规定处理。第二种情形应当依照《民事诉讼法》第 225 条的规定处理，即利害关系人提出异议，人民法院应依《民事诉讼法》第 225 条的规定的异议和复议程序审查处理。此处依据《民事诉讼法》第 225 条是人民法院的执行行为违法，其与上述案外人提起执行异议的理由相同，均是程序性违法事由。该程序是程序性救济。

【实践】最高人民法院（2020）最高法执监 339 号案件

申诉人河南新科隆电器有限公司（以下简称新科隆公司）不服河南省高级人民法院（以下简称河南高院）（2019）豫执复 297 号执行裁定，向最

---

① 参见张卫平、任重：《案外第三人权利程序保障体系研究》，载《法律科学（西北政法大学学报）》2014 年第 6 期。

高人民法院申诉。

河南省新乡市中级人民法院（以下简称新乡中院）在执行新科隆公司与河南太行振动机械股份有限公司（以下简称太行公司）、黄某荣追偿权纠纷一案中，第三人山西阳煤寺家庄煤业有限公司（以下简称阳煤公司）不服新乡中院（2019）豫07执恢17号之一执行裁定，提出异议称：1.阳煤公司既不是新科隆公司与太行公司借款纠纷一案的第三人，也非本执行案件中的第三人，新乡中院将其作为本案第三人予以强制执行于法无据，且阳煤公司从未收到人民法院追加其为被执行人的通知和法律文书。2.阳煤公司与本执行案件的被执行人太行公司曾经存在业务关系，但双方未履行完毕的合同债务因诉讼时效期间早已届满，根据法律规定，阳煤公司可以提出不履行义务的抗辩。综上所述，阳煤公司认为新乡中院的执行行为违反法律规定，请求撤销该院（2019）豫07执恢17号之一执行裁定，对已经执行的51.8万元款项予以返还。

新乡中院查明，新乡中院在执行新科隆公司申请执行太行公司、黄某荣追偿权纠纷一案中，于2019年3月8日作出（2015）新中执字第248-2号执行裁定，裁定冻结被执行人太行公司在阳煤公司到期货款51.8万元，期限三年。于2019年3月8日作出（2015）新中执字第248号到期债权履行通知书并向阳煤公司予以送达，通知其自收到本通知书起不得再向被执行人太行公司清偿51.8万元债务，并应在15日内直接向申请执行人新科隆公司履行上述还款义务，将款项转入新乡中院银行账户；如有异议，应在收到本通知书起15日内向新乡中院提出。于2019年5月7日作出（2019）豫07执恢17号执行裁定，以阳煤公司在到期债权履行通知书规定的期限内未提出异议，亦未自动履行，裁定对被执行人太行公司在阳煤公司到期债权51.8万元予以强制执行。于2019年5月30日作出（2019）豫07执恢17号之一执行裁定，裁定：扣划第三人阳煤公司银行存款51.8万元。

新乡中院认为，《最高人民法院关于人民法院执行工作若干问题的规定（试行）》（以下简称《执行规定》）"七、被执行人到期债权的执行"部分，对向被执行人负有履行到期债务的法律主体均以"第三人"予以规定。故，新乡中院（2019）豫07执恢17号执行裁定，将阳煤公司界定为本执行案中的"第三人"符合法律规定。并且，本案是对被执行人太行公司在阳煤公司处享有的到期债权的执行，并不是将阳煤公司追加为本案的被执行人。因此，新乡中院依照《执行规定》第65条的规定："第三人在履行通知指定的期限内没有提出异议，而又不履行的，执行法院有权裁定对其强制执行。……"阳煤公司在收到履行到期债权通知书后，未在指定期限内提出异议，亦未自动履行，裁定对其强制执行，并裁定扣划阳煤公司银行存款51.8万元均符合法律规定。阳煤公司的异议理由均不能成立，不予支持。关于阳煤公司提出的其与太行公司的合同债务因诉讼时效期间届满，其可以提出不履行义务的抗辩的理由，不属于执行异议审查的范围，且未在法院指定履行期限内提出，对此不予审查。因阳煤公司在本次执行过程中存在利害关系，应为利害关系人异议。2019年7月2日，新乡中院作出（2019）豫07执异33号执行裁定，依照民事诉讼法第二百二十五条、《最高人民法院关于人民法院办理执行异议和复议案件若干问题的规定》（以下简称《异议、复议规定》）第十七条第（一）项之规定，裁定驳回阳煤公司的异议请求。

阳煤公司不服新乡中院异议裁定，向河南高院提起复议，请求撤销新乡中院（2019）豫07执异33号执行裁定、（2019）豫07执恢17号之一执行裁定，支持阳煤公司的异议请求。事实和理由：1.执行法院的执行程序违法。《执行规定》规定，第三人对履行通知的异议口头提出的，执行人员应记入笔录，并由第三人签字或盖章。2019年3月8日，执行法院送达《履行到期债权通知书》时，复议申请人当场提出口头异议，执行人员对此置之不理，没有做任何记录，强制执行，程序违法。2.2019年5月30日，执行法院强制执行复议申请人51.8万元资金，而（2019）豫07执恢17号之一执行裁定书2019年5月31日才邮寄送达复议申请人处，法律文书尚未送达就强制执行，违反法律规定。3.执行法院适用法律错误，案外人对裁定不服的，可以在15日内向人民法院提起执行异议之诉，而不是执行法院所作裁定指明的向上一级人民法院申请复议。

新科隆公司答辩称：阳煤公司应当在法院规定的到期债权通知书规定的期限内提出异议，如果有异议，可以通过其他司法途径救济，新乡中院的执行裁定认定事实清楚，适用法律正确，应当维持。

河南高院认为，《最高人民法院关于适用〈中华人民共和国民事诉讼法〉的解释》（以下简称《民诉法解释》）第五百零一条的规定，人民法院执行被执行人对他人的到期债权，可以做出冻结债权的裁定，并通知该他人向申请执行人履行，该他人对到期债权有异议，申请执行人请求对异议部分强制执行的，人民法院不予支持。也就是说，人民法院在执行第三人到期债权的过程中，只有第三人对债权无异议的，才能予以执行，一旦第三人提出了异议，申请执行人就无法再通过执行程序向其求偿，而是应当通过代位权诉讼主张权利。

本案中，新乡中院于 2019 年 3 月 8 日作出（2015）新中执字第 248 号到期债权履行通知书并向阳煤公司予以送达，通知其自收到通知书起不得再向被执行人太行公司清偿 51.8 万元债务，应在 15 日内直接向申请执行人新科隆公司履行上述还款义务，将款项转入法院银行账户，如有异议，应在收到通知书起 15 日内向法院提出。对于阳煤公司未在履行到期债务通知书规定的 15 日内提出书面异议的法律后果，河南高院认为：提出异议的权利是一项重要的执行救济权，对当事人及第三人在执行程序及衍生程序中的实体权利和程序权利有重大影响，第三人在收到履行到期债务通知后，未在法定期限内提出异议，并不发生承认债务存在的实体法效力。因而，阳煤公司在法定期限之后，提出该到期债权已超过诉讼时效期间的异议，根据上述司法解释的规定，新乡中院不得继续执行该债权，申请执行人新科隆公司可以在本裁定送达之日起 15 日内向有管辖权的人民法院提起代位权诉讼，以解决该债权是否可以继续执行的问题。阳煤公司的复议理由成立，新乡中院驳回其异议请求不当，予以纠正。2019 年 9 月 19 日，河南高院作出（2019）豫执复 297 号执行裁定，依照《异议、复议规定》第二十三条第一款第（二）项、第二款之规定，裁定：一、撤销新乡中院（2019）豫

07 执异 33 号执行裁定；二、撤销新乡中院（2019）豫 07 执恢 17、17 号之一执行裁定。

新科隆公司不服河南高院复议裁定，向最高人民法院申诉，请求撤销河南高院（2019）豫执复 297 号执行裁定，维持新乡中院（2019）豫 07 执异 33 号执行裁定、（2019）豫 07 执恢 17、17 号之一执行裁定。

阳煤公司答辩称：1. 阳煤公司作为案外人，既不是新科隆公司诉太行公司一案判决的第三人，也不是本执行案件的第三人，且其从未收到人民法院追加执行当事人公开听证的通知，亦未收到将其追加为本案第三人的裁定。因此，将其作为本案第三人强制执行于法无据、程序违法。2. 阳煤公司虽与太行公司曾有业务关系，但根据 2006 年 6 月 23 日阳煤公司与太行公司签订的《中标合同》，最后一笔尾款 51.8 万元应最迟于 2009 年 10 月 8 日付清，截至 2019 年 3 月 8 日执行法院通知其履行到期债务时，其未履行完毕合同义务已超过 10 年以上，太行公司没有证据证明期间存在诉讼时效中断的事实。因此，双方未履行完毕的合同债务因诉讼时效期间早已届满，根据民法总则第一百九十二条的规定，其可以提出不履行义务的抗辩。

最高人民法院认为，民事诉讼法第二百二十五条规定，当事人、利害关系人认为执行行为违反法律规定的，可以向负责执行的人民法院提出书面异议。当事人、利害关系人提出书面异议的，人民法院应当自收到书面异议之日起十五日内审查，理由成立的，裁定撤销或者改正；理由不成立的，裁定驳回。当事人、利害关系人对裁定不服的，可以自裁定送达之日起十日内向上一级人民法院申请复议。本案中，根据查明的事实，阳煤公司对新乡中院（2019）豫 07 执恢 17 号之一执行裁定提出异议，属于对执行法院执行行为提出的异议。虽然阳煤公司所提异议针对的是新乡中院基于履行到期债务对其采取的强制执行行为，但是，第三人在收到履行到期债务通知书后，未在法定期限内提出异议，并不发生承认债务存在的实体法效力。因此，第三人在法定期限之后，又提出到期债权已过诉讼时效的异议，人民法院应当对该债权是否已过诉讼时间进行实质审查。阳煤公司提出该到期债权已过诉讼时效，认为新乡中院对其采取强制执行措施违反法律规定，侵犯其合法权益，对该异议新乡中院应当参照民事诉讼法第二百二十五条之规定进行审查。因此，新乡中院认定阳煤公司提出其与太行公司的债务已过诉讼时效，其有权提出不履行抗辩的异议不属于执行异议审查范围，且阳煤公司提出的异议已超过法定期限，不予审查，显属错误，应予撤销。河南高院虽然认为第三人在收到履行到期债务通知后，未在法定期限内提出异议，并不发生承认债务存在的实体法效力。但却根据《民诉法解释》第五百零一条的规定，认定阳煤公司在法定期限之后，提出该到期债权已超过诉讼时效期间的异议，新乡中院不得继续执行该债权，申请执行人新科隆公司可以在该裁定送达之日起15日内向有管辖权的人民法院提起代位权诉讼，以解决该债权是否可以继续执行的问题，显属错误，应予撤销。新乡中院应当依法对阳煤公司提出的异议进行审查处理。

另外，《执行规定》第62条规定，第三人对履行通知的异议一般应当以书面形式提出，口头提出的，执行人员应记入笔录，并由第三人签字或盖章。阳煤公司在复议时提出，执行法院在向其送达《履行到期债权通知》时，其曾当场口头提出异议，但执行法院置之不理。《执行规定》第63条规定，第三人在履行通知指定的期间内提出异议的，人民法院不得对第三人强制执行，对提出的异议不进行审查。因第三人是否在规定期限内对履行到期债务提出异议，决定着执行法院可否对第三人采取强制执行措施的问题，即新乡中院（2019）豫07执恢17号之一执行裁定是否违法。因此，新乡中院在审查时，应当一并就此问题进行审查。

最高人民法院作出裁定，撤销河南省高级人民法院（2019）豫执复297号执行裁定；撤销河南省新乡市中级人民法院（2019）豫07执异33号执行裁定；本案由新乡中院重新审查处理。

2. 第三人权利的实体性救济

第三人权利的实体性救济，是指第三人认为当事人的主张与权利的现实状态不符，以一定方式请求对实体法律关系进行裁判，重新作出权利安排的救济方法。实体性救济针对的是程序本身的漏洞导致的第三人实体权利受到影响，即原生程序虽然没有违反规定，但其结果对第三人的实体权益产生了实质性的影响。

第三人权利实体性救济程序主要包含第三人参加诉讼、第三人不予执行撤销仲裁裁决、利害关系人申请撤销公证债权文书、案外人异议及异议之诉、案外人申请再审。第三人寻求实体性救济，涉及第三人与债务人、第三人与债权人就彼此之间的实体权利义务关系发生的争议。

有观点认为，第三人参加诉讼是对实体权利的救济，而第三人撤销之诉则是对第三人未参加诉讼的补救程序，其程序救济的意义更为明显。尽管这种程序上的救济仍旧依赖对实体权利的追求，但从整体来看，第三人撤销之诉为程序权利的救济。我们认为这种观点有其合理性。然而，实体性救济的根本任务是对争议的实体权利义务关系作出裁判，其矫正对象是民事诉讼、执行内容，通过裁判的方式维护案外第三人的权益，虽然第三人撤销之诉与案外人申请再审程序是对第三人参加诉讼的补救，但是这些程序最终结果都是对实体权利义务的判断。因此，第三人撤销之诉应归于实体性救济之中。

（二）第三人权利程序性救济与实体性救济的竞合

尽管第三人权利程序性救济与实体性救济存在较大差异，但程序性救济程序与实体性救济程序在实践中有可能发生重合，产生适用上的问题。《民事诉讼法》第 232 条规定的利害关系人对执行行为异议，与《民事诉讼法》第 234 条规定的案外人异议之诉是两种截然不同的救济程序，但两种程序在一些情况下存在典型的异议竞合问题。[①] 实践中第三人通常既会提出实体异议，也会提出对执行行为的异议，两种程序的适用问题便成为困扰法院和当事人的重要问题。例如，人民法院在执行过程中，将第三人的财产作为债务人的财产予以查封，则既符合利害关系人异议程序的规定，也

[①] 有学者称之为"异议竞合"，也有学者认为根本不存在竞合问题，因为二者在目的、基础权利和对象上有所不同。参见江必新、刘贵祥主编：《〈最高人民法院关于人民法院办理执行异议和复议案件若干问题规定〉理解与适用》，人民法院出版社 2015 年版，第 110 页。

符合案外人异议之诉的规定。在此种情形下，第三人应当通过何种程序救济权利？对此，有不同认识。第一种观点认为，两种程序竞合时，第三人既可以提出异议及异议之诉，又可以提出执行行为异议和复议。[1] 第二种观点认为，这两种异议的基础都是实体权利，目的在于停止法院对特定标的物的执行。此时，为避免重复救济和彻底解决纠纷，只要对实体异议进行审查，执行行为便无审查必要，实体性救济程序优于程序性救济程序，故应当通过案外人异议之诉救济第三人权利。[2] 第三种观点认为，两种程序竞合，当事人仅能通过案外人异议之诉程序救济的方法具有合理之处。但是，在只有执行行为违法的情形下，第三人尚且能够提出对执行行为的异议，在既有执行行为违法，又侵害案外人实体权利的情况下，却只能选择案外人异议之诉，不能选择更便捷有效的执行异议程序，在逻辑上不能自圆其说，也不利于为第三人提供充分的救济。因此，合理的做法是允许第三人根据自己的判断选择救济途径，在一种救济途径结束后，还应当允许其通过另外一种途径救济权利。[3]

而在实践中，《异议和复议规定》第8条规定了第三人既作为利害关系人又作为案外人提出两种异议时，执行异议竞合的处理方法。该条规定明确，在第三人是基于实体权利提出两种异议的情况下，异议只要对实体异议审查，就无必要审查执行行为异议，实体异议吸收了程序异议；而如果两个异议中执行行为异议非基于实体权利，则应分别处理两个异议。多数案件中第三人对区分这两种异议并无专业知识，因此在提出异议时通常为请求"纠正违法执行行为"。故该条规定参考了民事诉讼中对诉讼标的的识别理论，特别是德国赫尔维格建立在实体请求权基础上的传统诉讼标的理论，并以罗森贝克以实施基础和诉的请求为双重识别要素的"二分肢"说为灵感，对第三人提出的两种异议采用"基础权利+异议目的"的方式来

---

[1] 参见陈娴灵：《我国民事执行异议之诉研究》，湖北人民出版社 2009 年版，第 36 页。

[2] 参见江必新、刘贵祥主编：《〈最高人民法院关于人民法院办理执行异议和复议案件若干问题规定〉理解与适用》，人民法院出版社 2015 年版，第 112 页。

[3] 参见肖建国主编：《民事执行法》，中国人民大学出版社 2014 年版，第 206 页。

判断，而不是单纯以异议理由来识别。第三人提出的异议是基于实体权利，目的是排除执行，即为案外人异议；第三人基于程序权利，目的是纠正违法行为，则为利害关系人的执行行为异议。①

我们认为上述第一种和第三种观点，两种救济程序同时进行既浪费诉讼资源又会拖延程序进程，并不合理。第二种观点针对利害关系人诉求的本质确定救济程序，既能保障第三人的权利救济需求，又能避免司法资源的重复和浪费，具有其合理性。而《异议和复议规定》在吸收第一种观点部分意见的基础上采纳了第二种观点，明确案外人基于实体权利既对执行标的提出排除执行异议又作为利害关系人提出执行行为异议时，应当以案外人异议程序救济。而案外人既基于实体权利提出排除执行异议又作为利害关系人提出与实体权利无关的执行行为异议时，应当分别以案外人异议和利害关系人对执行行为异议审查。但是，债权人误以第三人为债务人，而第三人（利害关系人）提出对执行行为异议的，不能再以案外人异议之诉救济。

（三）第三人权利程序救济体系与诉的类型

1. 诉的传统分类

不同的诉有不同的法律构成、发生要件、法律后果，如某种诉无法归入既定的诉讼类型，新的诉讼类型就会产生，该种诉讼类型在要件、构成和法律效果方面也将有其特殊性。②

按照当事人提出诉讼请求的目的和内容划分，民事诉讼一般分为给付之诉、确认之诉、形成之诉三种。③给付之诉，指当事人请求法院判令对方当事人履行给付义务的诉讼。确认之诉，指当事人请求法院对当事人之间争议的某种法律关系或者法律事实是否存在、是否有效进行裁判的诉讼。

---

① 参见江必新、刘贵祥主编：《〈最高人民法院关于人民法院办理执行异议和复议案件若干问题规定〉理解与适用》，人民法院出版社 2015 年版，第 111 页。

② 参见张卫平：《案外人异议之诉》，载《法学研究》2009 年第 1 期。

③ 参见常怡主编：《民事诉讼法学》，中国政法大学出版社 2016 年版，第 133 页。

形成之诉，则指当事人请求法院改变或者消灭既存的法律关系或者在双方当事人之间建立新的法律关系的诉讼。[①] 这三种诉讼类型之间区别显著。一是实现路径不同。给付之诉的判决可以通过强制执行程序得以实现判决目的；确认之诉和形成之诉只要有了生效判决就能达到确认或者变更法律关系的目的，二者的目的都不需要强制执行来实现，也不能启动执行程序。二是启动条件不同。给付之诉和确认之诉只要符合条件均可提起，因此在适用范围上较为广泛。而形成之诉规制较为严格，必须有法律的明确规定才能启动，如果立法没有确定规定，则不能提起形成之诉。三是效力有所不同。根据形成效果的不同，形成之诉又可以分为实体法上的形成之诉和诉讼法上的形成之诉两种类型。实体法上的形成之诉就是基于实体法规定的形成权而启动的形成之诉，是实体法律关系发生变动的诉讼。诉讼法上的形成之诉是指基于程序法规定的形成权而启动的形成之诉，是变更诉讼法效果的诉讼。[②] 实体法上形成之诉所作出的形成判决具有形成力。形成判决可以发生变更法律关系或者法律状态的效力。这种效力就是形成力，具备对世效力即绝对效力，可及于第三人，对第三人具有约束力。而给付之诉和确认之诉的判决效力具有相对性，一般仅在参加诉讼的当事人间发生效力，第三人不受其拘束。应当注意的是：第一，同一诉讼的裁判可能包含一种或者两种类型诉讼内容，并不是非此即彼的关系。例如，一个普通诉讼中，既有可能包含确认之诉的内容，又有可能包含给付之诉的内容。第二，在形成之诉中，法院作出的判决并不都是形成判决。法院判决原告胜诉的判决是形成判决，因为法院支持变更法律关系，所以就具有形成力；原告败诉的判决不是形成判决，因为诉讼所针对的法律关系并不会被改变，

[①] 参见常怡主编：《民事诉讼法学》，中国政法大学出版社 2016 年版，第 133 页；宋朝武主编：《民事诉讼法学》，中国政法大学出版社 2012 年版，第 61~62 页；杨建华：《民事诉讼法要论》，北京大学出版社 2013 年版，第 189~191 页；胡振玲：《关于形成之诉的若干问题探讨》，载《武汉科技学院学报》第 19 卷第 10 期。

[②] 参见常怡主编：《民事诉讼法学》，中国政法大学出版社 2016 年版，第 133 页；宋朝武主编：《民事诉讼法学》，中国政法大学出版社 2012 年版，61~62 页；杨建华：《民事诉讼法要论》，北京大学出版社 2013 年版，第 189~191 页；胡振玲：《关于形成之诉的若干问题探讨》，载《武汉科技学院学报》第 19 卷第 10 期。

因此这种判决就不具有形成力。这种判决实际上是消极确认判决，仅具既判力。

　　给付判决、形成判决和确认判决是三种重要的判决类型。原告在提起诉讼时，应当在诉讼请求中明确法院对其请求作出何种解决，并且原告只能在给付、形成和确认中进行选择。人民法院对上述三种请求逐一作出回应，便是给付判决、形成判决和确认判决。需要注意的是，诉讼类型与实现实体权利、履行义务或者承担责任的救济方式紧密相关，任何一种法律关系并不是只能对应一种诉讼类型，而是可以对应两种以上的诉讼类型，因此，一个民事诉讼中可以有两种或者三种诉讼类型。与之相反，在一具体案件中，任何一种诉讼类型只能对应一种法律关系，而非多种。①

　　诉讼的分类能够为实践提供指导，而实践中衍生出的问题也能令人反思和丰富理论，为完善理论体系提供全面的视角。第三人参加诉讼可以存在于给付之诉、形成之诉、确认之诉这三种诉讼中。事后救济的程序一般具有变更法律关系的特点。由于第三人撤销之诉、案外人申请再审程序是旨在全部或者部分变更原来的生效法律文书所确定的法律状态或者权利义务关系而提起的诉讼，故属形成之诉。②

　　2.制度对理论的反哺：案外人异议之诉归类对诉的种类的重新审视

　　在大陆法系国家的强制执行理论中，对于案外人异议之诉的性质有不同认识，争议较大，出现了确认之诉说③、给付之诉说、形成之诉说、新形

---

　　① 参见王亚新、陈杭平、刘君博：《中国民事诉讼法重点讲义》，高等教育出版社2017年版，第8页。

　　② 参见王亚新：《第三人撤销之诉的解释适用》，载《人民法院报》2012年9月26日。

　　③ 这种观点又分为诉讼法上的确认之诉和实体法上的确认之诉说。参见［日］吉野卫、三宅弘人等：《注释民事执行法（2）强制执行总则》，日本文昌堂1985年版，第498页，转引自张卫平：《案外人异议之诉》，载《法学研究》2009年第1期。

成之诉说、救济之诉说①、命令诉讼说②等不同学说。③案外人异议之诉与通常的确认之诉和给付之诉有所不同，无论确认之诉还是给付之诉都不能直接使强制执行程序停止。④德国、日本的理论通说认为案外人异议之诉为形成之诉，其实务界亦采此说。⑤依形成之诉说，第三人在其财产被强制执行时，就具有了对抗该强制执行行为的权利，有权提出异议要求法院撤销或者变更现有执行法律关系。这种撤销行为的法律效果具备了形成之诉的基本特点。与将异议之诉归为确认之诉或给付之诉相比，形成诉讼说更具说服力，但是该说也存在缺陷。既然异议权是该诉的诉讼标的，那么按照既判力的一般理论和规则，只有关于异议权存在的判断才具有既判力，而作为异议权基础的实体法上的权利或者实体法律关系只是法院判断的理由，因而不具有既判力。

理论上存在不同观点。第一种观点认为，案外人异议之诉的性质应当为给付之诉。案外人异议之诉制度从一个侧面还原了实体法与程序法之间的关系，其根基在于民事实体法，而非民事诉讼法。案外人异议之诉所针对的是执行行为的非正当性、执行标的实体失当性，而非强制执行程序的违法性。案外人异议之诉涉及程序法中的实体规则，就像民法上排除侵权

① 诉讼救济说认为，异议之诉是确认之诉和形成之诉的合成，不属于其中单一的某种诉，即一方面具有确认的法律效果，另一方面也具有排除执行的形成效果，这样既克服了单一的形成诉讼的既判力难题，又克服了单一的确认诉讼判决无执行力的问题。参见［日］吉野卫、三宅弘人等：《注释民事执行法（2）强制执行总则》，日本文昌堂1985年版，第498页，转引自张卫平：《案外人异议之诉》，载《法学研究》2009年第1期。

② 命令诉讼说与诉讼救济说在诉讼作用和目的的双重性方面有相同之处，即认为第三人异议之诉既解决第三人与执行债权人之间关于执行标的物的实体权利关系的争议，同时也解决第三人与执行债权人之间关于执行标的物的执行关系争议。从审判对象来看，实体权利关系和执行关系都是第三人异议之诉的审判对象。因此，第三人异议之诉的判决不仅对执行关系具有调整作用，在第三人的请求成立时排除对标的物的执行，同时对实体权利关系也具有既判力。

③ 参见肖建国：《〈民事诉讼法〉执行编修改的若干问题探讨——以民事强制执行救济制度的适用为中心》，载《法律适用》2008年第4期。

④ 参见张卫平：《案外人异议之诉》，载《法学研究》2009年第1期。

⑤ 参见张卫平：《案外人异议之诉》，载《法学研究》2009年第1期；肖建国：《〈民事诉讼法〉执行编修改的若干问题探讨——以民事强制执行救济制度的适用为中心》，载《法律适用》2008年第4期。

行为的诉讼一样，为排除侵害所提起的一种给付之诉。[①] 第二种观点认为，用命令诉讼说解释案外人异议之诉的性质较为合理。如何确定案外人异议之诉的性质是比较复杂的问题，界定其性质必须以考量诉讼类型划分根据，涉及异议之诉的目的和作用，异议之诉诉讼标的与诉讼标的理论，异议之诉既判力，争议中多重法律关系的存在，公法同私法的不同性质等方面。[②] 这些方面相互之间大多存在制约关系，在解释上难以周全自洽，容易顾此失彼。命令诉讼说虽然将案外人异议之诉视为一种特殊诉讼，对传统诉的类型划分产生了冲击，但相对较好地处理了上述几个方面的关系，基本上做到了理论上的自洽。[③] 排除对执行标的物的强制执行是案外人异议之诉最直接的功能，因此该诉讼具有形成之诉性质。同时，案外第三人所主张的实体法律关系是异议权的先决问题。异议之诉须先解决该问题，否则难以作出应否排除执行的判断，因此也具有确认实体权利的功能，从而兼具确认之诉的性质。案外人异议之诉兼具两种不同性质和功能，不同于传统诉讼类型，属于一种特殊的救济诉讼。[④]

由此可见，案外人异议之诉对于诉的类型提出了新的挑战，理论指导实践，但实践又修正理论。对于诉的类型的划分，有必要进行适当突破，在理论上采命令诉讼说，设立新的诉讼种类。

二、从强制执行的视角看执行第三人权利救济程序的重叠

第三人权利救济程序体系各项救济途径都承载着保护第三人权利的目的。该体系发展经历漫长的过程，程序设计者的理念不同，因此各项制度之间存在近似性。并且，彼此之间还存在交集，使第三人权利救济程序中的部分制度相互交叠甚至存在矛盾之处。在第三人权利救济程序体系中，

[①]　参见肖建国：《〈民事诉讼法〉执行编修改的若干问题探讨——以民事强制执行救济制度的适用为中心》，载《法律适用》2008 年第 4 期。

[②]　参见张卫平：《案外人异议之诉》，载《法学研究》2009 年第 1 期。

[③]　参见张卫平：《案外人异议之诉》，载《法学研究》2009 年第 1 期。

[④]　参见刘贵祥：《案外人异议之诉的功能定位与裁判范围》，载《人民法院报》2014 年 6 月 14 日。

某一项具体制度的设置，往往是为了弥补其他制度的漏洞，而对已经设置的某一项制度没有明确的协调处理，导致与其他第三人救济制度的重叠。如何协调整个体系，区分各项制度的功用，厘清第三人权利救济程序之间的界限，对克服冲突所带来的功能弱化问题起着重要的作用。实体性救济程序中，以强制执行的视角看第三人撤销之诉、案外人申请再审和案外人执行异议之诉三种案外权益救济制度，功能有所交叉。因此，应当从各项制度价值目的出发，确定各自适用范围的限制和禁止，发挥三种制度的最大效用。

（一）典型问题及成因

案例一：甲将自有房屋先后分别卖予乙、丙。后丙诉至法院要求甲交付房产。但甲并未向法院说明房屋一物二卖的情况，丙不知甲将房屋卖予乙的事实。后法院判决甲向乙交付房屋。则丙应当通过何种程序救济权利？另行起诉、第三人撤销之诉，还是案外人申请再审？

案例二：丙起诉乙偿还借款，诉讼中法院根据丙申请保全房屋。甲、乙婚姻存续期间购买一套房屋，登记为夫妻共有。在丙起诉乙之前，甲乙离婚，约定确认房屋归甲所有。后法院判令乙向丙清偿欠款，丙向法院申请执行。甲以乙离婚后未协助办理房屋过户手续为由提起诉讼，请求将房屋归甲所有。丙认为甲、乙诉讼为虚假诉讼，其应当如何救济权利？

案例三：甲、乙婚姻存续期间购买一套房屋，登记为夫妻共有。二人离婚时，协议约定房屋归甲所有。丙起诉乙偿还借款，诉讼中法院根据丙申请保全房屋。后甲以乙离婚后未协助办理房屋过户手续为由提起诉讼，请求判令房屋归甲所有。甲认为乙、丙之间为虚假诉讼，甲应当如何救济权利？

实际上，案例二和案例三是同一事实，仅是角度不同而当事人获得了不同的第三人身份。相同的事实，在案例二中，从丙的角度看，自己是甲、乙案件的第三人，而在案例二中，从甲的角度看，甲是乙、丙案件的第三人。

　　根据现有法律规定，在案例三中，法院应当继续执行，甲在请求排除执行的情况下可以提起案外人异议之诉，但是丙却不能以第三人的身份参与诉讼。在案例二中，甲不能以第三人撤销之诉程序救济权利，也不能通过案外人申请再审救济。问题在于，执行程序是法院主导进行的，如果不允许甲、丙在案件中参与到对方诉讼中或者撤销对方诉讼的法律文书，是否有可靠的机制来解决各自认为对方为虚假诉讼的问题？

　　透视第三人权利救济程序重叠交叉的成因，主要在于以下两个方面。

　　1. 法律规范有所缺失

　　我国第三人权利救济程序体系设计较为模糊，法律仅为原则性规定，不能满足实践对规范供给的需要。第三人撤销之诉在实践中适用混乱问题在《民事诉讼法解释》的施行后一定程度上得到了部分解决，但在与其他第三人权利救济程序仍存在不协调的问题。

　　《民事诉讼法解释》第 299 条、第 301 条分别规定了第三人撤销之诉与当事人申请再审之间的关系、第三人撤销之诉与执行阶段的案外人申请再审的关系，但该解释并未明确第三人撤销之诉和执行程序外的案外人申请再审的关系，也就是说，该规定对第三人撤销之诉与案外人申请再审关系的安排存在漏洞。在《民事诉讼法解释》公布前的司法实践中，多地法院对第三人撤销之诉和案外人申请再审程序的关系，均明确优先适用第三人撤销之诉，将再审程序作为最后救济手段。[①] 但在体现司法解释起草者的相关论述中，却否认了再审程序后于第三人撤销之诉的观点，"确立了审判监督程序优先适用的原则，凡是能够通过审判监督程序解决的，原则上按照审判监督程序走，不能按照审判监督程序走的，适用第三人撤销之诉程序，第三人撤销之诉程序作为最后的司法救济程序。"该观点与地方法院的认识和实践存在分歧。

　　《民事诉讼法》第 207 条第 8 项规定应参加诉讼的当事人在因非归责于

------

　　① 例如，《广东省高级人民法院关于民事再审审查工作的指引》第 6 条规定：案外人申请再审不予受理。案外人认为生效裁判侵害其合法权益的，按照撤销之诉的途径解决。对于撤销之诉作出的判决，提起撤销之诉的案外人和原诉的当事人均可上诉。

自身事由未参加诉讼的情形下，可以通过申请再审程序救济权利。此处的应当参加诉讼的当事人被解释为必要共同诉讼参加人，其因故未能参加原诉的而成为"案外人"；①《审监程序解释》第 5 条第 1 款规定案外人在对执行标的物主张权利但无法提起新的诉讼解决争议的情形下，可以通过申请再审的程序救济权利；《审监程序解释》第 5 条第 2 款协调了与《民事诉讼法》第 234 条的关系，规定执行阶段的案外人在人民法院裁定驳回异议请求的情况下，可以申请再审。上述三种救济方式，第一种为必要共同诉讼参加人的规定，主体范围较窄，也非本书讨论的重点问题。第二种是对《民事诉讼法》第 234 条的扩张性解释，但"只能针对具体的物主张权利，这种规制使得大量的并不针对具体物的生效裁判侵害案外人合法权益的案件无法通过案外人申请再审途径解决"，并且案外人申请再审程序只被限定在给付之诉中，确认之诉和形成之诉无法适用案外人申请再审程序第三人合法权益无法获得全面救济。

在立法上没有明确规定的情况下，必须依靠司法解释对几项救济程序分别补漏完善。横跨十几年，司法环境发生变化，立法理念却未综合考虑各项制度之间的关系，特别是未考虑司法解释为了弥补制度漏洞而扩大的程序范围，导致已有的制度没有得到充分梳理，而新的制度却不断叠加，造成了一定程度上第三人权利救济程序体系的混乱。

2. 制度架构存在漏洞

第三人权利救济程序体系架构复杂却不严密，存在两个制度架构上的漏洞。第一，第三人主体涵盖不周延。案外人异议之诉的主体是强制执行程序中的案外人，第三人撤销之诉的主体是《民事诉讼法》第 59 条第 1 款和第 2 款规定的第三人以及特殊情形下的债权人，案外人申请再审的主体是未参加诉讼的必要共同诉讼人、给付之诉中未进入执行程序的第三人、强制执行程序中的第三人。这三项制度所涉及的第三人不能涵盖所有原审诉讼当事人以外的所有民事主体，进而导致少数民事主体无法通过程序救

---

① 但必要共同诉讼参加人并不是本书研究的重点，故不作进一步探讨。

济权利。这就引出第二个漏洞，程序重叠引发程序的无休无止。司法实践中，经常发生第三人在第三人撤销之诉之后再申请再审的现象。第三人在多个程序之间反复寻求救济，这就使得民事诉讼程序的安定性和生效裁判的终局性受到极大冲击。

（二）第三人权利救济程序体系协调原则

第三人救济制度中的程序之间相互配合，才能确保第三人权利救济体系的整体价值得以实现。为了确保第三人权利救济程序之间的协调运行，应当遵循以下两项原则。

1. 不能重复原则

第三人程序救济体系协调的目标是程序与程序之间有序衔接，不能发生重叠。然而，既要有序地无缝衔接，又要避免程序间发生重叠冲突的状态在实践中的难度较大，各项程序之间发生重叠。例如，第三人撤销之诉与案外人申请再审制度之间存在部分重叠，利害关系人对保全裁定申请复议的救济程序与《民事诉讼法》第234条规定的案外人异议之诉之间存在部分重叠和冲突，这些冲突应当予以避免。每项第三人权利救济程序在与周边程序协调处理的过程中，应当防止第三人权利过度救济问题，避免其同时援引多种救济程序或者相继援引并列救济程序。[①]

2. 效率原则

第三人权利救济体系呈现出显著的阶段性发展的特征。为了推进诉讼执行程序的向前发展，提高诉讼执行争议解决的效率，第三人在权利遭受侵害时应当尽早通过程序救济。在相关制度之间关系协调衔接的设计上，不应当出现权利救济程序漫无边际，防止第三人放弃先前救济措施，利用在后的救济程序影响正常程序的进行，以此获取不当的程序利益。因此，

---

　　①　对此问题，王亚新教授表达了相同的观点，其认为第三人撤销之诉与第三人申请参加诉讼、案外人执行异议之诉、案外人申请再审等权利保障制度可以并存，但在具体适用上会有重叠之处。重叠交叉的情形容易出现制度适用的重复现象，从而造成制度的浪费、程序的拖沓甚至破坏法律的安定性，因此不应当允许"一条路不行再走一条路"的选择。参见王亚新：《第三人撤销之诉的解释适用》，载《人民法院报》2012年9月26日。

第三人必须在法律已经提供救济途径的情形下及时行使救济权利，否则其应承受法律上的不利后果。比如，在先前诉讼过程中，第三人能够参加诉讼却未参加的，在该诉讼对其权益造成了损害的情况下，也不允许通过第三人撤销之诉或者案外人申请程序进行救济。[①]"如果第三人在前诉中已经获得，或者放弃了行使相应诉讼权利的机会，则不再具有撤销生效裁判的权利"。[②]

例如，第三人撤销之诉不同于普通的第三人权利救济程序，从功能、程序结构以及效力等视角来看，其兼具事前救济程序和事后救济程序双重程序性质。[③]事后救济程序动摇先前判决的既判力，冲击先前程序结果的稳定性，有必要予以限制适用。就制度安排来说，第三人符合参加诉讼这一普通救济程序和第三人撤销之诉这一事后救济程序时，应当在制度上促使第三人通过前一普通程序救济权利。

三、从强制执行的视角看第三人权利程序救济体系运行

在实践中，执行第三人定性不准确以及救济程序定性衔接的不准确，使得第三人在诉讼以及执行程序中的救济存在混乱。在本书第三章第一节中，我们从实体权益基础角度介绍了案外人异议之诉的救济范围。但是，该节所分析的实体权利范围实际上仅限定于金钱债权执行中的案外人异议之诉，而不包含非金钱债权执行中的案外人异议之诉。就第三人程序权利的保障而言，应从程序法的整体角度，放到更为宏观的体系性的程序安排的视角之中，特别是以民事强制执行的视角分析第三人权利救济程序的方法和体系，可以获得更为清晰的答案。

---

① 胡军辉：《论第三人撤销之诉与周边程序的协调》，载《政治与法律》2015 年第8 期。

② 张卫平：《中国第三人撤销之诉的制度构成与适用》，载《中外法学》2013 年第1 期。

③ 关于第三人撤销之诉具有双重属性的观点，参见王福华：《第三人撤销之诉适用研究》，载《清华法学》2013 年第 4 期。

（一）金钱债权执行案件中的第三人权利救济程序

1. 金钱债权执行案件中的第三人救济的理论与实践

在金钱债权执行的案件中，如前所述，案外人异议之诉的实体权利基础为所有权（保留所有权）、担保物权、用益物权、特殊情形下的债权、与占有相关的权利等。但是，对于以下几类第三人是否可以通过案外人异议之诉救济权利却存在不同认识：一是担保物让与第三人。有观点认为在债务人将已向债权人设定担保的财产转让给第三人后，因担保物所有权转移不影响担保物权，故第三人的该项权利不能对抗执行，故而不能提起案外人异议之诉。[①] 二是转让违章建筑的原始建筑人以及受让人作为第三人的情形。对此，有两种观点。一种认为无论是债务人将其所有的违章建筑转让给买受人（第三人）的，还是转让违章建筑的原始建筑人为第三人的，均因欠缺权利保护要件而不能提起第三人异议之诉。[②] 另外一种观点认为，转让违章建筑的原始建筑人即使在违章建筑转让后仍为所有权人，在此情形下不得提出案外人异议之诉。[③] 三是第三人自愿提供执行担保的第三人，基于诚信原则不得通过案外人异议之诉救济权利。四是抵押权人作为第三人，因其仅能就抵押标的物的变价款优先受偿而无法对抗强制执行，故不能以案外人异议之诉的程序救济权利。[④] 五是质权人和留置权人作为第三人。在此种情形下，存在两种不同观点。一种观点认为，执行过程中质权人和留置权人因法院执行标的物而改变了对质物和留置物的占有，在此情况下，质权和留置权有可能因此而影响物权的权能，故质权人和留置权人可以提起案外人异议之诉。[⑤] 另外一种观点认为，在质物和留置物被强制执行时，第三人作为权利人不能提起案外人异议之诉，而是应当通过申请参与分配

---

① 肖建国主编：《民事执行法》，中国人民大学出版社 2014 年版，第 203 页。

② 杨与龄：《强制执行法论》，我国台湾地区三民书局 2007 年版，第 235 页。

③ 肖建国主编：《民事执行法》，中国人民大学出版社 2014 年版，第 204 页。

④ 杨与龄：《强制执行法论》，我国台湾地区三民书局 2007 年版，第 238 页。

⑤ 张登科：《强制执行法》，我国台湾地区三民书局 2013 年版，第 197 页；杨与龄：《强制执行法论》，我国台湾地区三民书局 2007 年版，第 238 页。

程序主张就拍卖价款优先受偿而救济权利。而对于质权人和留置权人应当占有标的物的问题，则可以由法院在强制执行过程中指定质权人和留置权人保管该标的物，进而维护质权人和留置权人对标的物的占有。当然，如果在此过程中因为执行（查封）标的物不当而导致质权人和留置权人丧失了占有，则质权人和留置权人可以就该执行行为违法提出异议进行救济，而不是通过异议之诉的程序救济权利。六是基于债权请求权的物之交付请求权人作为第三人时，可否提起案外人异议之诉。对此，学者们认为应当区分情况进行判断，如果执行标的物不为债务人所有时，可以提出案外人异议之诉；如果执行标的物为债务人所有，则不能提出案外人异议之诉，因为债务人对特定标的物享有所有权时，其应当承担忍受对该标的物进行强制执行的义务，而对该标的物享有债权请求权的第三人亦是如此。但作为例外，如果该标的物已由案外第三人占有并收益时，该第三人则可以提出案外人异议之诉。七是占有人作为第三人能否提起案外人异议之诉。对此，有肯定说、否定说，以及折中说三种观点。[①] 肯定说认为，占有受法律保护，占有人没有忍受强制执行的义务，因此占有人可以案外人异议之诉救济权利。否定说认为，由于占有是一种事实而非权利，占有人不能提起案外人异议之诉，而是应当通过对执行行为的异议救济权利。折中说则认为，应当区分情况，如果标的物为债务人所有，则不得以单纯的占有为理由提起案外人异议之诉；如果标的物不是债务人所有，则可以提起案外人异议之诉。

通过上述分析可见，就第三人能否提起案外人异议之诉的判断，理论上是以实体权益能否排除强制执行进行确定的。但这一原则却并不符合保护第三人诉权的理论以及我国司法实践中的惯例。

（1）根据诉权理论，社会主体皆有获得司法保护的权利。第三人作为普通的社会主体，其亦应当获得司法程序上的回应，亦即第三人应当通过诉讼或者法院的其他程序获得救济。以实体权利决定第三人可否提起案外

---

① 杨与龄：《强制执行法论》，我国台湾地区三民书局 2007 年版，第 238 页。

人异议之诉，并不符合保护第三人诉权的司法理念。在我们所列举的这些实体权利的程序救济中，除了理论上的个别情况明确了第三人在不能获得案外人异议之诉程序救济的情况下可以通过其他程序救济权利外，[①]其他均未明确第三人不能通过案外人异议程序救济权利的应当通过何种程序救济权利。这就使这些情况下的第三人应当如何救济权利出现了程序上的空白和盲点。

（2）在司法实践中，法院也并未以实体权利确定第三人能否提起案外人异议之诉。以担保物让与第三人为例，《异议和复议规定》对理论上的观点作出了不同的回应。该规定第27条明确："申请执行人对执行标的依法享有对抗案外人的担保物权等优先受偿权，人民法院对案外人提出的排除执行异议不予支持，但法律、司法解释另有规定的除外。"可见，对于担保物让与第三人的情形，法院应当允许该第三人提起案外人异议之诉，只是该第三人的主张在法律没有特别规定的情况下，无法获得法院的支持。也就是说，最高人民法院的态度是此类第三人的救济程序应当是案外人异议之诉，但在实体的审判结果上，该第三人的主张无法得到支持。

（3）以实体权利判断第三人能否提起案外人异议之诉，还不能公平地保护第三人的程序权利。因为对于实体权利存在与否在异议之诉之前进行判断，并无程序上的保障，既无法充分保障三方当事人的程序权利[②]，也会使这种认定颇为随意和不确定，间接地损害第三人的合法权益。

---

① 例如，有的观点认为占有的情况下，占有人不能提起案外人异议之诉但可以对执行行为的异议救济权利；质物和留置物被强制执行时，第三人作为权利人不能提起案外人异议之诉，而是应当通过申请参与分配程序主张就拍卖价款优先受偿而救济权利。

② 例如，举证、辩论等权利。

【实践】指导案例 154 号

王四光诉中天建设集团有限公司、白山和丰置业
有限公司案外人执行异议之诉案

（最高人民法院审判委员会讨论通过 2021 年 2 月 19 日发布）

关键词 民事 案外人执行异议之诉 与原判决、裁定无关
建设工程价款优先受偿权

裁判要点

在建设工程价款强制执行过程中，房屋买受人对强制执行的房屋提起案外人执行异议之诉，请求确认其对案涉房屋享有可以排除强制执行的民事权益，但不否定原生效判决确认的债权人所享有的建设工程价款优先受偿权的，属于民事诉讼法第二百二十七条规定的"与原判决、裁定无关"的情形，人民法院应予依法受理。

相关法条

《中华人民共和国民事诉讼法》第 227 条

基本案情

2016 年 10 月 29 日，吉林省高级人民法院就中天建设集团公司（以下简称中天公司）起诉白山和丰置业有限公司（以下简称和丰公司）建设工程施工合同纠纷一案作出（2016）吉民初 19 号民事判决：和丰公司支付中天公司工程款 42746020 元及利息，设备转让款 23 万元，中天公司可就春江花园 B1、B2、B3、B4 栋及 B 区 16、17、24 栋折价、拍卖款优先受偿。判决生效后，中天公司向吉林省高级人民法院申请执行上述判决，该院裁定由吉林省白山市中级人民法院执行。2017 年 11 月 10 日，吉林省白山市中级人民法院依中天公司申请作出（2017）吉 06 执 82 号（之五）执行裁定，查封春江花园 B1、B2、B3、B4 栋的 11×× － ×× 号商铺。

王四光向吉林省白山市中级人民法院提出执行异议，吉林省白山市中级人民法院于 2017 年 11 月 24 日作出（2017）吉 06 执异 87 号执行裁定，驳回王四光的异议请求。此后，王四光以其在查封上述房屋之前已经

签订书面买卖合同并占有使用该房屋为由，向吉林省白山市中级人民法院提起案外人执行异议之诉，请求法院判令：依法解除查封，停止执行王四光购买的白山市浑江区春江花园 B1、B2、B3、B4 栋的 11×× － ×× 号商铺。

2013 年 11 月 26 日，和丰公司（出卖人）与王四光（买受人）签订《商品房买卖合同》，约定：出卖人以出让方式取得位于吉林省白山市星泰桥北的土地使用权，出卖人经批准在上述地块上建设商品房春江花园；买受人购买的商品房为预售商品房……买受人按其他方式按期付款，其他方式为买受人已付清总房款的 50% 以上，剩余房款 10 日内通过办理银行按揭贷款的方式付清；出卖人应当在 2014 年 12 月 31 日前按合同约定将商品房交付买受人；商品房预售的，自该合同生效之日起 30 天内，由出卖人向产权处申请登记备案。

2014 年 2 月 17 日，贷款人（抵押权人）招商银行股份有限公司、借款人王四光、抵押人王四光、保证人和丰公司共同签订《个人购房借款及担保合同》，合同约定抵押人愿意以其从售房人处购买的该合同约定的房产的全部权益抵押给贷款人，作为偿还该合同项下贷款本息及其他一切相关费用的担保。2013 年 11 月 26 日，和丰公司向王四光出具购房收据。白山市不动产登记中心出具的不动产档案查询证明显示：抵押人王四光以不动产权证号为白山房权证白 BQ 字第 ×××××× 号，建筑面积 5339.04 平方米的房产为招商银行股份有限公司通化分行设立预购商品房抵押权预告。2013 年 8 月 23 日，涉案商铺在产权部门取得商品房预售许可证，并办理了商品房预售许可登记。2018 年 12 月 26 日，吉林省电力有限公司白山供电公司出具历月电费明细，显示春江花园 B1 － 4 号门市 2017 年 1 月至 2018 年 2 月用电情况。

白山市房屋产权管理中心出具的《查询证明》载明："经查询，白山和丰置业有限公司 B － 1、2、3、4# 楼在 2013 年 8 月 23 日已办理商品房预售许可登记。没有办理房屋产权初始登记，因开发单位未到房屋产权管理中心申请办理。"

裁判结果

吉林省白山市中级人民法院于 2018 年 4 月 18 日作出（2018）吉 06 民初 12 号民事判决：一、不得执行白山市浑江区春江花园 B1、B2、B3、B4 栋 11×× - ×× 号商铺；二、驳回王四光其他诉讼请求。中天建设集团公司不服一审判决向吉林省高级人民法院提起上诉。吉林省高级人民法院于 2018 年 9 月 4 日作出（2018）吉民终 420 号民事裁定：一、撤销吉林省白山市中级人民法院（2018）吉 06 民初 12 号民事判决；二、驳回王四光的起诉。王四光对裁定不服，向最高人民法院申请再审。最高人民法院于 2019 年 3 月 28 日作出（2019）最高法民再 39 号民事裁定：一、撤销吉林省高级人民法院（2018）吉民终 420 号民事裁定；二、指令吉林省高级人民法院对本案进行审理。

裁判理由

最高人民法院认为，根据王四光在再审中的主张，本案再审审理的重点是王四光提起的执行异议之诉是否属于民事诉讼法第二百二十七条规定的案外人的执行异议"与原判决、裁定无关"的情形。

根据民事诉讼法第二百二十七条规定的文义，该条法律规定的案外人的执行异议"与原判决、裁定无关"是指案外人提出的执行异议不含有其认为原判决、裁定错误的主张。案外人主张排除建设工程价款优先受偿权的执行与否定建设工程价款优先受偿权权利本身并非同一概念。前者是案外人在承认或至少不否认对方权利的前提下，对两种权利的执行顺位进行比较，主张其根据有关法律和司法解释的规定享有的民事权益可以排除他人建设工程价款优先受偿权的执行；后者是从根本上否定建设工程价款优先受偿权权利本身，主张诉争建设工程价款优先受偿权不存在。简言之，当事人主张其权益在特定标的的执行上优于对方的权益，不能等同于否定对方权益的存在；当事人主张其权益会影响生效裁判的执行，也不能等同于其认为生效裁判错误。根据王四光提起案外人执行异议之诉的请求和具体理由，并没有否定原生效判决确认的中天公司所享有的建设工程价款优先受偿权，王四光提起案外执行异议之诉意在请求法院确认其对案涉房屋享有可以排除强制执行的民事权益；如果一、二审法院支持王四光关于执行异议的主张也并不动摇生效判决关于中天公司享有建设工程价款优先受偿权的认定，仅可能影响该生效判决的具体执行。王四光的执行异议并不包含其认为已生效的（2016）吉民初19号民事判决存在错误的主张，属于民事诉讼法第二百二十七条规定的案外人的执行异议"与原判决、裁定无关"的情形。二审法院认定王四光作为案外人对执行标的物主张排除执行的异议实质上是对上述生效判决的异议，应当依照审判监督程序办理，据此裁定驳回王四光的起诉，属于适用法律错误，再审法院予以纠正。鉴于二审法院并未作出实体判决，根据具体案情，再审法院裁定撤销二审裁定，指令二审法院继续审理本案。

（生效裁判审判人员：余晓汉、张岱恩、仲伟珩）

2. 金钱债权执行案件中第三人在其他程序中的救济

金钱债权执行案件中第三人能否在执行前参加诉讼，主要涉及金钱债权执行案件中的第三人能否成为诉讼参加第三人，以及事后可否提起第三人撤销之诉或者案外人申请再审。大多数金钱债权执行案件中，第三人对执行标的物提出的异议之诉不涉及特定标的物的问题，在多数金钱债权案件中不会就被执行人的某一标的物进行对抗。因此，在金钱债权纠纷案件的执行过程中，第三人能够救济权利的途径较为简单，就是提起案外人异议之诉。但是，金钱债权执行案件也有涉及债务人特定财产的情况。有担保物的债务纠纷下，如果对担保物主张权利的第三人应当通过何种程序救济权利，案外人异议之诉、案外人申请再审程序救济权利，抑或第三人撤销之诉？我们将在后文予以分析。

（二）非金钱债权执行案件中的第三人权利救济程序

本章所举案例一，就是第三人在特定标的物的交付中作为标的物占有人的典型案件。对此，有观点认为，交付特定标的物的强制执行中，该特定物为第三人占有时，无论第三人占有该标的物的事实是否在执行依据既判力基准时前，以及该占有是否为合法占有，因该第三人非执行依据所载明的债务人，故原则上均不能对该第三人执行，但例外情形下可以直接执行第三人。而特定标的物为动产还是不动产影响着在强制执行程序中直接执行第三人的具体情形。①

（1）该特定物为动产时，该原则有两种例外，在这两种例外情况下可以对该第三人直接执行。第一种例外情形是，该第三人为执行依据的执行力所及的主体。这类主体为执行标的物的诉讼系属后成为债务人的继受人，或者为了债务人或其继受人而占有请求标的物的第三人（如保管人、受委托人、管理人等）。这两类主体因受到执行依据效力的影响而居于债务人的法律地位。在此为了债务人或其继受人而占有请求标的物的第三人占有特定标的物的情况下，第三人为直接占有人，债务人或其继承人为间接占有人。此时，债务人与直接占有之第三人均为强制执行法上的执行债务人，故执行法院可以直接对该第三人强制执行，将其占有之物取交于债权人。第二种例外情形是，就特定标的物向债务人负有交付义务的第三人。这种情况，实际上就是债务人对第三人享有到期债权或者物上请求权，而这种到期债权或者物上请求权的内容，是第三人向债务人交付特定物。在一般情况下，执行依据确定债务人向债权人交付的动产被第三人占有的，如果债务人对第三人是直接占有人，债务人是间接占有人的，不能强制债务人履行交付，也不能直接执行第三人。但是，如果债务人对第三人享有要求其交付特定动产的权利，无论这种权利是基于物权还是债权，都可以将债务人对第三人享有的权利移转给债权人，法院在强制执行过程中可以在不经事先禁止债务人处分请求第三人交付的权利或者不经事先禁止第三人向债务人交付的情况下，直接向第三人作出请求交付权利发生转移的命令。②而债权人在该命令生效后取得债务人对第三人的权利人地位，如第三人未将特定动产交付，则分两种情形分别处理。一种是债务人对第三人的交付

---

① 参见杨与龄：《强制执行法论》，我国台湾地区三民书局 2007 年版，第 622~624 页、第 628~629 页；陈世荣：《强制执行法诠解》1988 年自印版，第 457 页。

② 《德国民事诉讼法》第 886 条、《日本强制执行法》第 170 条则都规定了必须先经扣押程序。

特定动产的请求权还未取得执行依据，则法院不能直接强制执行该第三人。债权人可以另行起诉该第三人履行交付义务，在另诉作出判决后才可以以新的判决为执行依据申请法院强制执行。第二种情形是债务人对第三人的交付特定动产的请求权已经为判决所确定，取得了执行依据，则债权人可以根据该执行依据及移转命令，以特定继受人的身份申请法院强制执行。

（2）该特定物为不动产时，除了与交付动产相类似的两种例外情形下的主体外，还包括第三人认可其对不动产的占有为无权占有的情况。这三类情形可以对该第三人直接执行。值得注意的是，如果第三人不认可其对特定标的物的占有为无权占有，则债权人需要另行起诉取得执行依据再申请强制执行第三人。

我们认为，上述观点为非金钱债权执行案件中的第三人权利的程序救济的传统观点。这种程序衔接方式具有合理性。在该观点之下，执行依据的执行力及于第三人的范围较窄，仅约束少数情形下的第三人。问题在于此类第三人在参加诉讼以及不参加诉讼两种情形下，应当如何救济权利。对此将在下一节中进行深入分析。

四、第三人权利救济体系中的主体及程序转换问题

在第三人程序救济体系中存在第三人应当以何种身份启动何种程序救济权利的问题。何种身份涉及第三人在程序中的法律地位。实践中存在第三人的身份转化和法律对其身份的界定不清晰两个问题。以何种程序救济权利，则涉及以下两个主要问题：一是在前程序的走向对后续救济程序的影响，亦即第三人在前程序中的参与和责任承担是如何决定后续包括案外人异议之诉、案外人申请再审、第三人撤销之诉这三种救济程序的选择。二是怎样确定案外人异议之诉与案外人申请再审程序的界限，亦即如何确定第三人在主张权利时应当通过案外人异议之诉程序还是案外人申请再审程序救济权利。

为了方便讨论，以下述两个案例为基础展开讨论。案例四：甲以所有权纠纷诉乙请求返还原物，丙为标的物占有人，后法院判决应将原物返还

给甲。案例五：甲以借款纠纷诉乙，乙在借款合同中曾以对丙的到期债权为担保，后法院判决甲就乙提供的到期债权享有优先受偿权。

（一）第三人权利救济体系中的主体转换

第三人在整个权利救济体系中的法律地位并非一成不变。第三人在不同阶段有不同的地位，前序程序也决定了在后续程序中的地位。目前第三人程序身份地位的模糊妨碍了对第三人救济程序的清晰认识。

1. 第三人程序身份的模糊——第三人与案外人、利害关系人之辨析

我国目前法律对第三人主体地位的界定存在混乱，而这一情况与第三人救济程序体系中的各项制度没有理顺关系有密切关系，互为因果。

强制执行程序中的主体，有不同分类。有观点认为强制执行主体包含了执行当事人、协助执行义务人、执行第三人、执行担保人、执行见证人五种主体。[1] 其中，执行担保人和执行见证人并非本书研究的主要主体，不予展开阐述，本书主要研究执行当事人、协助执行义务人和执行第三人的问题。

执行当事人，是指在民事强制执行程序中，以自己的名义主张生效法律文书确定的权利、履行生效法律文书确定的义务，并受执行行为约束的自然人、法人或者其他组织。[2] 执行当事人必须是执行依据所载明和确定的当事人。[3] 执行当事人是为实现实体权益的处于两种地位的当事人。一般来说，其中一方享有民事权利，另一方承担民事义务，部分情况下有可能双方互负义务。在我国，理论界对执行当事人的称谓存在较大分歧，一种称为"申请执行人"和"被执行人"，一种称为"执行债权人"和"执行债务人"。而法律对执行当事人的表述也不尽相同。《民事诉讼法》对享有权利的一方一般称为"申请人""申请执行人""权利人"，承担义务的一方则被称为"被执行人""被申请人"。在域外，日本、法国、德国均称为"债权

---

[1] 江必新主编：《强制执行法理论与实务》，中国法制出版社2014年版，第98~118页。

[2] 江必新主编：《强制执行法理论与实务》，中国法制出版社2014年版，第98页。

[3] 杨与龄：《强制执行法论》，我国台湾地区三民书局2007年版，第47页。

人""债务人"①。应当注意的是，执行当事人与实体法上当事人、诉讼程序中的原告被告并不一定一致。如债权人作为原告对负有连带责任的众多债务人提起诉讼，在其后执行程序中仅申请执行其中一个债务人，则债权人与该债务人成为执行当事人，而其他债务人则不是执行当事人。

协助执行义务人，又称执行协助人，是指根据法律规定，协同、辅助执行机构实现债权人权利的组织或者个人。②在理论上，执行协助人不是执行当事人，没有履行执行依据确定义务的义务。《民事诉讼法》规定债务人存款的银行、负有支付债务人报酬的单位和有权办理产权证照的机关等主体为协助执行义务人。

执行第三人并非我国法律规定中的概念，在理论上是指在强制执行程序中，除执行当事人以外与强制执行有法律上利害关系的自然人、法人和其他组织。③《民事诉讼法》第 225 条（2021 年被修订为第 232 条）规定的异议复议程序中的利害关系人、《民事诉讼法》第 227 条（2021 年被修订为第 234 条）规定的异议之诉的案外人和申请再审的案外人，属于执行第三人。根据法律上的表述可以发现，"利害关系人"是指执行行为侵害合法权益的民事主体，"案外人"则是指主张实体权利的民事主体。对于"利害关系人"与"案外人"的区别，"实际上，利害关系人与案外人之间并没有明确的界限，要完全区分开是很困难的。"④尽管《民事诉讼法》第 232 条和第 234 条提出了两个不同的概念，对二者有所区分，但从二者的性质和主体来看并无区分的必要，或者即使予以区分也应当在执行第三人这一概念之下进行区分。

在域外的立法例上，对此类主体称谓不尽相同，但基本上存在统称。法国法上均称为第三人，法律根据不同的请求救济的事由，区分出不同类

---

① 在法国，由于各种强制执行措施具体体现为对债务人财产的扣押，所以法律也将债权人称为（实施）扣押人（le saisissant），将债务人称为（财产）受扣押人（le saisi）。参见江必新主编：《比较强制执行法》，中国法制出版社 2014 年版，第 36 页。

② 江必新主编：《强制执行法理论与实务》，中国法制出版社 2014 年版，第 98 页。

③ 江必新主编：《强制执行法理论与实务》，中国法制出版社 2014 年版，第 117 页。

④ 江必新主编：《强制执行法理论与实务》，中国法制出版社 2014 年版，第 118 页。

型的执行第三人。法国《民事执行程序法典》以及《民法典》规定了强制执行程序中的一般第三人、财产持有第三人（le tiers détenteur）、物的担保第三人（personnes tenus propter rem）、受扣押第三人（le tiers saisi）。① 其中，一般第三人是强制执行程序的合作人（collaborateur）②，既有可能负不作为（不阻碍执行行为）义务，也可能负有作为（协助执行行为）义务，一般第三人中负有作为义务的第三人相当于我国执行程序中的执行见证人和协助执行义务人。财产持有第三人、物的担保第三人，以及受扣押第三人的实体权利则有可能受到强制执行措施的威胁。财产持有第三人是指从债务人处取得特定财产的民事主体，例如，债务人乙将自己的不动产向债权人甲提供担保，之后乙将该财产出卖于丙，丙取得该财产，则丙就是财产持有第三人。物的担保第三人则是指用自己财产为债务人提供担保的民事主体。物的担保第三人也被视为债务人，这一点与我国将参加诉讼的担保人作为被执行人在本质上是相通的。在法国的强制执行程序中，财产持有第三人或者物的担保第三人的财产都属于第三人的财产，而不属于债务人财产，但法国法律将这两种第三人与债务人一起称为被扣押人（le saisis），也就是法国强制执行的主体不仅局限于债务人。受扣押第三人是指与债务人存在法律关系，执行债权的实现需要扣押其占有财产的主体，如债务人存款的银行、需要支付债务人报酬的雇主等。受扣押第三人对债务人负有某种债务或者持有债务人的特定财产，而这些财产属于债务人，这就区别于财产持有第三人和物的担保第三人。③ 受扣押第三人中的一类与我国执行到期债权中的第三人（次债务人）有所类似。日本的强制执行主体分为执行当事人与利害关系人两种。利害关系人是与执行程序有一定利害关系的主体。为维护自身权益，利害关系人满足一定条件就可以参与到执行程序中，享

---

① 江必新主编：《比较强制执行法》，中国法制出版社 2014 年版，第 54~59 页。

② Voies d'exécution et procédures de distribution, Anne Leborgne, Dalloz, 2009, p.97.

③ 参见江必新主编：《比较强制执行法》，中国法制出版社 2014 年版，第 58 页。

有一定权利。在部分语境下，利害关系人这一概念也包含了执行当事人。①

就案例四和案例五中第三人的身份来说存在以下问题：（1）丙在执行程序中的法律地位是什么，是被执行人还是协助义务人？（2）其在执行程序中提出异议是以被执行人提出异议，还是以利害关系人提出异议？

对于上述两个问题，结合案例分析。标的物占有人的身份确定在于其是否参加诉讼。如果参加诉讼，则其有可能是有独立请求权的第三人或者无独立请求权的第三人。对于这两种身份定位的区别，在于该第三人丙是否对物以自己的名义主张不同于原被告双方的权利。例如，第三人丙如提出其基于买受该标的物为该标的物所有权人而占有该标的物，则第三人丙的主张是基于独立的实体权利，其应当作为有独立请求权第三人参加诉讼。如果丙仅为代当事人乙保管该财物，则其可以作为无独立请求权第三人参加诉讼。作为诉讼系属后的主体，案件的判决对其当然也具有拘束力，在执行程序中其也成为执行当事人。就上述两个问题来说，如果丙属于被告型无独立请求权第三人，被告型无独立请求权第三人在参加诉讼后若需承担责任，则其将成为强制执行程序中的被执行人而非协助执行义务人，这就决定其在执行程序中提出异议时为执行当事人而非利害关系人。可见，诉讼中的第三人有可能成为执行程序中的当事人。

2. 执行力主观范围对第三人程序地位的影响

执行力的主观范围直接决定适格执行当事人的范围。如前所述，第三人为执行当事人以外的主体，那么，执行力的主观范围也直接决定了第三人的范围。而第三人是否受执行力的影响，以及这种影响达到何种程度对应何种救济，亦受执行力主观范围的影响。本书先从域外法律规定着手研究。

（1）日本法律制度的规定。

日本《强制执行法》对适格当事人的范围进行了具体规定。日本法在

---

① 参见江必新主编：《比较强制执行法》，中国法制出版社2014年版，第208页。如在执行救济中，涉及执行行为救济的时候，一般会明确"利害关系人"可以提出执行抗告或者执行异议的救济，此时，"利害关系人"则是指与执行行为有利害关系的主体，执行当事人的权利受到该执行行为的侵害，也属于"利害关系人"。

原则上要求在强制执行程序必须有债务名义[①]和付与执行文[②]。付与机关在付与执行文时，判断申请付与执行文的主体与被申请的对方是否为适格当事人。日本法上，债务名义执行力的主观范围因债务名义的不同而有所区别。债务名义为非公证书的情况下，执行力及于"（1）债务名义记载的当事人。（2）债务名义所记载的当事人为他人作当事人时的该他人。主要是指第三人作为诉讼担当的情况下的利益归属者，以及在诉讼退脱后，对留下的当事人之间作出给付判决的情况下，该事先退出了诉讼的人。（3）上述两种主体的继受人。对以判决作为债务名义的场合，则是结束口头辩论的继受人。（4）为上述三项确定的人的目的而持有请求的标的物的人"。[③] "请求的标的物"是指债务名义明确的要给付的特定物。第四项主体仅限于为了前三项主体的利益而占有该特定物的人，而不包括基于自身权利而自己占有该标的物的人。例如，判决确定乙交付给甲字画，但该字画被乙暂存于丙处，则丙就属于在执行力主观范围内的主体。而如果乙是在执行程序中将字画卖予丙，丙占有该字画，则丙不属于执行力范围内的主体，执行力不及于丙。为他人目的而保有登记的第三人是否属于执行力主观范围内，在日本存在极大争议，曾有判例认为执行力及于该第三人。在债务名义为公证书的情况下，执行力基于公证书的当事人和公证书作出后的继受人。因在作出公证书的程序中不存在为他人利益而成为当事人的情况，以及以给付特定物为主要内容的公证书不具备债务名义的效力而不涉及特定标的物

---

① 债务名义在形式上是法律认可的具有强制执行效力（执行力）的公权文书，实质内容则为记载需要通过强制执行实现的请求权，主要是存否、范围、当事人以及责任财产范围的文书，通常包括确定判决、附有假执行宣言的判决、只能以抗告提出不服申请的裁判、附有假执行宣言的支付督促令及费用的处分裁定、公证书（执行证书）、对确定的外国裁判的执行判决、已作出确定执行决定的裁判、同确定判决具有同一效力的文书、与有执行力的债务名义具有同一效力或特别规定的事项。参见江必新主编：《比较强制执行法》，中国法制出版社 2014 年版，第 214~218 页。

② 执行文是证明并记载债务名义的执行力的现状以及范围的文书，付与执行文通过将债权人可依据本债务名义对债务人强制执行的意思附记在债务名义的末尾。日本《强制执行法》确定了由保有债务名义正本的机关进行调查并在债务名义正本的末尾予以证明、执行机关据此可以直接实施执行的制度。参见江必新主编：《比较强制执行法》，中国法制出版社 2014 年版，第 219~220 页。

③ 江必新主编：《比较强制执行法》，中国法制出版社 2014 年版，第 222 页。

占有人，故公证书的执行力主观范围仅包含前述两类主体。

（2）为他人利益而诉讼的第三人。

第三人为了他人利益向法院以自己的名义起诉，在该案判决生效后，受该生效判决执行力的约束。如代位权诉讼中，债权人以自己名义起诉次债务人（第三人），则既判力和执行力及于债务人。

《德国民事诉讼法》第 727~729 条也有类似规定。此外，在判决以外的其他执行依据中，假扣押裁定的执行力与判决执行力的范围基本一致，均影响到申请系属确定后的继受人以及为他人利益而成为原告的第三人。调解书、假处分裁定的执行力则与生效判决的执行力范围完全一致。执行依据为公证书的，公证书的执行力及于继受人和为当事人或者继受人利益而占有标的物的主体。

（二）第三人程序身份的转换

在案例四中，如果诉讼程序中仅以甲和乙两造审理，未通知乙以第三人参加诉讼，则在后面的执行程序中发展丙占有该财产，则执行法院是否应当以丙为协助执行义务人通知其协助履行？

我们认为，是否参与诉讼程序会影响第三人在执行程序中的地位。执行程序中的协助义务人有可能成为被执行人，关键以其之前有没有参加诉讼，是否承担责任来进行判断。应当确定的是，在同一执行依据下，被执行人跟协助执行人并不兼容。判决确定承担义务的主体就是被执行人，亦即执行当事人，而不是协助执行人。被执行人的概念就是根据执行依据负担给付义务的主体，没参加诉讼就不在执行依据之上，自然不可能是被执行人。当然另一个层面上，第三人占有财产的情况，是我国制度设计的问题。在实践中，该第三人通常被认定为协助执行人。而从比较法上看，诉讼系属后为被执行人占有动产的主体，本来就是执行依据执行力主观范围扩张的主体，应当为执行当事人。

在执行异议之诉中，被执行人却成为该诉讼的第三人。《民事诉讼法解释》第 304 条、第 305 条规定，在申请执行人或者案外人提起的执行异议之诉中，如果被执行人对申请执行人或案外人的主张并无反对意见，则可以将其列为第三人参加诉讼。在变更追加异议之诉中，比照执行异议之诉，不反对申请执行人追加被执行人，或者不反对被追加变更申请人异议的，在理论上应被列为第三人。可见，在程序的变化中，当事人与第三人之间也发生着身份转换。

（三）前序程序的参与对后续救济程序的影响

作为完全可以成为诉讼参加人或者执行当事人的第三人在没有参加诉讼的时候，应当以何种程序救济权利，是一个非常令人困惑的问题。法律对第三人身份的界定不清晰表现在两个问题。以何种程序救济权利，则涉及在前程序的走向对后续救济程序的影响，亦即第三人在前程序中的参与和责任承担是如何决定后续包括案外人异议之诉、案外人申请再审、第三人撤销之诉这三种救济程序的选择。

第三人与利害关系人的法律地位在不同程序中转化，这种转化却并非正常状态，而是因为程序衔接混乱导致的主体定位混乱。案例四中无独立请求权第三人丙如果未参加诉讼，其在执行程序中提出的针对诉讼结果不服的事由（如其不应向甲交付执行标的物）应当通过第三人撤销之诉程序救济，还是案外人申请再审救济，抑或是利害关系人异议复议程序救济？

在我国强制执行的实践中，默认执行力及于执行标的物占有者丙。在实践中往往不区分执行力是及于金钱债权的执行还是特定标的物给付的执行，也无论是基于被执行人的利益占有标的物还是基于自身实体权利而占有标的物的第三人，均会向该占有第三人发出协助执行通知书，即认定第三人为协助执行义务人。实践中，一般会根据案件类型确定第三人救济方式。《异议和复议规定》第 26 条第 2 款规定："金钱债权执行中，案外人依据执行标的被查封、扣押、冻结后作出的另案生效法律文书提出排除执行异议的，人民法院不予支持。"该条第 3 款规定："非金钱债权执行中，案外人依据另案生效法律文书提出排除执行异议，该法律文书对执行标的的权属作出不同认定的，人民法院应当告知案外人依法申请再审或者通过其他程序解决。"上述规定实际上就是以金钱债权执行案件和非金钱债权执行案件来确定不同的救济方式。

第一类案件，金钱债权执行案件中，作为特定标的物占有人的第三人区分不同的情形确定相应的救济程序。第一种情形，如其为被执行人的利益而占有该财产，则其提出的异议必然是因为执行行为不规范而影响到被执行人的权利，或者这种执行行为有可能对该第三人形成新的法律事实而导致损害其利益。那么这种异议所针对的就是执行行为的异议，第三人可以根据《民事诉讼法》第232条规定提出利害关系人异议和复议以救济权利。第二种情形，如第三人基于自身对执行标的物的实体权利而主张排除执行，则其应按照《民事诉讼法》第234条的规定提出异议。如果该异议被裁定驳回的，执行法院一般会告知其通过案外人异议之诉救济权利。

第二类案件，如果该第三人为特定物交付执行案件中的特定标的物占有人，在实践中却一般会认定第三人应当通过案外人申请再审程序救济其权利。

我们认为，第一类案件即金钱债权案件中，作为执行标的物占有人的第三人根据《民事诉讼法》第232条的规定对执行行为提出利害关系人异议复议或者根据《民事诉讼法》第234条的规定提出案外人异议之诉均无不妥。

对于第二类非金钱债权的执行案件，第三人应当通过何种程序救济权利有不同观点。以案例四为例，占有债务人标的物的第三人丙应当以何种程序救济权利。第一种观点认为，《民事诉讼法》第234条明确规定，案外人对异议裁定不服，"认为原判决、裁定错误的，依照审判监督程序办理；与原判决、裁定无关的，可以向人民法院提起诉讼"。根据该条规定的文义解释，救济途径应当由案外人进行选择确定，即如第三人认为其主张权利是对原裁判不服的可以向人民法院申请再审，而如果认为与原裁判无关的，可以向人民法院提起案外人异议之诉。而第三人选择后，两种救济途径无论是选择哪一条均是对其权利的救济，故在相关作出新的裁判后，救济程序便告结束，法院可以根据新的裁判结果进行执行。第二种观点认为，如果法院未依职权通知或者未申请丙参加诉讼，则法院不会判令丙返还。如果判令乙返还，那么就要解决该执行依据的执行力是否及于丙。如果不及于丙就不能执行。但即便执行力及于丙，丙依然可以提起案外人异议之诉。但此时丙只能提起自己独立的抗辩，不能主张乙对甲的抗辩，因为乙对甲的抗辩已有生效法律文书确认。第三种观点认为，如果丙因法院未依职权通知或者未申请参加诉讼，则其只能以《民事诉讼法》第234条的案外人申请再审或者第三人撤销之诉救济。第四种观点认为，应当根据第三人主张的权利性质以及该主张事由是发生在诉讼系属前还是系属后等因素判断第三人应当以何种程序救济权利。

就第一种观点而言，根据《民事诉讼法》第234条规定的文义解释，确实应当根据（案外人）第三人的主张确定救济途径，进而推论出第三人可以选择救济途径。但实际上，这种由第三人选择救济途径的思路却会为实践带来两个现实问题。一是这两种救济途径对第三人来说的便宜程度是否相同，程序的结果给社会秩序的影响是否相同。亦即，第三人启动再审程序是否与第三人启动异议之诉程序一样方便迅速，是否在程序中能够获得相同的程序保障；新的裁判对于原诉当事人以及司法秩序的稳定性是否造成影响。如果上述影响相同，则并无问题。然而，这两种救济程序无论在程序的便宜程度、保障力度上，还是在对社会稳定性的影响上，均有所不同。两者的程序启动、举证责任的分配、裁判效力对当事人的影响均有较大差别。而这种差别使得第三人在选择两种程序时必然对二者进行比较，挑选较为便宜和保障力度更大的程序，这样就造成了制度设置上的失衡，导致众多案件均向一个程序集中，而另外一个程序虚置。况且，在实践中并不是全部社会主体均能全面地掌握司法程序的运行情况，很多主体没有意识或者没有相关能力对两种程序进行客观全面的比较。在此情况下，第三人对程序的选择便会表现得随机，这种随机的选择导致因为程序的不同而影响对第三人权益的保护，这就使制度的设计有失公平。

而从稳定程序救济的预期，规范程序秩序的角度，人民法院希望程序具有确定性，不能随着当事人的选择而摇摆。特别是，如果法官知道一种程序可能更优于另外一种程序时，无法通过行使释明权来让第三人选择合适的程序。因为法官引导程序的选择，只是能够保障第三人的程序权利，而无法保证第三人的实体权利能在程序中获得支持。而第三人如因法官的引导而未实现自己的实体权利，其对法官公正性会产生怀疑，进而影响到对司法公正的评判。自然，法官会规避该风险，尽量避免引导第三人选择程序。确定的程序救济途径无论对第三人还是对法院，均是符合实际情形的制度设置。故这种观点并无实践的可能性。

而第二种观点和第三种观点则具有实践的可能性和合理性，但哪种观点更为合适需要结合理论和实践情况分析。判断第三人丙应当以何种程序救济权利，是一个较为复杂的问题，其涉及第三人是否在执行依据中确定承担责任、在诉讼中所应处的诉讼地位，而这些问题实际上都与执行依据的执行力密切相关，具体分析如下。

（1）如果第三人参加了诉讼，执行依据未确定第三人承担责任，则第三人在强制执行程序中自不必承担转移占有的义务。但如果执行依据确定第三人应当承担责任，则第三人受执行依据执行力的影响。如其仍以与诉讼中相同理由提出排除执行的主张，该主张系对执行依据的不服，可以依据《民事诉讼法》第234条规定的案外人申请再审程序救济权利。

（2）如果诉讼程序中未通知第三人参加诉讼，在强制执行程序中，第三人提出排除执行的事由，应当区分是发生在既判力基准时前还是既判力基准时后来确定第三人的救济程序。如果该事由发生在既判力基准时后，则第三人提出的主张与执行依据执行力的时间范围并不矛盾。此时第三人提出的事由并非挑战已经发生法律效力的执行依据，故其既不能通过案外人申请再审程序也不能通过第三人撤销之诉救济权利，而只能通过案外人异议及异议之诉救济自己的权利。该事由发生在既判力基准时前，有两种认识。第一种观点认为，第三人提出的主张排除执行的事由构成了对原执行依据的挑战，认定第三人权利成立与否直接影响到了原诉讼程序的合法性问题，应当以第三人撤销之诉或者案外人申请再审程序救济权利。而造成第三人在执行程序主张权利的原因在于人民法院未根据《民事诉讼法》

第 59 条规定通知第三人参加诉讼，因此第三人可以通过第三人撤销之诉救济权利。第二种观点则认为，即使第三人主张权利的事由是既判力基准时前的事由，法院也可以直接执行第三人。因为该第三人受执行依据执行力的影响，对其执行具有合理性。在这种情况下，该第三人只能通过案外人异议之诉救济权利，而非第三人撤销之诉或者案外人申请再审程序。

我们认为，这两种观点各有合理之处。但这两种观点分析问题的角度均是以法律既有规定的解释角度来解剖问题得出结论。如何确定第三人救济程序还应当考察第三人在整个进程中所能获得的程序救济的便宜程度，程序保障的价值选择。纵观该类第三人在整个进程中所能获取的救济，在诉讼阶段，第三人可以通过参加诉讼救济自己的权利，该诉讼程序对第三人程序权利的保障与当事人程序权利的保障并无太大区别。特别是第三人作为有独立请求权第三人时，与诉讼当事人的权利并无二致。如其未参加诉讼，则需要考察在判决之后的程序能否达到与第三人参加诉讼相同或者相近的程序保障。而比较第三人撤销之诉、案外人申请再审，以及案外人异议之诉，程序进入门槛案外人申请再审最高，第三人撤销之诉次之，案外人异议之诉最低。因此，以案外人异议之诉救济权利对第三人的权利保障最为充分，以此程序作为第三人救济程序最为恰当。

但是，这样确定救济程序又面临着如何解释《民事诉讼法》第 234 条将案外人申请再审和案外人异议之诉作为两种并列程序关系的问题了。放到前述案例中，就是两个问题。问题一是，如果第三人丙没有参加诉讼，其是否受判决效力的拘束？在强制执行程序中丙为协助执行义务人还是被执行人？问题二是，第三人在诉讼中没有参加诉讼，应当以何种程序救济自己的权利？

如果法院在诉讼程序中遗漏第三人参加诉讼，则第三人可以根据《民事诉讼法》第 59 条的规定提起第三人撤销之诉。但在执行程序中，该第三人是否有必要根据《民事诉讼法》第 234 条的规定以案外人的身份提出异议。可见，这是一个不同救济途径之间互相缠绕的问题。

（四）案外人申请再审与第三人撤销之诉的整合

综观域外，第三人的救济途径主要有三种。一是案外人申请再审制度，通过再审程序给予第三人救济途径。二是法国等的第三人撤销之诉制度，由案外第三人起诉请求撤销生效裁判中与其权益有关部分获得救济。三是德国、日本等案外人另行起诉制度，案外第三人以本诉当事人为被告另行起诉主张权利。立法机关在修订《民事诉讼法》时曾有案外人申请再审、案外人另诉、第三人撤销之诉三种方案，但最终选择了第三人撤销之诉制度。①

第三人撤销之诉与案外人申请再审在程序的设计上有所不同，然而在适用对象和救济功能上却有重合。两个程序的适用关系是什么，是并存还是有先后顺序，二者在今后制度安排上是否存在存废整理的必要。对此，理论上存在较大争议。《民事诉讼法解释》对第三人撤销之诉和本诉当事人申请再审作出了安排，但却未对第三人撤销之诉和案外人申请再审之间的关系作出全面的定位。②

第三人撤销之诉与案外人申请再审既有相似又有区别。二者在目的和功能上存在重合，③都是向案外人提供事后救济纠错程序，对生效判决的既判力均有冲击。两项制度在诉讼目的、适用要件、程序设置、主体条件、裁判效力等方面均存在区别。④一是启动原因不同。第三人撤销之诉仅为撤销原裁判以纠正错误，并未规定严格的理由。法律仅规定生效裁判因错误而损害非因归责于自己原因未参加诉讼之第三人权利的即可。案外人申请

---

① 参见袁巍、孙付：《第三人撤销之诉的法律适用与程序构建》，载《山东审判》2013年第1期。

② 法院依职权启动再审救济和检察监督救济并非第三人直接寻求救济的方式，故笔者在此不予讨论。

③ 参见王亚新：《第三人撤销之诉的解释适用》，载《人民法院报》2012年9月26日。

④ 关于第三人撤销制度与第三人申请再审制度的比较，刘小飞：《民事诉讼案外人救济制度立法模式及制度构建》，载《人民法院报》2012年6月20日；唐力、谷佳杰：《论第三人撤销之诉制度的系统定位》，载中国民事诉讼法研究会2013年年会论文集；张丽霞：《第三人撤销诉讼制度适用的前提性问题》，载中国民事诉讼法研究会2012年年会论文集。

再审制度尽管也是纠正错误，但其全面推翻原裁判，从根本上否定已产生既判力的裁判，冲击已形成秩序的稳定性。启动再审程序的事由在《民事诉讼法》第200条（2021年修正为207条）规定有13种，若不符合这些事由，就无法启动再审程序，即再审程序的启动须以原裁判存在重大错误为前提。[①] 二是具体保护的权益不同。第三人撤销之诉主要是保护第三人的实体权益，若前诉仅存在程序方面的瑕疵，不错在实体问题，则第三人不能启动撤销之诉。案外人申请再审保护的第三人合法权益则包括实体权益和程序权益。当然，这种程序权益最终也是影响到案外人的实体权益。三是程序不同。根据最高人民法院的观点，第三人撤销之诉是新的诉讼，应当适用一审普通程序，实行两审终审，当事人在第三人撤销之诉程序中享有上诉权。案外人申请再审程序则根据法律规定由原审法院的上一级法院管辖。在原生效裁判是一审裁判的情况下，按照一审程序审理。在原生效裁判是二审裁判的情况下，则按照二审程序进行审理。[②] 四是对原裁判产生的影响不同。第三人撤销之诉只是对原生效法律文书错误部分纠正，而非对原审法律关系的全面审理。案外人申请再审程序是通过对案件的全面重新审理来纠正原裁判错误，往往会全面颠覆前诉裁判，是对原裁判法律关系的重新塑造。五是对执行程序的影响不同。第三人撤销之诉并无中止执行的效力，除非第三人提供相应担保请求中止或法院依职权中止。案外人申请再审程序一旦启动进入程序审查，原判决、裁定、调解书原则上均应中止执行。

对于第三人撤销之诉与案外人申请再审的在制度安排上的关系以及实践关系，主要有以下四种观点。

第一种观点认为，两种程序可以同时存在并由当事人选择适用。第三人撤销之诉是不同于再审程序的新诉讼，两项制度适用的对象领域仍有不

---

① 参见许少波：《第三人撤销之诉与申请再审的选择》，载《河南大学学报（社会科学版）》2015年第1期。

② 参见许少波：《第三人撤销之诉与申请再审的选择》，载《河南大学学报（社会科学版）》2015年第1期。

相重合的部分，①特别是在案件适用范围上既有交叉部分，也有互补部分。二者存在区别，有并存的必要。更何况，对于需要立即停止执行的案件来说，案外人申请再审制度可对虚假诉讼中权利受损案外人的进行救济，能够中止执行程序是相较第三人撤销之诉的优势和不具备的功能。为避免第三人同时或者先后启动两种程序造成的诉讼资源浪费和司法混乱，案外第三人不能同时选用两种程序。对两种程序，应当明确第三人一旦选择援引其中一种程序，就不能再要求启动另一程序进行救济，只能二者选其一，不允许"一条路不行再走另一条"。②

第二种观点主张，第三人撤销之诉制度应当取代案外人申请再审制度。案外人申请再审制度在当时背景下对维护案外人合法权益具有积极作用。但是，该规定在实际适用过程中受到了严格限制。③一方面，因为《审监程序解释》将保护扩大到执行程序之外备受合法性质疑。另一方面，没有其他更合适的救济途径解决实践中大量出现的案外人权利受损的问题。第三人撤销之诉不限于原判决是给付之诉，还延及确认之诉以及形成之诉，也不仅限于对执行标的物主张权利。所以，以在法律上依据更为充分且更具优势的方式代替原有案外人申请再审制度更具合理性。另外，第一种观点认为保留案外人申请再审因其可对虚假诉讼中权利受损案外人的进行救济，

---

① 例如，第 56 条第 3 款的规定并不能适用于这样的情形：目的在于转移财产而串通制造的虚假诉讼在先，然后原诉的当事人一方再与第三人进行交易等，造成事后对其利益的侵害。显然，此类情况下的第三人并不在第 56 条可以覆盖的对象范围之内，因而只能通过案外人再审申请来寻求救济。再如，在众多继承人围绕遗产而发生的纠纷中具有与原被告都不同的权利主张而应列为有独立请求权第三人的继承人，无论缘于何种事由未能参加诉讼，原诉的判决等法律文书都属程序错误而应通过再审程序予以纠正，因此其只能作为案外人申请再审。参见王亚新：《第三人撤销之诉的解释适用》，载《人民法院报》2012 年 9 月 26 日。

② 参见王亚新：《第三人撤销之诉的解释适用》，载《人民法院报》2012 年 9 月 26 日；吴兆祥、沈莉：《民事诉讼法修改后的第三人撤销之诉与诉讼代理制度》，载《人民司法》2012 年第 23 期；袁巍、孙付：《第三人撤销之诉的法律适用与程序构建》，载《山东审判》2013 年第 1 期。

③ 例如，（1）对于"执行标的物"的理解，优先受偿权、金钱等不特定物不属于执行标的物，确认之诉、形成之诉判决不能适用再审申请。（2）对"执行标的物"主张权利，实务上一般理解为仅限于物权；案外人因对生效法律文书涉及的标的物主张债权而申请再审的，一般不予受理。（3）严格启用条件，即"无法提起新的诉讼解决争议"，也就是说，如果案外人可以通过新的诉讼解决其争议，就不允许动用作为特殊救济手段的再审程序，

这是第三人撤销之诉所不具备的功能。然而，案外人申请再审的法定事由中并不包含虚假诉讼，实践中案外人以虚假诉讼申请再审却较为常见。因虚假诉讼启动再审的，多为人民检察院抗诉或者人民法院院长发现启动，案外人直接以虚假诉讼为由申请再审的，往往因举证证明上的难度而落空。而第三人撤销之诉的立法目的就是规制虚假、恶意诉讼侵害第三人权利的行为。① 被虚假诉讼所侵害权益的民事主体也是可以提起撤销之诉的第三人。也就是说，第三人撤销之诉把有独立请求权第三人的主体范围扩展至涵盖大陆法系的"诈害防止参加之诉"，即"他人之间出于非法目的而进行诉讼且结果会使其利益受到损害"的第三人。第一种观点认为案外人申请再审比第三人撤销之诉的优势是可中止原判决的执行。第二种观点认为，这并非问题的关键，在第三人撤销之诉中，第三人提供担保的情形下也可中止执行。在设立第三人撤销之诉之前，在该项制度的体系安排上，直接目的在于取代案外人再审申请制度，并将遗漏必要共同诉讼人等情形也纳入第三人撤销之诉的范围内，禁止案外人选择适用与之并行的案外人申请再审程序，防止实践中产生混乱。② 无法提起新的诉讼解决争议是《审监程序解释》第5条规定的案外人申请再审的条件之一，而第三人撤销之诉符合新的诉讼的特征。当两种制度竞合时，应以第三人撤销之诉作为新的诉讼而排除适用案外人申请再审制度。③ 在此种观点基础之上，更进一步的观点认为，在诉讼领域不需要设置两个性质基本相同的救济程序，应当只保留第三人撤销之诉，扩大第三人撤销之诉的适用范围，将诈害第三人及遗漏必要共同诉讼人两类主体也作为适格的第三人撤销之诉主体。④

第三种观点认为，可以将第三人撤销之诉解释为是引起民事再审程序的原因和方式；从长远看，最根本的办法还是要对第三人撤销之诉制度进

① 谭秋桂：《论第三人撤销之诉与民事再审制度的协调》，载《人民法院报》2014年8月27日。

② 高民智：《关于案外人撤销之诉制度的理解与适用》，载《人民法院报》2012年12月12日。

③ 李瑜：《对第三人撤销之诉制度的若干思考》，载《中国审判》2013年第9期。

④ 许少波：《第三人撤销之诉与申请再审的选择》，载《河南大学学报（社会科学版）》2015年第1期。

行全面改造并将其规定到民事再审程序之中，明确第三人撤销之诉是一种民事再审制度。① 从对《民事诉讼法》第 59 条第 3 款的文义解释和目的解释看，将第三人撤销之诉作为引起民事再审程序的原因和方式，能够顺利解决第三人撤销之诉与案外人申请再审的制度衔接问题，不会出现通过一个依通常诉讼程序审理作出的生效裁判改变另一个已经生效的生效裁判的违反法理的现象，还能够理顺所适用的程序。这就形成了无论是否进入执行程序，案外人认为原生效裁判错误的，都能通过再审程序救济权利，实现案外人在不同程序阶段中的权利平等，如审判组织如何确定、是否中止执行、可否调解等，便于该制度的实践操作。但是，最根本的解决方法还是要对第三人撤销之诉制度明确为民事再审制度，将其规定到申请再审程序之中。完善第三人撤销之诉，应当以构建救济型民事再审制度为理念基础，与民事再审程序的启动方式改革联系起来。② 将现行案外人申请再审制度改造为再审之诉制度，明确案外人认为原生效裁判存在错误且损害其合法权益的，可以诉讼方式启动再审程序。第三人撤销之诉融入案外人再审之诉制度中，使得可以在本诉中成为有独立请求权第三人、无独立请求权第三人、必要的共同诉讼人以及不能作为原审案件诉讼参加人的利害关系人都能提起再审之诉。这样，在立法上就可以删除《民事诉讼法》第 56 条（2021 年修正为第 59 条）第 3 款。③

　　第四种观点认为，两种程序在启动方式、审查内容、处理结果等方面各有特点，在第三人权利救济体系中定位不同。在当前我国第三人权利救济体系中，第三人撤销之诉居于中心地位，案外人申请再审程序作为特殊

---

① 谭秋桂：《论第三人撤销之诉与民事再审制度的协调》，载《人民法院报》2014 年 8 月 27 日。

② 谭秋桂：《论第三人撤销之诉与民事再审制度的协调》，载《人民法院报》2014 年 8 月 27 日。

③ 谭秋桂：《论第三人撤销之诉与民事再审制度的协调》，载《人民法院报》2014 年 8 月 27 日。

救济程序发挥有错必纠的功能。[①]

《民事诉讼法解释》仅规定了第三人撤销之诉与原审诉讼当事人申请审判监督程序之间的关系，确定凡是能够通过审判监督程序救济权利的，应当按照审判监督程序进行，只有当事人不能按审判监督程序进行救济的，方才按照第三人撤销之诉程序救济权利。该解释确立了两个程序都可以适用的情况下，审判监督程序优先适用，审判监督程序无法进行才按照第三人撤销之诉程序救济的原则。但是，该解释对第三人撤销之诉与执行程序之外的案外人申请再审的关系却未作出安排。而在司法实践中，由于再审程序启动的复杂性，部分当事人更愿意选择第三人撤销之诉来实现诉讼目的，这可能会变相架空案外人申请再审制度。[②]

我们认为，综合比较上述各种观点和实践做法，比较具有操作性的可行方法是将第三人撤销之诉作为案外人申请再审程序的兜底救济程序，尽可能为第三人提供救济途径，这一思路符合诉权保障的基本司法理念。这种关系的解释，尽管与最高人民法院对第三人撤销之诉定位于新诉的观点不一致，但符合最高人民法院早在2012年《民事诉讼法》修改前对建立再审型第三人撤销之诉的思路，强调审监程序在民事案件纠错方面的重要作用。这一重视再审程序的安排方式，与理论和实务界长期以来对第三人撤销之诉的性质认识是一致的，也是对将第三人撤销之诉作为再审程序一种特殊情形的国外经验的借鉴。由于现有法律及司法解释缺少对第三人撤销之诉与案外人申请再审程序关系的全面规定，在今后的立法或者司法解释中，应当以案外人申请再审制度作为第三人撤销之诉的方向发展。而就本书前述所涉及的问题来说，《审监程序解释》第5条明确了案外人可以在两个阶段申请再审。其中，第一个阶段是非执行程序中，案外人对裁判文书所确定的执行标的物主张权利，且无法提起新的诉讼解决争议的，可以向

---

① 周圣、张玓：《执行中案外人权益救济诉讼制度研究——探究执行异议、第三人撤销之诉及再审程序的竞合与选择》，载刘贵祥、宋朝武主编：《强制执行的理论与制度创新》，中国政法大学出版社2017年版，第286~298页。

② 参见林劲标、凌蔚、卢柱平：《第三人撤销之诉猛增 纠错需要还是滥用诉权》，载《人民法院报》2013年12月23日。

作出原裁判的法院的上一级法院申请再审。第二个阶段是在强制执行过程中，案外人对执行标的提出书面异议的，应当按照《民事诉讼法》第234条规定向法院申请再审。值得注意的是，第一阶段可以申请再审的前提条件是第三人无法提起新的诉讼解决争议，这说明案外人申请再审程序并不是唯一程序，而是在没有程序救济情形下的后备选项。

（五）第三人撤销之诉与案外人异议程序

关于第三人撤销之诉与案外人异议程序之间的关系，特别是在强制执行程序中，第三人可否不以《民事诉讼法》第234条规定提出案外人异议之诉救济权利，而直接依据《民事诉讼法》第59条第3款的规定提出第三人撤销之诉救济权利的问题，存在不同认识。

第一种观点认为，两种程序可以并行存在。在执行过程中，第三人在自身利益被原生效裁判侵害的情况下，既可以按照第三人撤销之诉程序救济权利，又可以按照《民事诉讼法》第227条（2021年修正为第234条）规定的案外人异议程序救济权利。[①]第二种观点认为，应当优先适用第三人撤销之诉程序。因为设立第三人撤销之诉制度"主要是比较以另行起诉和再审的方式救济第三人的优劣后作出的"，[②]而"规定了第三人撤销之诉后，未对相关规定进行修改，仍然为案外人申请再审留下了空间，在立法上是存在疏漏的"。[③]第三种观点认为，应当根据第三人救济权利时所处的执行阶段判断。如果第三人在执行程序开始前主张权利，则只能通过第三人撤销之诉程序进行救济；如果第三人在执行程序中主张权利，则只能通过《民事诉讼法》第234条规定的程序救济权利，提起异议和异议之诉或者申请再审救济权利。而对于第三人撤销之诉以及执行程序中的案外人申请再

[①]　参见全国人大常委会法制工作委员会民法室编：《〈中华人民共和国民事诉讼法〉释解与适用》，人民法院出版社2012年版，第84页。

[②]　江必新主编：《新民事诉讼法导读》，法律出版社2012年版，第60页。

[③]　张卫平主编：《民事诉讼法新制度讲义》，人民法院出版社2012年版，第63页。

审能否导致中止执行的效果，应当作出司法解释予以明确。① 否则，难以协调强制执行程序与第三人撤销之诉程序的关系，特别是难以达到第三人阻却执行标的物的目的，而在协调执行法院与受理第三人撤销之诉法院不一致时也难以协调两个法院审理的案件关系。② 在执行过程中，第三人未依据《民事诉讼法》第234条提出异议，而是提起第三人撤销之诉的情况下，如果法院继续执行，将无法实现第三人阻却执行的原本诉求和目的；如果中止执行，则第三人则有可能滥用第三人撤销之诉侵害原生效裁判中债权人的权益。在执行法院与受理第三人撤销之诉的法院为两个法院的情况下，上述问题更加尖锐。纵观《民事诉讼法》第234条及相关司法解释，依照《民事诉讼法》第234条规定的程序解决问题，既可以达到第三人阻却执行的目的，在第三人的主张成立情况下又能中止对该标的物的执行。而在异议被驳回后，第三人要么申请再审，要么提出异议之诉，对第三人的程序及实体权利保护最为充分。而在对两种程序的比较中，应当增加对程序之间协调的因素的考量。《最高人民法院关于执行权合理配置和科学运行的若干意见》第26条所体现出的理念即涉及该理念，考虑到了不同法院以及不同部门之间的协调问题。因为在实践中，不同法院或者审判部门之间的机制衔接不畅不仅影响程序的正常推进，还影响当事人合法权益能否得到充分保障。

根据《民事诉讼法》第234条和《审监程序解释》第5条的规定，启动案外人申请再审的异议程序必须具备以下两项条件：一是提出的时机必须是在执行程序中；二是异议内容必须是对执行标的物主张的实体权利。有观点认为，进入执行阶段，案外第三人意识到自己权益受损时，第三人申请再审的前置异议程序与第三人撤销之诉功能重合。

我们认为两种救济程序并不矛盾，二者所能救济的法律权利范围明显不同。案外人异议救济的法律权利是给付之诉后的执行程序中对标的物本

---

① 参见江必新主编：《新民事诉讼法理解适用与实务指南》，法律出版社2012年版，第855页。

② 参见杨永清、赵晋山：《新〈民事诉讼法〉之法院应对》，载《法律适用》2012年第11期。

身主张实体权利，而第三人撤销之诉针对的是先前判决确定的法律关系，既有可能针对给付之诉，也有可能针对确认之诉和形成之诉。

另外，在处理第三人撤销之诉与案外人异议程序的关系时还有以下三个问题。

（1）案外人异议程序之后，当事人是否还可以在案外人异议之诉与第三人撤销之诉之间选择。案外人已提起执行异议，经审查后法院认为理由成立裁定中止执行。此时如果原当事人未启动审判监督程序请求纠正原裁判的错误，案外第三人可否另行提起撤销之诉。原当事人对中止执行裁定不服，认为原审裁判错误，可依审判监督程序救济权利。法院重新审理当事人之间的实体权利义务关系的争议，对原生效裁判有重新界定。但问题是，如果原案当事人不提起审判监督程序请求纠正原裁判错误，由于异议裁定仅仅是阻止执行，原生效裁判的效力依然存在，仍可能影响案外第三人的利益，此时案外第三人如何寻求救济？有观点认为，此时的第三人只要符合第三人撤销之诉的构成要件，就应允许其通过第三人撤销之诉途径来保护自己的合法权益。我们认为，如果允许第三人在此时通过第三人撤销之诉救济其权利，将导致《民事诉讼法》第234条规定的一整套救济程序出现运行中断的混乱局面，也将虚化该程序的设置本意，产生程序衔接上的问题。因此，在案外人申请异议的情况下，程序运行应当保持稳定，不应允许第三人另行启动撤销之诉。

（2）案外人已提起执行异议请求被法院裁定驳回后，其可否提起第三人撤销之诉。《民事诉讼法》第234条以及《民事诉讼法解释》第301条对该问题进行了明确规定，案外人在人民法院驳回异议请求后，认为原裁判内容错误损害其合法权益的情况下，可以根据《民事诉讼法》第234条规定的程序申请再审，而不能提起第三人撤销之诉。也就是说，第三人选择启动审判监督程序失败后，就不能再选择适用第三人撤销之诉。我们认为这种制度安排是合理的，通过申请再审寻求救济可以避免当事人通过第三人提起撤销之诉过分救济，冲击裁判安定性。

（3）案外人提起第三人撤销之诉后，能否通过执行异议程序救济权利。

《民事诉讼法解释》第 301 条规定，第三人向法院提起撤销之诉后，法院未中止执行程序的，第三人可提出执行异议，执行异议被驳回后不得申请再审，而应继续通过第三人撤销之诉处理。该条规定的主旨是第三人选择了撤销之诉后，除了发挥执行异议的临时中止执行的功能外，不能再选择其他的如申请再审的方式。针对上述问题，我国立法的规定都在向外界传递着这样的适用规则——第三人在事后救济体系中选择了其中一项救济程序便不得启动另外一项功能相近的救济程序。制度功能竞合时，只能按照启动程序的先后予以适用。这是基于避免因对第三人权利重复保护而导致司法资源浪费考虑的，具有合理性。

综上所述，在处理第三人撤销之诉和案外人异议程序竞合时，应遵循执行阶段，执行救济机制优先适用以及竞合时按照启动程序的先后适用原则确定救济程序。

第五章　第三人权利救济程序的协调和完善

第三人权利救济程序体系中的各项制度体现出对第三人权利救济的保障。虽然各项制度有其独特的发展历史及设立思路，但是以整体视角重新考量具体制度的协调与完善是此项研究必须完成的工作。在第三人救济程序体系中，需要以第三人参加诉讼制度、第三人撤销诉讼、案外人异议之诉、执行到期债权第三人救济程序这些制度出发，审视这些制度与其他制度之间的协调关系，进而完善这些制度的程序设计。

一、参加诉讼第三人制度及第三人撤销之诉的协调完善

参加诉讼第三人制度的实践现状，是在立法和司法解释在内的程序规范初具规模，但仍不够完备、缺乏体系性。司法实务对相关程序的运行也极不统一，呈现出混乱状况。[①]在第三人参加诉讼制度中，有独立请求权第三人的主体范围争议较少。但无独立请求权第三人由于《民事诉讼法》第59条第2款规定得过于笼统，给实践中裁判的不统一带来了影响，同时也为解读无独立请求权第三人留下了空间。确定无独立请求权第三人是完善参加诉讼第三人制度的主要任务。

（一）无独立请求权第三人类型的确立

根据《民事诉讼法》第59条第2款的规定，确定无独立请求权第三人需要满足两个条件：一是对本诉当事人争议诉讼标的无独立请求权；二是案件的处理结果与其有法律上的利害关系。第一项条件是消极性条件，第二

---

① 参见王亚新：《对于民事诉讼法学研究方法的反思——答吴泽勇教授〈民事诉讼法教义学的登场〉一文》，载《交大法学》2018年第3期。龙翼飞教授也有类似观点，参见龙翼飞、杨建文：《无独立请求权第三人的诉讼地位》，载《法学家》2009年第4期。

项条件是积极性条件。无独立请求权第三人的明确涉及对"诉讼标的"和"有法律上的利害关系"这两个条件的理解与解释。

关于"诉讼标的"问题。诉讼标的在理论界是一个经久不息的争论话题，目前仍未形成统一认识。在学说上，主要分为旧实体法说、诉讼法说和新实体法说。我国仍采旧实体法说，[①] 即将诉讼标的定性为在当事人间发生争议，请求法院裁判的民事法律关系。有观点认为，将诉讼标的解释为实体法律关系是认识我国参加诉讼第三人等制度的基本手段。[②]

关于"有法律上的利害关系"问题。第一种观点认为"第三人的权利义务将受到影响，即权利义务的有无、增加或者减少"[③]。第二种观点则解释为，"当事人双方争议的诉讼标的涉及的法律关系与无独立请求权的第三人参加的另一个法律关系有牵连，而在后一个法律关系中，无独立请求权的第三人参加是否行使权利履行义务，对前一个法律关系中的当事人行使权利履行义务有直接影响"。[④] 第三种观点认为，"有法律上的利害关系"应当是诉讼裁判认定的事实或结果将直接或间接地影响到第三人的民事权益或者法律地位。[⑤]

前述"法律上的利害关系"尽管表述不同，但是都强调了诉讼结果对无独立请求权第三人权利义务的影响。换句话说，如果第三人在诉讼结果上要承担民事责任，那么被列为无独立请求权第三人是毫无问题的。《民事诉讼法》第 59 条第 2 款规定："人民法院判决承担民事责任的第三人，有当事人的诉讼权利义务。"但诉讼的结果于第三人不发生法律上的不利益，第三人是否还会被认定为无独立请求权第三人，以及此时的第三人是否具有当事人的诉讼地位，则成为一个值得探讨的问题。

案例一：在乙诉甲请求还款的案件中，甲主张该笔款项已由丙代为偿

---

① 参见单锋：《现代型民事诉讼中的原告资格和当事人适格》，载《法学研究》2005 年第 11 期。

② 参见柴发邦主编：《民事诉讼法学》，法律出版社 1992 年版，第 54 页。

③ 江伟：《民事诉讼法》，高等教育出版社、北京大学出版社 2000 年版，第 126 页。

④ 常怡主编：《民事诉讼法》(第四版)，中国政法大学出版社 2016 年版，第 118 页。

⑤ 参见龙翼飞、杨建文：《无独立请求权第三人的诉讼地位》，载《法学家》2009 年第 4 期。

还，丙对该事实予以承认。但乙主张丙还款并非为甲欠款所为，而是在另一民间借贷纠纷中为自己偿还。那么，丙的诉讼地位该如何认定？

甲如果败诉，丙则不承担任何民事责任，丙支付乙款项必然不会被认定为代甲清偿的行为，则丙可以另行起诉主张乙偿还相应款项，乙也可请求甲清偿所欠款项。至于乙所主张的丙基于另一法律事实的还款行为，是与乙、丙之间无关的另一法律关系，丙可以另行起诉主张不当得利返还或者确认借贷关系因清偿而消灭，乙也可以另行起诉丙主张剩余款项部分。该案例说明了一个事实，部分观点对于"法律上利害关系"的定义并不全面。我们赞同第二种观点中对"法律上利害关系"的界定。在该例中，丙与乙的法律关系与甲与乙的法律关系有牵连，如果丙已经履行完对乙的义务，或者乙的主张不成立，那么甲、丙所承认的代为清偿即可被法官认可。也就是说，认定"法律上利害关系"的要点，除了无独立请求权第三人很可能是原告请求的民事责任的最终承担者外，第三人所涉及的法律关系与当事人双方争议的法律关系具有牵连性亦是决定因素。

对于无独立请求权第三人的完善。有观点建议借鉴美国的第三方被告程序和我国台湾地区、澳门特别行政区的辅助参加制度，将无独立请求权第三人分成两种。第一种是由本诉被告以起诉方式将第三人引入诉讼，以分担本诉被告可能承担的责任。此时形成两个关联诉讼，在后诉中第三人处于被告地位，享有当事人的诉讼权利和义务，法院可以判令该第三人承担民事责任。该种第三人被称为"准独立第三人"。[①]第二种是排除"准独立第三人"后，辅助参加人就是真正意义上的无独立请求权第三人。该项制度目的在于仅令第三人知悉本诉的情况，以便其与同一方当事人（主要为被告）一道反驳原告的诉讼请求，法院不得判令该种第三人承担民事责任，对其权利不产生影响。第三人所辅助的本诉当事人向第三人提出独立的诉讼请求时，该第三人不能对被辅助人主张本诉判决对其无拘束力，也就是第三人应受"参加效力"的约束。如果本诉一方当事人希望本诉判决

---

① 参见肖建华：《论我国无独立请求权第三人制度的重构》，载《政法论坛》2000年第1期。

在他与第三人之间产生约束力，就有义务进行"诉讼告知"，通知第三人参加诉讼。被法院通知参加或者被本诉当事人一方诉讼告知后，第三人拒不参加诉讼的，仍产生参加的效力。当然，第三人可以主动申请参加本诉。这种辅助参加第三人就是真正的无独立请求权第三人，其只能辅助本诉当事人一方进行诉讼。辅助参加人的主张和抗辩不能与被辅助人冲突，也没有撤诉、和解与上诉的权利。①

目前学术界对于无独立请求权第三人的认定还依赖于国外立法与司法实践的分类，特别是日本"主参加""辅助参加"等概念，加深了对我国无独立请求权第三人的理解。当无独立请求权第三人不承担民事责任时，其参加诉讼的目的主要是辅助一方当事人进行诉讼，为他所支持的一方提供证据，便于法官查明案件事实。需要注意的是，此时第三人参加诉讼不是为了维护自己的利益，因此主动申请参加该类诉讼的第三人较为少见，多是法院通知其参加诉讼。这一点和日本第三人制度中的辅助参加定义还是有所不同。日本法律体系中的"辅助参加"，第三人是为了胜诉维护自己的利益而参加诉讼。同时，大陆法系民事诉讼理论中，辅助参加人以自己的名义参加诉讼，享有独立支配诉讼的权利，地位是当事人。无独立请求权第三人在不承担民事责任的情况下，不具有当事人的诉讼地位，也不能与辅助的一方当事人的诉讼行为相抵触。此时诉讼中第三人不是接受当事人质询的对象，诉讼不因第三人的死亡或者丧失能力等事由停止。

（二）第三人撤销之诉的完善

第三人撤销之诉的性质是重要的基础问题，决定了对该项制度的具体程序设置，甚至影响到审查实体权利的标准。第三人撤销之诉是第三人对错误的生效裁判进行的救济程序，既具备新诉的特点，又具备审判监督程序的特点。根据实务界的主流观点，第三人撤销之诉发起的原因是新的事实产生，基于新的事实撤销原生效裁判，为新的诉讼。在实践中，以下几

---

① 参见叶永禄、曹莉：《论民事诉讼第三人制度的缺失与完善》，载《学习与探索》2007年第1期。

个问题需要明确。

1. 第三人撤销之诉的实质审查标准（立案审查标准）

该标准就是对第三人撤销之诉起诉条件的审查限度。司法实践中对第三人撤销之诉在立案阶段应进行适当的实质审查。但是实质审查的标准和程序难以掌握，特别是对原裁判是否存在错误及是否损害其民事权益的认定标准，相关司法解释并未明确。

我们认为，与其在立案阶段对案件进行审查而限制第三人撤销之诉的数量，不如对第三人撤销之诉放开立案审查，这也符合立案登记制下进一步保障诉权的司法精神。立案阶段对四个条件的事实仅作形式审查，申请第三人撤销之诉的当事人只需要提供形式上的证据。至于证据是否有效，是否形成完整的证据链条属于实质审查范畴，由人民法院进行进一步判断。有一种质疑是形式审查会让更多的不符合要求的第三人撤销之诉案件进入司法审查范围，这样就会浪费有限的司法资源，而有的第三人滥用诉权拖延执行可能会损害司法裁判的公信力。我们认为这种质疑有一定道理，但是相较于为当事人提供合法有效的救济来说，浪费司法资源的担忧完全可以通过相较简易的审查程序予以解决。

2. 第三人撤销之诉中当事人达成和解应如何处理

第三人撤销之诉审理过程中，第三人与原审当事人自愿达成和解协议的，法院应当不出具调解书，而由第三人撤回起诉。人民法院审查后准许撤诉的，应在裁定中明确其撤回起诉后，不得对同一判决再次提起第三人撤销之诉。

3. 第三人撤销之诉应否另行组成合议庭进行审理

《民事诉讼法解释》第292条规定："人民法院对第三人撤销之诉案件，应当组成合议庭开庭审理。"但是该条规定没有明确是另行组成合议庭还是原合议庭成员仍可参与审判。有观点认为，第三人撤销之诉应当另行组成合议庭进行审理。第三人撤销之诉是对原审裁判的否定，原合议庭成员有可能先入为主导致保障第三人合法权益不足等问题。[①] 我们认为，第三人撤销之诉案件属于《最高人民法院关于审判人员在诉讼活动中执行回避制度若干问题的规定》第 3 条规定中所称的"本案"，第三人撤销之诉中原审合议庭成员应当回避。

（三）有独立请求权第三人另诉与第三人撤销之诉的协调

尽管第三人救济程序体系问题很多，但各程序制度已经在立法上确立的现实情况下，与其质疑个别制度的立法合理性，不如从解释论的角度协调程序之间的关系，以规范司法实践。[②]

从民事诉讼法理而言，当民事主体认为自己的民事权益受到侵害时，都可以有以自己的名义向人民法院提出请求司法保护的权利。同理，当有独立请求权第三人在认为本诉当事人诉讼损害了自己合法权益的情况下，可以在任何时间提起诉讼。因为有独立请求权第三人享有实体上的请求权，即使该第三人没有参加诉讼，也不受本诉生效裁判的拘束。该第三人仍然可以在本诉裁判生效后，以本诉当事人为被告，另行以普通诉讼程序起诉主张权利，维护自己权益。这种情况下，法律无须再赋予第三人提起撤销之诉的权利。而对无独立请求权第三人而言，仅有被告型无独立请求权第三人才会被判令承担责任，进而成为适格的撤销之诉原告，但这种情形比较少。[③]

有独立请求权第三人可以另行起诉也得到了相关司法解释的确认。对于已经结束的本诉程序而言，第三人另行起诉不应归属于特殊救济途径的范畴。因为第三人另行起诉可以发生在整个诉讼程序期间，包括审判阶段、执行阶段乃至执行阶段之外，可以存在于前诉为确认之诉、给付之诉、形成之诉等各种诉讼类型，存在于裁判作出之前以及裁判作出之后的整个诉

---

① 参见袁巍、孙付：《第三人撤销之诉的法律适用与程序构建》，载《山东审判》2013年第 1 期。

② 这也是法学研究方法上从立法论向解释论转型的需要和体现。

③ 张卫平：《中国第三人撤销之诉的制度构成与适用》，载《中外法学》2013年第 1 期。

讼阶段。作为同为第三人权利救济途径的第三人另行起诉和第三人撤销之诉，对于第三人来说应是独立的平行救济途径，区分适用阶段不同后，第三人可以自由选择另行起诉或对于生效裁判或调解书提起第三人撤销之诉。上述是基于理论层面的探讨，但在审判实践中，有独立请求权第三人另行起诉非常少见，在我国现有制度环境下另行起诉存在一些障碍，如起诉所依据的事实因为与原生效裁判所确认的事实冲突而被法院驳回，又如法官对重复审理造成裁判矛盾损害司法权威的担忧，再如不同层级法院难以协调，不同的两个生效裁判难以处理。

对第三人另诉与第三人撤销之诉的关系的认识，主要有以下四种观点。

第一种观点主张，两种程序可以同时存在可以并列适用，因为虽然第三人撤销之诉解决了第三人另诉在实践中运行不顺畅的问题，但这种程序的安排却存在以特别程序代替一般程序的趋向和风险。[①]应当重视和坚持案外第三人另行诉讼的程序权利，以实现充分保障案外第三人的程序及实体权益的目的。至于两种程序的利弊比较，则应充分尊重当事人的意思自治，由第三人自己权衡选择。因此第三人另行起诉制度虽然实践中利用率低，但其存在有特殊程序意义。当然，要使第三人另行起诉真正发挥其功能，我国民事诉讼法应借鉴德国、日本民事诉讼法中的自然遮断理论。基于该理论的制度设计，案外人如与本诉生效裁判有法律上利害关系，则可以本诉双方当事人为被告提起新的诉讼，如果胜诉则原判的效力为后判所自然遮断并取代。民事主体在其合法民事权益受到侵害之后有请求法院予以司法保护的权利，这是宪法赋予公民的一项基本人权。起诉不同于其后续的上诉、申请再审，也不同于第三人撤销之诉、执行异议之诉等特殊之诉，是司法保护途径中最基本的一种程序保障制度，当案外第三人认为自己的权益受到侵害后行使诉权，这是民事诉讼法理的应有之义，该权利不能因现实中存在种种障碍而被剥夺。[②]

----

① 任重：《论虚假诉讼：兼评我国第三人撤销诉讼实践》，载《中国法学》2014年第6期。

② 任重：《论虚假诉讼：兼评我国第三人撤销诉讼实践》，载《中国法学》2014年第6期。

第二种观点认为，第三人撤销之诉对有独立请求权第三人进行权利救济，将与参加诉讼的有独立请求权第三人制度发生冲突。有独立请求权第三人参加本诉当事人诉讼的适格要件是对本诉诉讼标的有独立请求权。如有独立请求权第三人未参加本诉，因其不属于本案当事人，按照既判力相对性原理，本诉判决效力并不及于该第三人；而本诉裁判结果损害其权益时，其有权以本诉当事人为被告，另行提起诉讼寻求司法救济，其也不能通过第三人撤销之诉救济权利。根据处分原则、辩论原则，有独立请求权人不能被强制参加本诉。但《民事诉讼法》为有独立请求权第三人以第三人撤销之诉另设权利救济途径，则违背了处分原则和辩论原则。有独立请求权第三人不受本诉生效判决既判力约束，可以另行起诉，因此没有适用第三人撤销之诉的余地。① 故法院在第三人提起另行诉讼后应当排除第三人撤销之诉的适用。

第三种观点认为，如果第三人与本诉当事人就第三人是否拥有独立请求权在立案阶段较大争议时，该第三人应当先另诉解决该争议。待该争议解决之后，其可以依据另诉的判决提起第三人撤销之诉，请求撤销原来的法律文书。②

第四种观点认为，在法律上确立了第三人撤销之诉制度后，第三人另行起诉制度没有其存在的必要。有独立请求权第三人提起第三人撤销之诉，胜于另行起诉，更有利于纠纷的解决。因此，可以将第三人撤销之诉讼解释为另行诉讼的一种。

我们认为，第一种观点在理论上能够解释第三人另诉的合理性，却无法解决第三人另诉与第三人撤销之诉的关系。尽管这种观点认为当事人可以在另诉还是第三人撤销之诉中选择，但这种处理方式可能会导致另外一项制度的虚置。如果另行起诉后便不能提出第三人撤销之诉就是将两种程序并列，这种做法也容易出现制度重叠的问题。第二种观点支持第三人另

---

① 卢正敏：《我国第三人撤销之诉的初步检讨》，载 http://www.civilprocedurelaw.cn/html/jcll_1180_3146.html，2015 年 2 月 12 日访问。

② 参见王亚新：《第三人撤销之诉的解释适用》，载《人民法院报》2012 年 9 月 26 日。

行起诉，并以另诉主张替代第三人撤销之诉的做法具有一定合理性，但未提出完全的解决方案。第三种观点认为两种程序应当根据情况区别对待，如果对于能否提起第三人撤销之诉存在争议，则应先通过第三人另行诉讼解决前提条件的判断问题，再提起第三人撤销之诉。这一做法，容易给当事人造成讼累，也有浪费司法资源之虞，并非最佳方案。而第四种观点完全废除第三人另诉制度，也不利于保障第三人权利，因为第三人另诉不像第三人撤销之诉那样有严格的准入门槛。综合以上分析，在近期法律不可能修改第三人撤销之诉的情况下，可以针对第三人另诉制度进行安排。原则上，应当允许第三人另诉，但是仅限于有独立请求权的第三人，无独立请求权第三人则应通过第三人撤销之诉程序救济权利。

二、案外人异议之诉的完善

（一）案外人异议程序的废除

自 2007 年《民事诉讼法》在案外人异议之诉前设立案外人异议程序以来，对案外人异议程序的存废一直存在争议。异议程序在立法设计之处的功能定位，是对异议之诉案件的初步筛查。"考虑到审判程序比较复杂，如果对所有的案外人提出的异议不经审查便直接进入审判程序，不仅影响执行效率，还可能给一部分债务人拖延履行留下空间，不利于债权的及时实现。实际上，一部分案外人异议仅通过执行机构的初步审查即可得到解决。"[1]

主张废除前置异议程序的主要理由有：一是目前我国法律体系中并没有建立债务人异议之诉概念（仅《公证债权文书解释》第 22 条债务人可以向执行法院起诉不予执行公证债权文书），但债务人异议之诉在实践中是存在的，表现在债务人异议之诉的提起依附于案外人异议及异议之诉的展开。因此我国债务人异议之诉的司法实践中并未将其作为独立的诉讼类型，

---

[1] 姚红主编：《中华人民共和国民事诉讼法释义》，法律出版社 2007 年版，第 324~325 页。

也就是说如果案外人不提起异议，作为被执行人便无法直接就实体问题提起诉讼。只有案外人提起异议启动程序，被执行人和案外人才能以诉讼救济权利。被执行人依据该条规定提起诉讼，异议的对象也不是申请执行人而是案外人。只要在案外人异议得到法院支持后，被执行人和申请执行人才能以诉讼救济自己的权利。二是案外人异议裁定是针对实体问题所作的，决定了案外人的实体权益。但以裁定方式解决实体问题合理性值得怀疑。在异议裁定之后又专门地设置诉讼程序进行救济，出现了制度上的重叠和浪费。三是针对前置程序所能提高执行效率、节约司法资源优势的考量在实践中表现并不明显。一方面，前置程序本身也需要投入大量的人力物力予以保障，其并不比审判环节所投资的资源少，那种认为"审判程序往往比较复杂，如果案外人异议问题一律通过诉讼解决，将使问题过于复杂化，影响执行效率"①的观点，在一线实务工作者看来往往如纸上谈兵，并未解决实际问题。另一方面，案外人只要其认为有理由和根据，一般不会轻易放弃权利主张，即便异议裁定驳回案外人异议请求，其也会进一步通过诉讼程序主张权利。设置前置异议程序的立法初衷便难以实现，对案外人来说反而增加了维权成本。②

对于案外人异议程序存废的讨论首先应当清晰地认识到案外人异议程序的定位，以及与案外人异议之诉的关系。二者均要解决的主要问题，是案外人主张的权利能否排除执行。解决这一问题，需要作出两个方面的判断：第一个方面是案外人主张的权益是否存在；第二个方面是该种权益能否排除执行。③ 第一个方面的判断是第二个方面的基础和前提，案外人异议和异议之诉两个前后衔接的程序都须对此作出结论，不同之处在于对该权益存在与否的审查程度。案外人异议程序侧重于对权益存在与否的外观审

---

① 参见王飞鸿、赵晋山：《民事诉讼法执行编修改的理解与适用》，载《人民司法》2008 年第 1 期。

② 参见刘学在、朱建敏：《案外人异议制度的废弃与执行异议之诉的构建——兼评修改后的〈民事诉讼法〉第 204 条》，载《法学评论》2008 年第 6 期。

③ 但就思维过程而言，一般应先判断当事人主张的权益是否为排除强制执行的权益，再判断该权益是否真实存在。

查，异议之诉程序侧重于查明与外观不一致的实质权益。域外的相关制度设置与我国有所不同。德国、日本、韩国均规定案外人可以直接向法院提起异议之诉，并未设置异议程序作为前置审查程序，[①] 因此不存在如何确定两种程序中在查明权益状态的功能定位问题。而我国《民事诉讼法》将案外人异议程序作为异议之诉的前置程序，异议之诉前必须先经异议程序审查作出初步结论。对同一问题的判断放到两个前后衔接的程序中的设置就需要对两个程序的功能作出区分。这种区分体现在第一个方面而不是第二个方面。因此，案外人异议程序与异议之诉的区别就在于对权益状态的审查标准，而非权益冲突规则的差异。

虽然现行法律并未明确异议之诉适用《异议和复议规定》中异议程序权利判断规则，但是两个程序对排除执行判断规则应当一致。因为，尽管两种程序的审查理念有所不同，但这种差异仅存在于第一个方面对权利是否存在的判断中。形式审查与实质审查的内容，针对的是权益的真实状态而不是权益的冲突处理。如果标准不一致，则无法合理解释设置这种差异的目的。异议程序的判断结果在先，异议之诉的判断结果在后，从逻辑上讲异议之诉必然能够否定异议程序的判断结果。如果异议程序的权益冲突规则与异议之诉不一致，那么异议程序对权益冲突规则的判断就没有存在的价值。因此，两种程序在第二个方面的判断标准应当是一致的。

异议程序有其独立存在的价值。但就目前的司法实践中对异议程序的理解来说，异议程序似乎成为"鸡肋"，一方面被寄予可以筛除一部分案外人异议之诉的案件来源，另一方面却无法阻止案外人在提出异议之诉后再提出异议之诉的冲动，导致异议程序无法实现其原本设计的制度功能。因此，我们认为在今后强制执行法中，可以废除异议程序，设立案外人异议之诉，案外人对执行标的主张权利要求排除执行的，可以直接向法院提起诉讼。

---

① 《德国民事诉讼法》第 771 条、《日本民事执行法》第 38 条、《韩国民事执行法》第 48 条。

（二）特殊案件救济途径

1. 建设工程款优先权债权人的救济途径

实践中较为常见的是发生案外第三人主张对执行标的物享有建设工程价款优先受偿权提起执行异议之诉。司法实践中对此类案件如何处理争议较大。

一种观点认为，实际施工人可以因建设工程优先受偿权为由提起异议之诉，保障其有限受偿权的行使，而不用在参与分配程序中再行主张优先受偿。人民法院应当受理案外人以建设工程价款优先受偿权提起的异议之诉，经审查该权利确实存在的，应在确认优先受偿权的同时，排除对优先受偿权范围的工程款的执行。另一种观点认为，建设工程价款优先受偿权本质是以建设工程的交换价值担保工程价款债权的实现，即使将建设工程作为执行标的物采取强制执行措施，也不影响优先受偿权的实现。实际施工人提起诉讼来主张权利的行为根本无必要。建设工程价款优先受偿权是法定优先权，与其他优先受偿权有本质区别，实际施工人在参与分配中提出即可得到周全的保护。但如果实际施工人并非针对优先权的行使提出异议，而是认为法院执行行为损害其合法权益，如法院执行中造成建设工程项目的损毁，降低了财产的价值，实际施工人可以根据《民事诉讼法》第232条提起执行异议。因此，针对特定建设工程强制执行，案外人对该标的物享有建设工程优先受偿权并据此主张排除执行的，人民法院不应支持，并告知其应当依据《民事诉讼法》第232条的规定或者通过执行分配异议之诉程序救济权利。较为常见的是，普通金钱债权的债权人与债务人对实际施工人是否享有优先受偿权发生争议。这种情况下，应由实际施工人另行向法院诉讼请求确认优先受偿权。

我们倾向于第二种意见。如前文分析，案外人提起异议之诉的实体权益只能是所有权（保留所有权）、担保物权、用益物权、特殊情形下的债权、与占有相关的权利。建设工程价款优先受偿权并不在上述权利范围内，其不能提起案外人异议之诉，而应在执行分配程序或者依据《民事诉讼法》

第 232 条的规定以利害关系人的身份主张权利。

值得注意的是，作为被执行的负有建设工程款优先受偿权的不动产受让人是否可以提起案外人异议之诉。我们认为，如果执行依据已经确认了债权人对该执行标的物享有建设工程价款优先受偿权，则案外第三人对执行标的物主张排除执行的异议实质上就是对执行依据提出异议，应通过审判监督程序救济。如果第三人未提起异议，则其可以通过第三人撤销之诉救济权利。

第三人（实际施工人）以其系建设工程价款债权人为由针对申请执行人（承包人）的到期债权的救济问题。第三人（实际施工人）以其与承包人之间存在挂靠关系，其以享有被执行人（发包人）应给付申请执行人（承包人）的工程款到期债权为由提起案外人执行异议之诉的，在建设工程存在违法分包、转包及挂靠的情形下，第三人（实际施工人）不能直接向被执行人（发包人）主张债权。该权利并不涉及排除执行诉讼目的，不能提起执行异议之诉。此种情况下，第三人（实际施工人）可以向法院提起第三人撤销之诉保障其优先受偿权的确认。

【实践】指导案例 150 号

中国民生银行股份有限公司温州分行诉浙江山口
建筑工程有限公司、青田依利高鞋业有限公司
第三人撤销之诉案

（最高人民法院审判委员会讨论通过　2021 年 2 月 19 日发布）

关键词　民事　第三人撤销之诉　建设工程价款优先受偿权　抵押权
原告主体资格

裁判要点

建设工程价款优先受偿权与抵押权指向同一标的物，抵押权的实现因建设工程价款优先受偿权的有无以及范围大小受到影响的，应当认定抵押权的实现同建设工程价款优先受偿权案件的处理结果有法律上的利害关系，

抵押权人对确认建设工程价款优先受偿权的生效裁判具有提起第三人撤销之诉的原告主体资格。

相关法条

《中华人民共和国民事诉讼法》第 56 条

基本案情

中国民生银行股份有限公司温州分行（以下简称温州民生银行）因与青田依利高鞋业有限公司（以下简称青田依利高鞋业公司）、浙江依利高鞋业有限公司等金融借款合同纠纷一案诉至浙江省温州市中级人民法院（以下简称温州中院），温州中院判令：一、浙江依利高鞋业有限公司于判决生效之日起十日内偿还温州民生银行借款本金 5690 万元及期内利息、期内利息复利、逾期利息；二、如浙江依利高鞋业有限公司未在上述第一项确定的期限内履行还款义务，温州民生银行有权以拍卖、变卖被告青田县依利高鞋业公司提供抵押的坐落于青田县船寮镇赤岩工业区房产及工业用地的所得价款优先受偿……上述判决生效后，因该案各被告未在判决确定的期限内履行义务，温州民生银行向温州中院申请强制执行。

在执行过程中，温州民生银行于 2017 年 2 月 28 日获悉，浙江省青田县人民法院向温州中院发出编号为（2016）浙 1121 执 2877 号的《参与执行分配函》，以（2016）浙 1121 民初 1800 号民事判决为依据，要求温州中院将该判决确认的浙江山口建筑工程有限公司（以下简称山口建筑公司）对青田依利鞋业公司高享有的 559.3 万元建设工程款债权优先于抵押权和其他债权受偿，对坐落于青田县船寮镇赤岩工业区建设工程项目折价或拍卖所得价款优先受偿。

温州民生银行认为案涉建设工程于 2011 年 10 月 21 日竣工验收合格，但山口建筑公司直至 2016 年 4 月 20 日才向法院主张优先受偿权，显然已超过了六个月的期限，故请求撤销（2016）浙 1121 民初 1800 号民事判决，并确认山口建筑公司就案涉建设工程项目折价、拍卖或变卖所得价款不享有优先受偿权。

裁判结果

浙江省云和县人民法院于 2017 年 12 月 25 日作出（2017）浙 1125 民撤 1 号民事判决：一、撤销浙江省青田县人民法院（2016）浙 1121 民初 1800 号民事判决书第一项；二、驳回原告中国民生银行股份有限公司温州分行的其他诉讼请求。一审宣判后，浙江山口建筑工程有限公司不服，向浙江省丽水市中级人民法院提起上诉。丽水市中级人民法院于 2018 年 4 月 25 日作出（2018）浙 11 民终 446 号民事判决书，判决驳回上诉，维持原判。浙江山口建筑工程有限公司不服，向浙江省高级人民法院申请再审。浙江省高级人民法院于 2018 年 12 月 14 日作出（2018）浙民申 3524 号民事裁定书，驳回浙江山口建筑工程有限公司的再审申请。

裁判理由

法院生效裁判认为：第三人撤销之诉的审理对象是原案生效裁判，为保障生效裁判的权威性和稳定性，第三人撤销之诉的立案审查相比一般民事案件更加严格。正如山口建筑公司所称，《最高人民法院关于适用〈中华人民共和国民事诉讼法〉的解释》第二百九十二条规定，第三人提起撤销之诉的，应当提供存在发生法律效力的判决、裁定、调解书的全部或者部分内容错误情形的证据材料，即在受理阶段需对原生效裁判内容是否存在错误从证据材料角度进行一定限度的实质审查。但前述司法解释规定本质上仍是对第三人撤销之诉起诉条件的规定，起诉条件与最终实体判决的证据要求存在区别，前述司法解释规定并不意味着第三人在起诉时就要完成全部的举证义务，第三人在提起撤销之诉时应对原案判决可能存在错误并损害其民事权益的情形提供初步证据材料加以证明。温州民生银行提起撤销之诉时已经提供证据材料证明自己是同一标的物上的抵押权人，山口建筑公司依据原案生效判决第一项要求参与抵押物折价或者拍卖所得价款的分配将直接影响温州民生银行债权的优先受偿，而且山口建筑公司自案涉工程竣工验收至提起原案诉讼远远超过六个月期限，山口建筑公司主张在六个月内行使建设工程价款优先权时并未采取起诉、仲裁等具备公示效果的方式。因此，从起诉条件审查角度看，温州民生银行已经提供初步证据证明原案生效判决第一项内容可能存在错误并将损害其抵押权的实现。其提起诉讼要求撤销原案生效判决主文第一项符合法律规定的起诉条件。

（生效裁判审判人员：谢静华、沈伟）

2. 执行案件实施权转移后的救济途径

案外人异议之诉与执行实施权有可能发生分离。轮候查封法院在执行过程中，商请首封法院移送抵押房产处置权，首封法院同意并回函后，案外人向轮候法院提出排除执行异议。此时就存在轮候查封法院是否可以受理该异议申请，审查后能否作为执行法院办理案外人异议之诉的问题。

对此，一种观点是处置权移送后，首封法院已失去对案涉房屋的处置权，无法对案外人异议进行审查，因此其虽然作为执行法院但无权受理案外人异议及后续诉讼，相关审查应由取得实际执行的法院进行。但这样处理的话，首封法院申请执行人无法参与到程序中来，存在诉权被剥夺的问题。另有观点认为，在此情况下，有必要将案外人异议审查和诉讼分离处理。

我们认为，受理案外人异议及诉讼的管辖法院的确定，不能简单地以执行实施权的转移而发生转移，否则无法保证程序的稳定性。在首封法院将标的物移交给轮候查封法院处置时，首封法院仅失去了对该标的物的变价权利而非对该标的物替代物的分配权。因此，首封法院仍旧可以对案外人提出的异议及诉讼进行审查，而其作出的裁定对债权人、债务人，以及案外人均有效力。

3. 多个债权执行同一执行标的物的救济

在多个债权执行同一标的物的情况下，案外人是否要对每一债权皆提出案外人异议之诉。案例二：甲、乙、丙分别为三件执行案件的申请执行人，丁为被执行人。A、B、C三家法院在执行过程中先后查封丁的某处房产，案外人戊向甲享有债权的 A 法院提出案外人异议之诉。戊胜诉后，A法院的判决是否对乙、丙的债权也发生效力，亦即戊是否还需要再向 B、C法院提起案外人异议之诉。

对此，有截然不同的路径。第一种是戊无须再行起诉，A 法院的判决对 B、C 法院执行的债权也发生法律效力。第二种是戊需要再向 B、C 法院分别再提起案外人异议之诉。我们认为，对此这种情况的处理，应当综合考量。A 法院异议之诉判决原则上对乙、丙也发生效力，但是如果乙、丙基于与甲不同性质的债权提出新的诉讼理由，则可向法院提起新的许可执行之诉。

（三）保全阶段的案外人异议之诉的救济问题

《财产保全规定》将案外人异议之诉提前到了金钱债权纠纷的财产保全阶段。该做法与传统做法有很大不同。该程序的前移也产生了程序上衔接的一些问题。

在第三人因保全而申请复议或者提出异议后，需要明确其是否要参加到诉讼之中，以及其在原诉讼中的地位。我们认为，应当区分情况予以判断。一是被保全的财产并非诉讼争议标的物。此时，第三人不需要参加到诉讼中。但是如果诉讼结果对保全标的物具有法律上的关系时，第三人可以作为无独立请求权的第三人参加到诉讼中。如果不会产生法律上的利害关系，则应当提起案外人异议程序，进而提出案外人异议之诉。二是被保全的财产是诉讼争议标的物的，第三人如果主张实体权利，自然应当参与到诉讼中，而不应提起案外人异议及异议之诉。

在保全阶段的案外人异议之诉所涉及的突出问题是本诉撤销后的程序处理问题。如果第三人提起执行异议或者异议之诉后，原保全行为被撤销[①]或者变更保全标的物，那么第三人执行异议或者异议之诉的程序是否还应继续进行。如果继续进行，应当如何处理是需要明确的问题。

根据《财产保全规定》第 27 条的规定，在保全财产不是案件诉讼争议标的物的情况下，案外人可以针对保全的财产提出异议，法院就异议作出裁定后当事人不服的可以向人民法院提起诉讼。但是，如果第三人提起执

---

① 一般来说，本诉讼撤诉或者裁定驳回起诉，或者因提供了其他担保而撤销保全申请。

行异议或者异议之诉后，原诉讼撤诉或者裁定驳回起诉，那么，第三人执行异议或者异议之诉的程序是否还应继续进行，如果继续进行应当如何处理。由此引出的进一步问题是将案外人异议提前是否妥当。这两个问题相互交织，后者是前者的原因，前者是后者的具体表现。我们先就第一个问题结合案例分析。

案例二：甲与乙借款合同纠纷，甲向法院起诉乙。诉讼过程中，甲申请保全乙的房产一套。在房产被查封后，案外人（第三人）丙向保全法院提出异议，请求排除执行，确认丙对房产享有所有权。后因甲与乙就借款合同纠纷达成和解协议，甲撤诉，法院解除对房产的查封。那么丙起诉甲和乙的案外人异议及相关诉讼应当如何处理。

原保全行为被撤销或者变更保全标的物，案外人异议之诉应当停止还是继续抑或是变更，存在不同认识。

第一种观点是停止说，主张应当终止案外人异议之诉的进行，裁定驳回起诉或者裁定终结诉讼。结合案例，在丙自行撤回起诉的情况下，法院应当裁定终结诉讼；如果丙未撤回起诉，则法院应当裁定驳回丙的起诉。理由是，本诉保全措施查封案外人异议之诉争议标的物是引发案外人异议之诉的根本，在本诉保全措施取消或者保全标的物变更后，引起案外人异议之诉的原因就不存在了。"皮之不存，毛将焉附"，在案外人未撤回起诉的情况下应当驳回案外人异议之诉的起诉，而在案外人撤回起诉的情况下则应裁定终结诉讼。在此情况下不裁定准许撤回起诉的原因是当事人撤回起诉的原因并非其自身可以处分的原因，而是引起案外人异议之诉的本诉不存在，客观上已经没有继续诉讼的基础了。换句话讲，无论案外人是否撤回起诉，案外人异议之诉在实质上都应当终结。因此在案外人撤回起诉的时候，应当裁定终结诉讼而非裁定准予撤回诉讼。

第二种观点是继续说，主张诉讼应当继续。理由是，案外人异议之诉并不完全依附于本诉，虽然本诉保全措施取消或者保全标的物变更了，但案外人异议之诉有独立存在的价值。特别是案外人异议之诉的本质具备确认之诉的特征，当事人仍有就原保全标的物确权进行诉讼的利益。因此，如果第三人未撤诉继续主张权利就应当继续案外人异议之诉程序。

第三种观点是变更说，主张在对诉讼请求进行一定变更之后继续进行诉讼。理由是，案外人异议之诉虽然源自于本诉的保全，但是其存在一定的独立性。在原标的物变更后，如果将案外人排除执行的主张撤回，那么剩余的确认权属的主张仍有继续审理的必要。

我们认为，第三种观点更为合理。案外人异议之诉兼具形成之诉和确认之诉的属性，一方面要求确认案外人对标的物的权属，另一方面要求判断该权属能否排除执行或者保全。在保全措施撤销或者保全标的物变更的情况下，案外人异议之诉中排除执行的必要性已经不存在了，仅剩确定权属这一诉讼请求。此种情况下应当允许案外人变更诉讼请求，即撤回排除执行或者保全的诉讼请求，继续主张确认权属的主张。但应明确的是，如果案外人不予撤回主张排除执行或者保全的请求，仍旧主张两个诉讼请求。法院可以在判决确认权属的同时驳回案外人关于排除执行或者保全的起诉。而对于申请执行人的许可执行之诉的处理，则不能参照案外人异议之诉的处理方法。此时对争议标的物保全或者执行与否均已没有关联，申请执行人可以撤回整个案件的起诉。如果申请执行人未予撤回，法院可以裁定驳回起诉。回到本案，在甲撤诉之后，法院应当向丙释明本案应当进行的程序，即丙应当变更诉讼请求或者撤诉。如果丙继续主张对房屋的所有权，则其应当变更诉讼请求，即撤回排除保全的主张，仅主张对房屋享有所有权；如果丙放弃对房屋所有权的主张，则应撤诉。根据《执行程序解释》第17条的规定，案外人提起异议之诉，被执行人支持案外人所主张的实体权利的，应以申请执行人为被告，被执行人反对案外人所主张的实体权利的，应以申请执行人和被执行人为共同被告。在当事人程序身份方面，如果乙支持丙的主张，那么在丙的案外人异议之诉中甲就是唯一被告。由于甲失去了参加到案外人异议之诉中的必要性，法院应当裁定终结诉讼。此时，乙与丙之间就标的物所提出的共同主张可以作为嗣后相关诉讼的证据使用。乙反对丙的诉讼请求，主张房产为乙所有。在此情形下，若丙变更诉讼请求撤回排除执行的起诉，则法院应当变更甲的地位，不列入当事人之列；若丙未变更诉讼请求，则应在判决书中列明甲为丙所请求的诉讼地位（被告），在判决主文中明确驳回丙对甲的起诉。

（四）利害关系人保全复议与案外人异议之诉

《民事诉讼法》第 111 条规定，当事人对人民法院裁定保全不服的，可以向采取保全措施的法院申请复议一次。《民事诉讼法解释》第 172 条扩大了提出异议的主体范围，将对保全或者先于执行的复议权利延及第三人，规定利害关系人对裁定保全或者先予执行不服的，可以向人民法院申请复议一次。《财产保全规定》第 25 条再次明确被保全人对保全裁定不服的，可以申请复议。该条是对《民事诉讼法》第 111 条程序上的细化规定。

《财产保全规定》第 26 条规定，利害关系人（第三人）认为保全裁定实施过程中的执行行为违反法律规定提出书面异议的，人民法院应当依照《民事诉讼法》第 232 条规定审查处理。《财产保全规定》第 27 条规定在法院对诉讼争议标的以外的财产进行保全的案件中，案外人对保全裁定或者保全裁定实施过程中的执行行为不服，基于实体权利对被保全财产提出书面异议的，人民法院应当依照《民事诉讼法》第 234 条规定审查处理并作出裁定。案外人、申请保全人对该裁定不服的，可以提起异议之诉。这两条规定，实际是将《民事诉讼法》第 232 条、第 234 条在执行程序中的第三人权利救济程序由执行程序向前推移到了保全阶段。

上述做法有利于第三人及时救济权利，但问题在于第三人是否还可以根据《民事诉讼法解释》第 172 条规定在保全阶段针对保全裁定申请复议。复议权利延及第三人是一项重要创制，第三人的实体权利据此有了程序保障。然而，在《财产保全规定》颁布施行以后，对第三人是否还可以在诉讼阶段对保全裁定申请复议存在不同认识。一种认识是，《民事诉讼法解释》是 2015 年 2 月 4 日施行的司法解释，《财产保全规定》是 2016 年 12 月 6 日施行的司法解释，相较于前者是新的司法解释；《民事诉讼法解释》是对民事诉讼权利的一般规定，《财产保全规定》是对民事诉讼权利中的财产保全专门规定，并未规定第三人可以在诉讼阶段对保全裁定申请复议。而如果《财产保全规定》认同第三人的复议权利，该解释完全可以明确第三人申请复议的权利，未予明确便代表该解释对第三人申请复议权利的否定。《民事诉讼法解释》是"旧法""普通法"，《财产保全规定》是"新法""特别法"。根据"新法优于旧法""特别法优于普通法"的基本原则，财产保全司法解释优于民事诉讼法司法解释的适用。其次，《财产保全规定》第27条也明确了第三人可以通过案外人异议之诉救济权利。而第三人通过异议之诉完全可以实现对实体权利的救济，该程序完全可以替代第三人申请复议的救济程序。因此，第三人在诉讼阶段没有对保全裁定申请复议的权利。第二种认识是，即使《财产保全规定》没有规定，第三人仍有复议权利。首先，《财产保全规定》并未明确否定第三人的复议权利，未予规定可以视为特别法仅对普遍存在问题的回应，没有规定的情形仍应适用普通法的一般规定。该规定仅是对普遍存在的保全复议程序处理的解释。在该规定没有明确规定第三人申请复议的情况下，应当适用《民事诉讼法解释》的规定，赋予第三人对保全裁定复议的权利，对第三人提出的复议请求予以审查处理。其次，虽然《财产保全规定》第27条规定明确了第三人可以通过案外人异议之诉程序救济实体权利，但是对保全裁定不服的内容与案外人异议之诉救济的实体权利并不完全重合。案外人异议之诉所涵盖的内容并不能涵盖第三人申请复议，前者也不能完全替代后者的救济功能。

我们认为，第二种观点更为合理，第三人在诉讼阶段有对保全裁定申请复议的权利。理由是：第一，不管《财产保全规定》本意是否回避第三人可以申请复议或者否定第三人可以申请复议的权利，从实践上讲，对第三人申请复议权利的维护完全有解释论上的动力和意义。第二，异议之诉的救济并不能涵盖申请复议救济权利的内容。案外人异议之诉所能救济的权利，与申请复议救济的权利是并列的关系，而非包含关系。因此，第三人仍旧有权在诉讼程序中针对保全措施申请复议。

三、到期债权权利救济程序的完善

在执行程序中执行被执行人的到期债权涉及第三人（次债务人）权利的救济问题。第三人（次债务人）在异议期限内提出异议以及超过异议期提出异议程序应当如何发展，在理论和实践上都有不同观点做法。如何既保障第三人（次债务人）程序救济权利又防止第三人滥用异议权利，是本节在完善相关制度方面研究的落脚点。

（一）到期债权执行与代位权诉讼

到期债权执行，在学理上又称代位执行，主要是指在强制执行程序中，法院就债务人对第三人（次债务人）享有的到期债权予以执行，以实现债权人债权的制度。[①] 到期债权执行是实现债权人债权的重要制度。

代位权是实现合同保全的权利之一，为加强对债权人的保护、维护市场经济秩序，特别是解决实践中大量存在的"三角债"问题，[②] 我国在制定《合同法》时借鉴大陆法系合同保全的经验，确立了该项制度。《合同法》第 73 条规定，债权人的代位权系债权人因债务人怠于行使其到期债权，对债权人造成损害的，可以自己的名义向人民法院请求代位行使债务人的债权权利。[③]《民法典》第 535~537 条在总结《合同法》第 73 条的经验后重新界定了代位权。代位权的行使必须以向法院提起诉讼的形式进行，其目的在于防止当事人以保全债权的名义，采取非法手段抢夺债务人财产，影响社会生活的安定。尽管代位权必须通过诉讼的途径方能实现，但代位权并非诉权，也不是程序法上的权利。一是代位权系由实体法所规定的由债权人所享有的一种债权的权能，依附于债权人的债权，与债权不可分割。通

---

① 参见范向阳：《被执行人到期债权执行的若干问题》，载《人民司法》2006 年第 1 期；胡亚球：《代位执行制度的属性与适用》，载《法学评论》2001 年第 4 期；苏玉余、曾宪铸：《对代位执行的理解与适用》，载《人民司法》1999 年第 5 期；谢春和、黄胜春：《代位执行制度的理论与实践》，载《现代法学》1995 年第 6 期。

② 崔建远、韩世远：《合同法中的债权人代位制度》，载《中国法学》1999 年第 3 期。

③ 王利明：《合同法新问题研究》，中国社会科学出版社 2011 年版，第 456 页。

过行使代位权，债权人可以有效消除因债务人怠于行使权利而带来的损害。二是代位权并非扣押债务人财产，而是代替债务人行使债权，其并非诉讼上的权利，而是实体权利。[①]

1. 代位权与到期债权执行制度关系

在比较法上，从实体法规定代位权的历史背景看，代位权制度的设立与各国实体法和程序法的功能安排有密切关系。代位权制度肇始于法国。《法国民法典》第 1166 条明确规定，债权人可以行使债务人除人身权利之外的一切权利与诉权。[②]法国实体法规定代位权是因为程序法（强制执行法）对执行债务人债权的缺位。法国民事诉讼法中除金钱债权外，并未规定对债务人享有的债权进行强制执行的规定。故《法国民法典》对该项制度进行了明确。[③]德国、瑞士则将实现对债务人债权安排到了程序法之中，而非实体法。《德国民事诉讼法》规定债权人在强制执行程序中可以申请执行债务人的债权。债权人在强制执行程序中向法院申请强制执行债务人的债权，就可以达到在诉讼程序中行使代位权相同的效果，债权人实现对债务人债权的权利已获得保障，便无必要在民法中另行设立代位权制度。与这种一元设计不同的是，日本在民法和强制执行法中对债权人实现债务人对次债务人权利的相关制度，在实体法（民法）上为代位权制度，在程序法（强制执行法上）则为债权对第三人收取诉讼制度，这就形成了颇具特色的二元立法体例。[④]《日本民法典》第 423 条第 3 项规定："债权人在其债权不能依强制执行实现时，不得行使被代位权利"[⑤]，更是明确了债权人行使代位权与强制执行程序之间的关系。可见，无论是法、德、瑞的一元立法体例，还是日本的二元立法体例，都紧紧围绕债权人实现债务人对第三人债权进行相关安排。

我国在民法中设立的代位权制度与执行程序中执行到期债权相互融合，

---

① 王利明：《合同法新问题研究》，中国社会科学出版社 2011 年版，第 458 页。

② 《法国民法典》，罗结珍译，中国法制出版社 1999 年版，第 293 页。

③ 参见史尚宽：《债法总论》，中国政法大学出版社 2000 年版，第 462 页；王利明：《合同法新问题研究》，中国社会科学出版社 2011 年版，第 459 页。

④ 娄正涛：《债权人代位权制度之检讨》，载《比较法研究》2003 年第 1 期。

⑤ 《日本民法典》，刘士国、牟宪魁、杨瑞贺译，中国法制出版社 2018 年版，第 92 页。

紧密相关。《民法典》第535~537条再次明确代位权之前，法律上一直适用的是《合同法》第73条。该条规定："因债务人怠于行使其到期债权，对债权人造成损害的，债权人可以向人民法院请求以自己的名义代位行使债务人的债权，但该债权专属于债务人自身的除外。代位权的行使范围以债权人的债权为限。债权人行使代位权的必要费用，由债务人负担。"在程序法上，《合同法》规定代位权之前，程序法相关司法解释就对保全和执行程序中对到期债权的执行进行规定。可以说，"我国是以执行程序的规定首先确认债权人代位制度的"。①1988年10月18日，《最高人民法院关于对尚未到期的财产收益可否采取诉讼保全措施的批复》中明确了对包括到期债权之内的将来可得收益的财产可以予以保全。《民事诉讼法意见》将债务人保全和执行程序中的财产范围，扩大到其对第三人的到期债权。《民事诉讼法意见》第105条规定，法院可以依债权人的申请裁定保全到期债权；第300条规定，法院在执行程序中可依债权人的申请执行到期债权。1998年《执行规定》更是对执行到期债权进行了系统总结，明确了第三人提出异议后的诉讼解决途径。有观点认为，从保护债权人权益的角度出发，合同法上的代位权制度与强制执行程序中的执行到期债权制度可以并存，债权人可以根据两种程序的优劣择一适用。②目前正在起草的《强制执行法》也将明确对到期债权的执行方法，特别是借鉴域外经验引入债权人对第三人（次债务人）的收取诉讼制度。可见，我国在客观上存在债权人对到期债权行使权利的二元体例，未来也将是这种体例。

到期债权执行与代位权的法律定位有所不同。一是代位权的行使目的在于保全债务人财产，而非强制执行生效裁判，代位权行使并非恢复债务人的财产，而是增加债务人财产。二是代位权是实体权利，是债权的一项特殊权能，以债权的存在为前提，故非程序权利，而强制执行到期债权的程序本质上还是程序法的内容。③

---

① 丁丽瑛：《债权人代位权实现的法律保障——谈我国相关实体法和程序法的协调》，载《厦门大学学报（哲学社会科学版）》2000年第2期。

② 崔建远、韩世远：《合同法中的债权人代位制度》，载《中国法学》1999年第3期。

③ 王利明：《合同法新问题研究》，中国社会科学出版社2011年版，第460页。

对于二者的关系，主要存在以下两种观点。

一种观点认为代位权完全可以实现对债权人权利的保障，而到期债权执行制度本身存在问题，该项制度没有存在的合理性。一是从我国实践情况看，债务人怠于行使权利，通过实体法上的代位权制度而非通过程序法的执行到期债权是非常有必要的。这主要是因为实体法规定代位权，可以为其设立一系列明确的条件，并且债务人和次债务人在代位权诉讼中可以提出有效抗辩，可以促使法院正确处理三方当事人之间的关系。而在强制执行到期债权程序中，如不能先行确定债权人与债务人、债务人与次债务人之间的债权债务关系，则未必能够协调债权人、债务人和次债务人之间的关系。[1] 二是到期债权执行是欠缺执行依据的执行。履行债务通知并不属于执行依据，而执行依据缺失的问题不会因债务人同意而得到弥补，也不会因债权人事后获得执行依据而消灭。三是执行到期债权背离权利外观的效率优先，并且还存在事后救济缺失正当性、无法有效保障第三人权利的问题。[2]

第二种观点认为，到期债权执行在制度设计上能够迅速实现债权，减少当事人讼累，节省司法成本，具有存在和继续完善的价值。一是执行程序本质上是执行督促程序，与诉讼程序中的支付令有所类似。这就有利于推动执行向前发展，提高效率，减少债权实现成本。二是虽然到期债权执行强调的是效率，但并不否定公平价值。两种价值是可以调和的，如事后救济设置中的第三人异议程序可以终止执行。执行程序本身并不会产生对到期债权的已决效力。三是执行依据缺失的问题，可以在既有制度的基础上借鉴我国台湾地区的做法，在第三人没有提出异议的情形下，由法院作出转付裁定，以此作为执行依据。[3]

我们认为，虽然代位权诉讼有着程序保障完善，可以解决执行依据的优点，但该项制度却存在效率上的问题。效率价值与公平价值并非对立的，在一定条件下，效率也体现着公平。债务人享有的债权也是其责任财产。

---

[1] 王利明：《合同法新问题研究》，中国社会科学出版社 2011 年版，第 460 页。

[2] 庄加园：《初探债权执行程序的理论基础》，载《现代法学》2017 年第 3 期。

[3] 范向阳：《被执行人到期债权执行的若干问题》，载《人民司法》2006 年第 1 期。

如果不能在执行程序中实现督促该种财产的执行，那么债权人就会陷入冗长的诉讼之中。这样不仅增加了债权人的经济成本，浪费了司法资源，还损害了市场经济的效率，不利于促进交易的发展。

【实践】(2020)最高法执复46号

湛江龙潮房地产开发有限公司（以下简称龙潮公司）不服海南省高级人民法院（以下简称海南高院）作出的（2019）琼执异234号执行裁定，向最高法院申请复议。

海南高院在执行中国华融资产管理股份有限公司海南省分公司（以下简称华融海南分公司）与海南西源投资有限公司（以下简称西源公司）、李勇、庞志英、杨高潮、周忠民、陈勇、程祖兴、杨芹、海南华商贸易有限公司（以下简称华商公司）金融借款合同纠纷一案中，向龙潮公司发出（2018）琼执11号通知书（以下简称11号通知书），通知龙潮公司向华融海南分公司履行西源公司对其的到期债权。龙潮公司向海南高院提出书面异议。

海南高院查明，2016年11月11日，海南高院受理原告中国工商银行股份有限公司海口琼山支行（以下简称工行琼山支行）与被告西源公司、李勇、庞志英、杨高潮、周忠民、陈勇、程祖兴、杨芹、华商公司金融借款合同纠纷一案，依法组成合议庭进行审理，于2017年12月25日作出（2016）琼民初38号民事判决，判决内容如下：一、被告西源公司自该判决生效之日起十五日内向原告工行琼山支行偿还双方签订的0220100089—2015年（琼山）字0011号《流动资金借款合同》项下的借款本金15997.591121万元及利息（本判中还明确了利息的计算标准）；二、被告西源公司自该判决生效之日起十五日内向原告工行琼山支行偿还0220100089—2015年（琼山）字0012号《流动资金借款合同》项下的借款本金5000万元及利息（本判中还明确了利息的计算标准）；三、原告工行琼山支行有权就该判决第一项、第二项确定的其对被告西源公司所享有债权，对被告李勇、庞志英名下粤房地权证湛江CQ字第××号房屋所有权证项下的房产折价或者拍卖、变卖所得价款，在1772.498万元最高余额范围内优先受偿；四、原告工行琼山支行有权就该判决第一项、第二项确定的其对被告西源公司所享有债权，对被告李勇、庞志英名下粤房地权证湛江ＣＱ字第××号房屋所有权证项下的房产折价或者拍卖、变卖所得款，在13197.254万元最高余额范围内优先受偿；五、原告工行琼山支行有权就该判决第一项、第二项确定的其对被告西源公司所享有债权，对被告李勇、庞志英名下粤房地权证湛江ＣＱ字第××号房屋所有权证项下的房产折价或者拍卖、变卖所得价款，在15895.25万元最高余额范围内优先受偿；六、原告工行琼山支行有权就该判决第一项、第二项确定的其对被告西源公司所享有债权，对被告李勇、庞志英名下粤房地权证穗字第××号房屋所有权证项下的房产折价或者拍卖、变卖所得价款，在2941.81万元最高余额范围内优先受偿；七、原告工行琼山支行有权就该判决第一项、第二项确定的其对被告西源公司所享有债权，对被告李勇、庞志英名下粤房地权证穗字第××号房屋所有权证项下的房产折价或者拍卖、变卖所得价款，在2449.82万元最高余额范围内优先受偿；八、原告工行琼山支行有权就该判决第一项、第二项确定的其对被告西源公司所享有债权，对被告李勇、庞志英名下粤房地权证穗字第××号房屋所有权证项下的房产折价或者拍卖、变卖所得价款，在4907.09万元最高余额范围内优先受偿；九、原告工行琼山支行有权就该判决第一项、第二项确定的其对被告西源公司所享有债权，对被告杨高潮持有的西源公司70％的股权折价或者拍卖、变卖该质押股权所得价款，在21000万元最高余额范围内优先受偿；十、原告工行琼山支行有权就该判决第一项、第二项确定的其对被告西源公司所享有债权，对被告周忠民持有的西源公司15％的股权折价或者拍卖、变卖该质押股权所得价款，在21000万元最高余额范围内优先受偿；十一、原告工行琼山支行有权就该判决第一项、第二项确定的其对被告西源公司所享有债权，对被告陈勇持有的西源公司15％的股权折价或者拍卖、变卖该质押股权所得价款，在21000万元最高余额范围内优先受偿；十二、被告程祖兴、杨芹及杨高潮、华商公司对该判决第一项、第二项确定的西源公司的债务承担连带清偿责任。被告程祖兴、杨芹及杨高潮、华商公司在承担连带清偿责任后，有权向西源公司追偿；十三、驳回原告工行琼山支行的其他诉讼请求。

工行琼山支行因被执行人未自动履行生效判决确定的义务向海南高院申请执行，海南高院于2018年6月27日立案执行，执行标的额是236383384.91元。执行过程中，因华融海南分公司书面申请变更其为申请执行人，海南高院依法审查并于2019年6月25日作出（2018）琼执11号之一执行裁定，变更华融海南分公司为本案的申请执行人。2019年9月20日，华融海南分公司向海南高院申请执行被执行人西源公司对龙潮公司享有的到期债权23638.338491万元。海南高院于2019年9月30日作出11号通知书，通知龙潮公司收到本通知后十五日内向申请执行人华融海南分公司履行对被执行人西源公司到期债务23638.338491万元，不得向被执行人清偿。龙潮公司对11号通知书不服，向海南高院提交到期债权执行异议书。

海南高院另查明，李尚贤诉龙潮公司及第三人西源公司债权人代位权纠纷一案，湛江中院于2019年6月5日作出（2019）粤08民终288号民事判决，驳回龙潮公司的上诉，维持湛江开发区法院（2018）粤0891民初1928号民事判决。湛江中院终审判决认定：股东会于2018年9月10日决议的利润分配前提——项目工地"四象假日酒店"已拆迁完毕，项目公司分配利润的条件已成就。在案证据可以证实西源公司在龙潮公司存在约20000万元利润未分配，龙潮公司也并不否认对西源公司有利润分配。西源公司懈怠行使股东权利，造成李尚贤的债权不能实现。故湛江开发区法院作出西源公司在龙潮公司可分配利润的范围内偿还李尚贤2000万元及利息的判决并无不当，予以支持。龙潮公司对上述判决申请再审。广东省高级人民法院（以下简称广东高院）于2019年11月1日作出（2019）粤民申8848号民事裁定，认为龙潮公司的再审申请符合民事诉讼法第二百条第六项规定的情形，裁定由该院提审；再审期间，中止原判决的执行。

海南高院于2019年12月28日作出（2019）琼执异234号裁定，驳回异议人龙潮公司的异议请求。

龙潮公司不服海南高院作出的（2019）琼执异234号执行裁定，向最高法院申请复议，请求依法撤销海南高院11号通知书、海南高院（2019）

琼执异 234 号执行裁定。

最高法院认为，本案的争议焦点为海南高院向龙潮公司发出 11 号通知书是否符合法律规定。

根据相关法律规定，被执行人不能清偿债务，但对本案以外的第三人享有到期债权的，人民法院可以向第三人发出履行到期债务的通知。对于生效法律文书确定的到期债权，第三人予以否认的，人民法院不予支持。本案执行过程中，海南高院向龙潮公司发出履行债务通知书，要求龙潮公司向申请执行人履行其对西源公司的到期债务。该到期债务已经湛江开发区法院、湛江中院在李尚贤诉龙潮公司债权人代位权纠纷一案中确认，海南高院向龙潮公司发出履行债务通知书符合法律规定，并无不当。龙潮公司在复议申请中主张西源公司对其的股东分红权不属于到期债权、不应履行的主张，缺乏事实和法律依据，不予支持。

关于李尚贤诉龙潮公司债权人代位权纠纷再审中止执行期间能否撤销或中止履行 11 号通知书的问题。依照相关法律规定，在案件执行过程中，执行依据因被提起再审而裁定中止执行期间，执行程序应当中止。本案海南高院向龙潮公司发出 11 号通知书要求龙潮公司履行义务的依据为湛江开发区法院、湛江中院的民事判决，该判决被提起再审而裁定中止执行期间，11 通知书理应中止执行，事实上海南高院也已经中止执行，但由于该依据未被依法撤销，故不能撤销该通知书。复议申请人龙潮公司提出的该项复议请求缺乏事实和法律依据，不予支持。

关于龙潮公司提出的因李尚贤诉龙潮公司债权人代位权纠纷案被提起再审本案复议程序应当中止审查的问题。执行异议程序审查的是执行行为是否违法，本案海南高院发出 11 号通知书时，（2018）粤 0891 民初 1928 号、（2019）粤 08 民终 288 号民事判决尚未被提起再审且裁定中止执行。虽然目前该判决已经被提起再审，但再审审查结论并不影响本案复议程序对海南高院之前执行行为的认定，不属于民事诉讼法第一百五十条第五项规定的情形。最高法院裁定驳回湛江龙潮房地产开发有限公司的复议申请，维持海南省高级人民法院作出的（2019）琼执异 234 号执行裁定。

2. 代位权诉讼与到期债权执行制度的交互演进

梳理代位权与执行到期债权制度的关系，完善第三人救济程序，应当从过去、现在和未来制度交互演进的发展过程着手分析。一是旧的代位权诉讼与现行执行到期债权制度的互动关系及漏洞；二是代位权在《民法典》中的重新界定及对现行执行到期债权制度的影响；三是强制执行法与《民法典》代位权的制度协调。

（1）旧代位权诉讼与现行执行到期债权制度的互动关系及漏洞。旧代位权诉讼制度就是指《合同法》第73条规定的代位权诉讼制度。《合同法》的代位权制度与程序法（诉讼和强制执行）上的权利衔接存在代位权制度无法涵盖诉讼及强制执行程序中实现到期债权的实体权利的问题。

《合同法》第73条规定的代位权诉讼制度的适用范围非常狭窄，并不能满足债权人对到期债权的现实需求。一是根据《合同法》第73条以及《最高人民法院关于适用〈中华人民共和国合同法〉若干问题的解释（一）》（以下简称《合同法解释（一）》）的规定，债权人行使代位权必须具备"债务人怠于行使其到期债权""对债权人造成损害"这两个必要条件。然而，在执行程序中，到期债权却并不以这两项为必要条件。有的强制执行案件中，债务人（被执行人）甚至同意或者主动请求法院执行其对次债务人（第三人）享有的到期债权。而"对债权人造成损害"这一条件，在执行实践中就表现为在众多债务人（被执行人）的财产中，到期债权是否在所有其他财产执行完毕之后再予执行还是与其他财产相同顺序执行。例如，在实践中，虽然到期债权的实现因为费时较长且执行难度大而被法院作为最后执行的财产权益，[①] 但是债权人仍旧可以债务人（被执行人）所拥有的房产、财产足以实现债权的情况下申请法院执行债务人（被执行人）的到期债权，该情况在实践中也并不少见。在这种情况下，不执行到期债权也不会"对债权人造成损害"。可见，我国旧的代位权制度并非诉讼及强制执行制度中的实体权利基础，强制执行程序中执行到期债权缺少实体权

---

① 从20世纪80年代和90年代的相关司法解释中也可以看出，保全或者执行债务人的到期债权一般是在债务人没有其他财产情况下采取的措施。

利依据。

即使从实体法的比较法角度看，旧的代位权制度也相较域外规定较窄。一是代位权的行使条件较为严格。《日本民法典》第 423 条第 1 项规定，债权人只要为保全自己的债权就可以行使属于债务人的权利。[1] 相比之下，旧的代位权行使条件相较域外相关规定为严格。二是代位权的行使范围较窄。法国规定债权人可以行使债务人除人身权利之外的一切权利和诉权，日本立法规定的代位权利也较为广泛包含了债权、物上请求权、形成权、债务人的代位权和撤销权、诉讼权利和公法权利。[2] 我国《合同法》第 73 条限定的范围仅限于合同之债，其他类型的权利却无从行使代位权。而在强制执行实践中，相关司法解释规定的对到期债权的执行却并未限定在合同之债上，只要为金钱给付的强制执行皆可申请执行到期债权。《合同法》规定的代位权制度相较于强制执行司法解释而言存在不合理之处，形成了法律上的漏洞。这种漏洞导致债权人丧失了向次债务人（第三人）主张权利的实体权利基础，而次债务人能否以此向债权人提出抗辩是值得研究的实体性法律问题，与次债务人（第三人）的程序救济有着密切的关系。因为债权人如无向次债务人要求清偿的实体权利，则必然影响到债权人启动强制执行程序的可能性与合法性。若强制执行程序不能启动，那么第三人则无救济的必要，而法律亦无须设立相应的第三人救济程序。

【实践】指导案例 118 号

东北电气发展股份有限公司与国家开发银行股份
有限公司、沈阳高压开关有限责任公司等执行复议案

（最高人民法院审判委员会讨论通过　2019 年 12 月 24 日发布）

关键词　执行　执行复议　撤销权　强制执行

---

[1]　参见《日本民法典》，刘士国、牟宪魁、杨瑞贺译，中国法制出版社 2018 年版，第 92 页。

[2]　崔建远、韩世远：《合同法中的债权人代位制度》，载《中国法学》1999 年第 3 期。

裁判要点

1.债权人撤销权诉讼的生效判决撤销了债务人与受让人的财产转让合同，并判令受让人向债务人返还财产，受让人未履行返还义务的，债权人可以债务人、受让人为被执行人申请强制执行。

2.受让人未通知债权人，自行向债务人返还财产，债务人将返还的财产立即转移，致使债权人丧失申请法院采取查封、冻结等措施的机会，撤销权诉讼目的无法实现的，不能认定生效判决已经得到有效履行。债权人申请对受让人执行生效判决确定的财产返还义务的，人民法院应予支持。

相关法条

《中华人民共和国民事诉讼法》第225条

基本案情

国家开发银行股份有限公司（以下简称国开行）与沈阳高压开关有限责任公司（以下简称沈阳高开）、东北电气发展股份有限公司（以下简称东北电气）、沈阳变压器有限责任公司、东北建筑安装工程总公司、新东北电气（沈阳）高压开关有限公司（现已更名为沈阳兆利高压电器设备有限公司，以下简称新东北高开）、新东北电气（沈阳）高压隔离开关有限公司（原沈阳新泰高压电气有限公司，以下简称新东北隔离）、沈阳北富机械制造有限公司（原沈阳诚泰能源动力有限公司，以下简称北富机械）、沈阳东利物流有限公司（原沈阳新泰仓储物流有限公司，以下简称东利物流）借款合同、撤销权纠纷一案，经北京市高级人民法院（以下简称北京高院）一审、最高人民法院二审，最高人民法院于2008年9月5日作出（2008）民二终字第23号民事判决，最终判决结果为：一、沈阳高开偿还国开行借款本金人民币15000万元及利息、罚息等，沈阳变压器有限责任公司对债务中的14000万元及利息、罚息承担连带保证责任，东北建筑安装工程总公司对债务中的1000万元及利息、罚息承担连带保证责任。二、撤销东北电气以其对外享有的7666万元对外债权及利息与沈阳高开持有的在北富机械95%的股权和在东利物流95%的股权进行股权置换的合同；东北电气与沈阳高开相互返还股权和债权，如不能相互返还，东北电气在24711.65万元范围内赔偿沈阳高开的损失，沈阳高开在 7666 万元范围内赔偿东北电气的损失。三、撤销沈阳高开以其在新东北隔离 74.4% 的股权与东北电气持有的在沈阳添升通讯设备有限公司（以下简称沈阳添升）98.5% 的股权进行置换的合同。双方相互返还股权，如果不能相互返还，东北电气应在 13000 万元扣除 2787.88 万元的范围内赔偿沈阳高开的损失。依据上述判决内容，东北电气需要向沈阳高开返还下列三项股权：在北富机械的 95% 股权、在东利物流的 95% 股权、在新东北隔离的 74.4% 股权，如不能返还，扣除沈阳高开应返还东北电气的债权和股权，东北电气需要向沈阳高开支付的款项总额为 27000 万余元。判决生效后，经国开行申请，北京高院立案执行，并于 2009 年 3 月 24 日，向东北电气送达了执行通知，责令其履行法律文书确定的义务。

2009 年 4 月 16 日，被执行人东北电气向北京高院提交了《关于履行最高人民法院（2008）民二终字第 23 号民事判决的情况说明》（以下简称说明一），表明该公司已通过支付股权对价款的方式履行完毕生效判决确定的义务。北京高院经调查认定，根据中信银行沈阳分行铁西支行的有关票据记载，2007 年 12 月 20 日，东北电气支付的 17046 万元分为 5800 万元、5746 万元、5500 万元，通过转账付给沈阳高开；当日，沈阳高开向辽宁新泰电气设备经销有限公司（沈阳添升 98.5% 股权的实际持有人，以下简称辽宁新泰），辽宁新泰向新东北高开，新东北高开向新东北隔离，新东北隔离向东北电气通过转账支付了 5800 万元、5746 万元、5500 万元。故北京高院对东北电气已经支付完毕款项的说法未予认可。此后，北京高院裁定终结本次执行程序。

2013 年 7 月 1 日，国开行向北京高院申请执行东北电气因不能返还股权而按照判决应履行的赔偿义务，请求控制东北电气相关财产，并为此提供保证。2013 年 7 月 12 日，北京高院向工商管理机关发出协助执行通知书，冻结了东北电气持有的沈阳高东加干燥设备有限公司 67.887% 的股权及沈阳凯毅电气有限公司 10%（10 万元）的股权。

对此，东北电气于 2013 年 7 月 18 日向北京高院提出执行异议，理由是：一、北京高院在查封财产前未作出裁定；二、履行判决义务的主体为沈阳高开与东北电气，国开行无申请强制执行的主体资格；三、东北电气已经按本案生效判决之规定履行完毕向沈阳高开返还股权的义务，不应当再向国开行支付17000万元。同年9月2日，东北电气向北京高院出具《关于最高人民法院（2008）民二终字第23号判决书履行情况的说明》（以下简称说明二），具体说明本案终审判决生效后的履行情况：1.关于在北富机械95%股权和东利物流95%股权返还的判项。2008年9月18日，东北电气、沈阳高开、新东北高开（当时北富机械95%股权的实际持有人）、沈阳恒宇机械设备有限公司（当时东利物流95%股权的实际持有人，以下简称恒宇机械）签订四方协议，约定由新东北高开、恒宇机械代东北电气向沈阳高开分别返还北富机械95%股权和东利物流95%股权；2.关于新东北隔离74.4%的股权返还的判项。东北电气与沈阳高开、阜新封闭母线有限责任公司（当时新东北隔离74.4%股权的实际持有人，以下简称阜新母线）、辽宁新泰于2008年9月18日签订四方协议，约定由阜新母线代替东北电气向沈阳高开返还新东北隔离74.4%的股权。2008年9月22日，各方按照上述协议交割了股权，并完成了股权变更工商登记。相关协议中约定，股权代返还后，东北电气对代返还的三个公司承担对应义务。

2008年9月23日，沈阳高开将新东北隔离的股权、北富机械的股权、东利物流的股权转让给沈阳德佳经贸有限公司，并在工商管理机关办理完毕变更登记手续。

裁判结果

北京市高级人民法院审查后，于2016年12月30日作出（2015）高执异字第52号执行裁定，驳回了东北电气发展股份有限公司的异议。东北电气发展股份有限公司不服，向最高人民法院申请复议。最高人民法院于2017年8月31日作出（2017）最高法执复27号执行裁定，驳回东北电气发展股份有限公司的复议请求，维持北京市高级人民法院（2015）高执异字第52号执行裁定。

裁判理由

最高人民法院认为：

一、关于国开行是否具备申请执行人的主体资格问题

经查，北京高院 2016 年 12 月 20 日的谈话笔录中显示，东北电气的委托代理人雷爱民明确表示放弃执行程序违法、国开行不具备主体资格两个异议请求。从雷爱民的委托代理权限看，其权限为：代为申请执行异议、应诉、答辩，代为承认、放弃、变更执行异议请求，代为接收法律文书。因此，雷爱民在异议审查程序中所作的意思表示，依法由委托人东北电气承担。故，东北电气在异议审查中放弃了关于国开行不具备申请执行人的主体资格的主张，在复议审查程序再次提出该项主张，本院依法可不予审查。即使东北电气未放弃该主张，国开行申请执行的主体资格也无疑问。本案诉讼案由是借款合同、撤销权纠纷，法院经审理，判决支持了国开行的请求，判令东北电气偿还借款，并撤销了东北电气与沈阳高开股权置换的行为，判令东北电气和沈阳高开之间相互返还股权，东北电气如不能返还股权，则承担相应的赔偿责任。相互返还这一判决结果不是基于东北电气与沈阳高开双方之间的争议，而是基于国开行的诉讼请求。东北电气向沈阳高开返还股权，不仅是对沈阳高开的义务，而且实质上主要是对胜诉债权人国开行的义务。故国开行完全有权利向人民法院申请强制有关义务人履行该判决确定的义务。

二、关于东北电气是否履行了判决确定的义务问题

（一）不能认可本案返还行为的正当性

法律设置债权人撤销权制度的目的，在于纠正债务人损害债权的不当处分财产行为，恢复债务人责任财产以向债权人清偿债务。东北电气返还股权、恢复沈阳高开的偿债能力的目的，是向国开行偿还其债务。只有在通知胜诉债权人，以使其有机会申请法院采取冻结措施，从而能够以返还的财产实现债权的情况下，完成财产返还行为，才是符合本案诉讼目的的履行行为。任何使国开行诉讼目的落空的所谓返还行为，都是严重背离该判决实质要求的行为。因此，认定东北电气所主张的履行是否构成符合判决要求的履行，都应以该判决的目的为基本指引。尽管在本案诉讼期间及判决生效后，东北电气与沈阳高开之间确实有运作股权返还的行为，但其事前不向人民法院和债权人作出任何通知，且股权变更登记到沈阳高开名下的次日即被转移给其他公司，在此情况下，该种行为实质上应认定为规避判决义务的行为。

（二）不能确定东北电气协调各方履行无偿返还义务的真实性

东北电气主张因为案涉股权已实际分别转由新东北高开、恒宇机械、阜新母线三家公司持有，无法由东北电气直接从自己名下返还给沈阳高开，故由东北电气协调新东北高开、恒宇机械、阜新母线等三家公司将案涉股权无偿返还给沈阳高开。如其所主张的该事实成立，则也可以视为其履行了判决确定的返还义务。但依据本案证据不能认定该事实。

1. 东北电气的证据前后矛盾，不能做合理解释。本案在执行过程中，东北电气向北京高院提交过两次说明，即 2009 年 4 月 16 日提交的说明一和 2013 年 9 月 2 日提交的说明二。其中，说明一显示，东北电气与沈阳高开于 2007 年 12 月 18 日签订协议，鉴于双方无法按判决要求相互返还股权和债权，约定东北电气向沈阳高开支付股权转让对价款，东北电气已于 2007 年 12 月 20 日（二审期间）向沈阳高开支付了 17046 万元，并以 2007 年 12 月 18 日东北电气与沈阳高开签订的《协议书》、2007 年 12 月 20 日中信银行沈阳分行铁西支行的三张银行进账单作为证据。说明二则称，2008 年 9 月 18 日，东北电气与沈阳高开、新东北高开、恒宇机械签订四方协议，约定由新东北高开、恒宇机械代东北电气向沈阳高开返还了北富机械 95% 股权、东利物流 95% 股权；同日，东北电气与沈阳高开、阜新母线、辽宁新泰亦签订四方协议，约定由阜新母线代东北电气向沈阳高开返还新东北隔离 74.4% 的股权；2008 年 9 月 22 日，各方按照上述协议交割了股权，并完成了股权变更工商登记。

对于其所称的履行究竟是返还上述股权还是以现金赔偿，东北电气的前后两个说明自相矛盾。第一，说明一表明，东北电气在二审期间已履行了支付股权对价款义务，而对于该支付行为，经过北京高院调查，该款项经封闭循环，又返回到东北电气，属虚假给付。第二，在执行程序中，东北电气于2009年4月16日提交说明一时，案涉股权的交割已经完成，但东北电气并未提及2008年9月18日东北电气与沈阳高开、新东北高开、恒宇机械签订的四方协议；第三，既然2007年12月20日东北电气与沈阳高开已就股权对价款进行了交付，那么2008年9月22日又通过四方协议，将案涉股权返还给沈阳高开，明显不符合常理。第四，东北电气的《重大诉讼公告》于2008年9月26日发布，其中提到接受本院判决结果，但并未提到其已经于9月22日履行了判决，且称其收到诉讼代理律师转交的本案判决书的日期是9月24日，现在又坚持其在9月22日履行了判决，难以自圆其说。由此只能判断其在执行过程中所谓履行最高法院判决的说法，可能是对过去不同时期已经发生了的某种与涉案股权相关的转让行为，自行解释为是对本案判决的履行行为。故对四方协议的真实性及东北电气的不同阶段的解释的可信度高度存疑。

2. 经东北电气协调无偿返还涉案股权的事实不能认定。工商管理机关有关登记备案的材料载明，2008年9月22日，恒宇机械持有的东利物流的股权、新东北高开持有的北富机械的股权、阜新母线持有的新东北隔离的股权已过户至沈阳高开名下。但登记资料显示，沈阳高开与新东北高开、沈阳高开与恒宇机械、沈阳高开与阜新母线签订的《股权转让协议书》中约定有沈阳高开应分别向三公司支付相应的股权转让对价款。东北电气称，《股权转让协议书》系按照工商管理部门的要求而制作，实际上没有也无须支付股权转让对价款。对此，东北电气不能提供充分的证据予以证明，北京高院到沈阳市有关工商管理部门调查，亦未发现足以证明提交《股权转让协议书》确系为了满足工商备案登记要求的证据。且北京高院经查询案涉股权变更登记的工商登记档案，其中除了有《股权转让协议书》，还有主管部门同意股权转让的批复、相关公司同意转让、受让或接收股权的股东会决议、董事会决议等材料，这些材料均未提及作为本案执行依据的生效判决以及两份四方协议。在四方协议本身存在重大疑问的情况下，人民法院判断相关事实应当以经工商备案的资料为准，认定本案相关股权转让和变更登记是以备案的相关协议为基础的，即案涉股权于 2008 年 9 月 22 日登记到沈阳高开名下，属于沈阳高开依据转让协议有偿取得，与四方协议无关。沈阳高开自取得案涉股权至今是否实际上未支付对价，以及东北电气在异议复议过程中所提出的恒宇机械已经注销的事实，新东北高开、阜新母线关于放弃向沈阳高开要求支付股权对价的承诺等，并不具有最终意义，因其不能排除新东北高开、恒宇机械、阜新母线的债权人依据经工商登记备案的有偿《股权转让协议》，向沈阳高开主张权利，故不能改变《股权转让协议》的有偿性质。因此，依据现有证据无法认定案涉股权曾经变更登记到沈阳高开名下系经东北电气协调履行四方协议的结果，无法认定系东北电气履行了生效判决确定的返还股权义务。

（生效裁判审判人员：黄金龙、杨春、刘丽芳）

（2）代位权在《民法典》中的重新界定及对现行执行到期债权制度的影响。《民法典》第 535 条规定了"因债务人怠于行使其债权或者与该债权有关的从权利，影响债权人的到期债权实现的"，债权人可以代位行使债务人对第三人的权利；第 536 条明确了在特定情形下，债权人对债务人的债权即使未到期也可以行使代位权；第 537 条规定债务人对相对人的债权或者与该债权有关的从权利被采取保全、执行措施，或者债务人破产的，债权人应当以相关法律规定行使代位权。

《民法典》对代位权的修订是全方位的。首先，代位权的行使条件由"债务人怠于行使其到期债权"和"对债权人造成损害"两项变成了债务人怠于行使其债权或者从权利一项。而在特殊情形下，即使债权人对债务人的债权还没有到期，债权人仍可行使代位权。其次，增加了代位权所涉权利种类，由过去的"债权"扩展到了"与该债权有关的从权利"。最后，明确了债权人行使代位权与保全、执行到期债权之间的法律适用，协调了代位权与执行到期债权之间的关系。这些改变是对旧的代位权制度实践问题的回应。修订的内容降低了债权人行使代位权的门槛，拓宽了权利范围，协调了制度之间的关系，有利于维护债权人的合法权益。

现行执行规定设置了执行程序中的代位权诉讼，该种诉讼与《民法典》规定的代位权诉讼有所不同。执行程序上的代位权诉讼与实体法上的代位权诉讼可以并行，应当继续完善到期债权第三人异议后的代位权诉讼，与实体法上的代位权制度相配合，共同实现保全债权的目的。[①] 第三人在异议期限内提出异议后，人民法院应当停止对案件的执行，而申请执行人只能按照《合同法》第 73 条的规定提起代位权诉讼。然而，这种代位诉讼的效果却并不好。[②]

有观点认为，债权人并非债务人与第三人的合同当事人，对于双方合同事项无法充分了解。但法院在审理代位权诉讼中，对申请执行人苛以过多举证责任而忽视了代位诉讼的特殊性，弱化了法院调查权，代位权诉讼数量及胜诉数量极低。能够方便高效满足债权人需要的代位权诉讼制度会对第三人（次债务人）起到很强的震慑作用。如果第三人明知无理异议会在代位权诉讼中失败，依然需要向申请执行人履行义务，势必会减少在执行程序中滥用异议权。在对到期债权执行制度改造的同时，必须配合改造代位权诉讼制度。《合同法解释（一）》第 11 条规定的仅是债权人提起代位权诉讼的起诉要求而非胜诉要求。要从以下几个方面改造代位权诉讼：一是加大第三人（次债务人）的举证责任。债权人只需对债务人与第三人（次债务人）间存在债权债务关系进行初步证明，无须对债权数额、清偿条件等进行准确举证。第三人（次债务人）需要举证反驳，否则应承担举证不能的不利后果。二是明确第三人对债权人的损害赔偿责任。在代位权诉讼中，如第三人败诉致债权人发生损害，第三人应承担损害赔偿责任，以加大第三人违法成本，防止滥用异议权。三是诉讼中法院增强调查。申请执行人（债权人）对自己无法获得的证据有权申请法院调取，该证据对案件有直接影响的，法院须依法予以调取。[③]

[①]　参见韩世远：《合同法总论》，法律出版社 2011 年版，第 326 页。

[②]　有调研反映代位权诉讼的实践情况，在某基层法院每年 5000 余件案件中，代位诉讼所占比例极低，而在胜诉率方面，2012 年到 2014 年三年间只有 2 件胜诉的代位权诉讼。参见陈荃：《被执行人到期债权执行的若干问题》，载《人民司法》2015 年第 3 期。

[③]　参见陈荃：《被执行人到期债权执行的若干问题》，载《人民司法》2015 年第 3 期。

我们认为，对执行程序引发的代位权诉讼予以特别规定的观点值得商榷。以申请执行人在代位权诉讼中败诉多胜诉少而对代位权进行的改造的建议，突破了民事诉讼举证证明责任的相关理论，易出现"摁下葫芦起了瓢"的问题。第一，从上述观点所举数据来说，代位权诉讼不一定是因为执行案件启动的代位权诉讼，也有可能是普通代位权诉讼。这些案件不能胜诉并不能说明是因为行使代位权的原因而导致的。第二，因执行程序的参与而减轻债权人的举证证明责任，加重债务人的举证证明责任，会导致不公平的问题。因执行程序而启动的代位权诉讼与普通代位权诉讼的证明责任有所不同，势必对普通代位权诉讼中的原告不公平。普通代位权诉讼的举证证明责任重于因执行程序而启动的代位权诉讼，无法合理解释同样是行使代位权，却适用了不同的举证证明责任。如果此种举证证明责任确定，必将诱导债务人与他人虚构债权债务关系，将债务人对第三人的债权转变成执行程序中的到期债权，进而选择较轻的举证证明责任。而如果加重第三人（次债务人）的举证证明责任，在债权人举出初步证据的情况下，却要举证证明债权不存在，这也违反了证据分配的基本规则。第三，法院的调查权涉及的仍是举证证明责任的问题。事实上，无论是否由执行程序引起的代位权诉讼还是普通代位权诉讼，法院在应当调查时都应当依法调查，不能有所偏颇。综上所述，代位权诉讼不应因执行程序的参加与否而有所不同，否则，容易引起权益保护不平衡的问题。

（二）到期债权第三人救济程序的运行及程序转化

第三人程序救济程序实际上涉及第三人参加诉讼与代位权诉讼之间的关系、第三人参加诉讼与执行到期债权第三人异议权利的关系、代位权诉讼与执行到期债权第三人异议权利的关系这三种关系的处理。

案例三：乙以对丙享有的登记的应收账款（到期债权）向甲提供保证，后甲与乙发生纠纷诉至法院。法院在审理程序中通知丙作为第三人参加诉讼。丙参加诉讼并提出了对乙的抗辩，并主张法院不应将其作为第三人通知参加诉讼，而是应当另行起诉确认到期债权的数额。后法院判决乙向甲清偿债务，甲就该应收账款享有优先受偿权。案件进入执行程序，丙向法院提出异议，主张其享有对乙债权的抗辩权，本案判决的到期债权内容为确认判决，如若执行丙，则甲或乙应当通过另行诉讼的方式确定清偿债务的数额。

该例颇具典型性，涉及期债权中的第三人在不同阶段救济程序以及程序之间的协调问题。以到期债权为担保物的审判和执行中有三个问题需要明确：一是以到期债权为抵押，次债务人应否参加诉讼；二是到期债权案件属于何种诉讼类型；三是能否在执行程序中直接执行到期债权中的次债务人。

1. 以到期债权为抵押，次债务人应否参加诉讼

该问题涉及诸如丙是否为本案适格第三人，其权利应当如何救济等问题。有观点认为作为担保的到期债权中的次债务人并非债权人与债务人诉讼中的第三人，法院不应将其作为参加诉讼第三人通知其参加诉讼。我们认为，根据《民事诉讼法》第59条的规定，从减少当事人讼累的立场看，法院通知第三人参加诉讼并无不当，而第三人通过参加诉讼进行举证、抗辩，积极行使自己的诉讼权利，亦能保障其程序和实体权利。另外，从诉讼标的理论上讲，根据我国理论界主流的旧实体法说[①]，该案例中的诉讼标的为由债务人到期债权所担保的债权法律关系，人民法院在审理本案时，应当围绕诉讼标的进行审理，故对作为担保财产的到期债权进行审理有充分的理由。而值得参考的是，根据《合同法解释（一）》第16条的规定，在代位权诉讼中，人民法院可以追加次债务人为第三人，让次债务人参加到诉讼中，这也体现出了纠纷一次性解决的思路。债权人与债务人的诉讼中，将作为担保的债权中的次债务人追加为第三人的做法与之法理相同。有一种担忧是，在诉讼程序中通知次债务人作为第三人参加诉讼对债务人的到期债权进行审理，是否损害了代位权制度的设计，影响了次债务人（第三人）权利救济的渠道。

---

① 段厚省：《民事诉讼标的论》，中国人民公安大学出版社2004年版，第52页。

从目前代位权的规定以及对第三人的救济的必要性来说，在诉讼中作为对担保财产的到期债权予以审理具有合理性。如前所述，我国代位权制度存在权利范围过窄的问题。本案作为诉讼标的物的到期债权的特殊之处在于，该债权在主债权诉讼审理过程中因作为担保财产而被特定化。代位权制度在纵向上并未延伸到作为特定诉讼标的物的到期债权。故在以到期债权作为担保物的诉讼中，对到期债权进行审理并不会对我国目前的代位权制度形成冲击。

2. 到期债权作为担保物的诉讼类型划分

通知第三人参加诉讼，判决债权人对到期债权享有优先受偿权的内容，对第三人来说是确认判决还是给付判决涉及类型划分。对于该判决类型的认定，影响了第三人救济途径的选择。第一种情形，如果属于确认判决，债权人或者债务人应当通过另行诉讼解决，第三人可以在另行诉讼中救济自己的权利。第二种情形，如果属于给付判决，第三人可以根据不同的抗辩事由通过不同的途径救济权利。如果该抗辩事由系第三人在判决既判力基准时之前的事由提出的，则其可以通过案外人申请再审或者第三人撤销之诉的方式对执行依据提出挑战，进而救济权利；如果该抗辩事由系第三人在判决既判力基准时之后的事由提出的，则其只能依照《民事诉讼法》第232条规定以利害关系人的身份通过申请异议复议程序救济权利。

就到期债权为担保物的判决性质而言，我们认为，如债权人在提起诉讼请求时已经明确了要求由作为担保财产的该到期债权优先清偿的权利，该请求具有明确的给付内容，那么该判决属给付判决，对次债务人来说也应履行给付义务。第三人（次债务人）能够选择的救济途径只能是通过案外人申请再审的程序救济权利。

3. 能否在执行程序中直接执行到期债权中的次债务人

《执行规定》第61条、第63条明确，人民法院在执行第三人到期债权的过程中，对于未经实体审判并经生效法律文书确认的债权，执行机构不应当对被执行人与第三人之间是否存在债权债务关系进行实体判断，不得在执行阶段对债权是否到期以及债权实际数额多少进行实体审查。如果第三人提出异议，即不得对第三人强制执行。有观点据此认为，到期债权只有经法院实体审理后，才可确定到期债权金额，执行法院在执行阶段未经实体审理就确定到期债权数额，有以执代审之嫌。次债务人的诉讼权利被剥夺。

我们认为，从既判力的角度分析，人民法院在审理本案过程中通知了第三人（次债务人）参加了诉讼。如第三人在该诉讼程序中行使了诉讼权利，则其程序权利得到了保障，应受到该判决既判力的约束。在此后的强制执行程序中执行到期债权便不存在对第三人实体权利侵害的问题，也就谈不上以执代审的问题。在执行程序中强制执行到期债权与代位权诉讼存在制度功能和分工上的差异，就我国当下的立法体例和未来的立法设计而言，不能因为代位权诉讼的存在而绝对否定强制执行程序中对到期债权执行的合理性。结合本例，强制执行到期债权并对次债务人予以强制执行并非以执代审。次债务人（第三人）就判决既判力基准时之前发生的事实不服，只能提起案外人申请再审程序或者第三人撤销之诉。

需要深入研究的问题是，第三人（次债务人）可否根据《民事诉讼法》第232条以利害关系人的身份提起执行异议和复议。根据前述分析，到期债权的第三人在执行程序中是作为被执行人的法律地位参与到程序之中的，因此其不能根据《民事诉讼法》第232条以利害关系人的身份提起执行异议和复议。参考《民事诉讼法》对驳回起诉与驳回诉讼请求的区分，在执行异议程序和复议程序中也存在驳回申请与驳回请求的区分。驳回申请是指异议人提出的异议不符合《民事诉讼法》第232条规定的受理条件，而驳回请求则是对异议人的请求作出了实质审查，该主张无法得到支持。该类案件应当如何处理。一种观点认为，应当以驳回复议申请结案，因为，如第三人在执行程序中提出的异议和复议请求均被驳回，则说明其应当通过《民事诉讼法》第232条规定的异议复议程序审理，但这又与应当通过案外人申请再审程序或者第三人撤销之诉的救济的结论相冲突。第二种观点认为，如果在程序上驳回了第三人作为被执行人或者利害关系人提出的异议申请，又似乎未对申诉人提出的执行行为是否合法进行实质审查。此种情形以驳回复议申请为宜。

问题在于，假设法院未通知次债务人（第三人）参加诉讼，第三人应当如何救济权利。我们认为次债务人未参加诉讼，如在本诉判决之后不能得到充分的程序保障将无法维护其合法权益，极不公平。故在此情形下，可以根据在本诉过程中债权人是否向法院申请通知第三人参加诉讼为标准确定不同的救济路径。第一种情形是如果债权人请求通知次债务人参加诉讼而法院没有在本诉过程中通知。在次债务人提出抗辩的情况下，法院应当根据《民事诉讼法》第207条的规定启动再审程序重新审理本案。第二种情形是债权人在起诉过程中未请求次债务人参加诉讼，法院也没有依职权通知次债务人参加诉讼。则法院可以根据生效判决执行该到期债权，但一旦次债务人不服提出异议，应当终止执行该到期债权，由债权人通过代位权诉讼主张权利。如此一来，增加了债权人的诉讼成本，能够促使其在本诉过程中及时提醒法院通知次债务人参加诉讼，尽量通过第一种情形下的程序审理案件，争取纠纷的一次性解决，进而节约司法成本，降低当事人的讼累。

值得注意的是，在以到期债权为担保的案件中，次债务人（第三人）参加诉讼与否直接影响到了其在执行程序中是以何种程序救济权利。如前所述，次债务人（第三人）参加了诉讼程序，其在执行程序中便不能再以到期债权债务人的身份提出执行异议阻却执行的进行。代位权诉讼此时已经在本诉中进行了审理，也就是两个诉讼已经在实质上发生了合并。第三人不能再通过让债权人另行诉讼行使代位权的方式延缓执行程序，仅能通过审判监督程序救济权利。而如果其因为债权人未请求法院通知其参加诉讼或者法院未通知其参加诉讼的原因未参加诉讼，则其仍可以提出异议，进而令债权人必须再行提起代位权诉讼。这一现象，需要我们在立法和司法实践中多加注意，注重程序之间的联动和衔接。

（三）到期债权第三人的救济程序

在到期债权执行过程中，《执行规定》第61条第2款第3项规定第三人有异议的，应当在收到履行通知后的 15 日内向执行法院提出。第三人在 15 日内提出异议后，法院将停止执行，执行债权人应当通过代位权诉讼主张对第三人债权的权利。然而，第三人超过该期限逾期提出异议应当如何处理是一个疑难问题。实践中，相当多法院在第三人逾期提出异议后，对该异议不予受理，直接执行该债权。执行到期债权的实践出现了一提异议就停，逾期异议则发生实体法律效力的极端局面。^① 实际上，第三人逾期提出异议并不完全丧失请求法院在程序上进行实体审查的权利。

关于第三人超过法定期限后又向执行法院提出被执行人对其到期债权不存在的异议应当如何救济的问题。在执行到期债权程序中，被执行人与第三人的债权债务未经一定程序审查情况下，仅因第三人逾期提出异议便产生实体法上的确认债权债务关系的法律效果，实质上就是在未经程序审理的情况下直接在执行程序中对于被执行人与第三人之间的债权债务进行了确认。这一做法剥夺了第三人的救济，明显不利于充分保护第三人（次债务人）的合法权益。最高人民法院在相关答复和案件的审判中，明确第三人在收到履行到期债务通知书后未在法定期限内提出异议，并不发生承认债务存在的实体法效力。《最高人民法院执行工作办公室关于到期债权执行中第三人超过法定期限提出异议等问题如何处理的请示的答复》明确："第三人在收到履行到期债务通知书后，未在法定期限内提出异议，并不发生承认债务存在的实体法效力。"江苏省高级人民法院《执行异议及执行异议之诉案件审理指南（三）》第 24 条明确："第三人在履行债务通知指定的期限内未提出异议，但在执行法院对其强制执行时以其对被执行人不存在到期债务为由提出异议的，应根据《最高人民法院执行工作办公室关于到期债权执行中第三人超过法定期限提出异议等问题如何处理的请示的答复》精神进行实质审查，并作出相应处理。"第三人在收到履行到期债务通知后，未在法定期限内提出异议，并不发生承认债务存在的实体法效力。第三人在法定期限之后又提出到期债务不存在的异议，人民法院应当

---

① 参见徐洁：《论诚信原则在民事执行中的衡平意义》，载《中国法学》2012 年第 5 期。

对该债务是否存在进行实质审查。第三人提出该到期债务不存在，认为人民法院直接执行第三人违反法律规定，侵犯其合法权益的人民法院应当参照《民事诉讼法》第232条规定进行审查。

可见，最高人民法院答复及案例确立了这样一种第三人权利救济程序：（1）第三人在异议期限内（15日内）提出异议的，人民法院应当停止对该债权的执行，由申请执行人提出代位权诉讼；（2）第三人逾期（超过15日）提出异议的，人民法院应对该异议进行实体审查而不能直接执行。应当以《民事诉讼法》第232条规定的异议复议程序审查，而不是诉讼程序审查。

我们认为尽管对于逾期异议是以异议复议程序进行实体审查，相对诉讼程序的程序保障力度确有不及，但是该程序有其合理性。首先，在异议复议程序中进行实体审查，比逾期便不予审查直接执行的做法对第三人的保障上更为充分。其次，对第三人来说，虽然异议和复议程序相较诉讼程序简略，但是异议和复议程序可以参照诉讼程序进行，程序审理、言辞辩论原则、回避制度等与诉讼程序中的相关制度并无二致，也能够保障第三人的基本诉讼权利。最后，第三人对于逾期异议的行为应当有充分预期，相对简化的异议复议程序也是对第三人不及时行使权利的一种程序保障，同时也是一种程序警示。未来的强制执行法可以参考吸收。

第三人权利救济程序在从第三人参加诉讼发展到目前十余种制度，体系日渐壮大。这既是社会经济发展的必然结果，又是法治国家建设的应有之义。第三人权利救济程序的体系中各项程序有着不同的规制方法、实践样态、价值追求和内在联系，这些特点在不同程序阶段呈现出纷繁复杂的样貌。从强制执行程序的角度以及程序动态运行的角度审视整个第三人救济程序体系，能够充分地认识到制度深层的原理和制度之间内在关联。第三人权利救济程序中有相当一部分制度是事后救济制度，而这些制度又有一部分是民事执行、保全程序等非讼程序。我国民事诉讼理论研究重诉讼轻执行，对非讼程序中的问题关注较少，理论供给不足。

在民事诉讼基础理论还未体系化地投射到第三人权利救济程序体系的

情况下，司法实践问题的解决无法得到充分的理论供给。诸如虚假诉讼等问题只能通过见招拆招的方式突破理论体系设立新的制度，而这种新设制度在面临司法实践问题时又要寻求新的理论来解决体系的融洽性问题。于是，就同一问题的解决在理论、立法、司法三个层面出现了不融洽的三角关系，导致得出不同的结论和解决方案。这种混乱局面对司法实践并无益处。因此，对第三人权利救济程序的体系研究，应当结合程序法基础理论，剖析影响该体系的现实问题，探求问题的解决方法。

第三人权利救济程序的准入门槛，既要保障第三人权利的充分行使，又要防止对第三人权利的过度保护。程序的进入标准应当宽严适中。将第三人撤销之诉立案的实质审查变更为形式审查，与真正的登记立案制相呼应。第三人救济程序中的部分程序相互交叠问题，可以通过协调整个体系，明确各项制度功能，厘清程序之间的界限来解决。第三人救济程序的设置要充分考虑公平与效力价值的选择。追求客观真实固然是社会主义法制观念的必然选择，但过度追求而不顾法院裁判的稳定性，亦会损害效率的价值。在与执行程序有关的第三人救济程序设计上，应当打破只有普通诉讼程序才能实现公平的既有观念，程序上可以有所简化。